삼봉학과 종로학의 만남 1

정도전의 꿈과 종로
과거와 미래의 만남

박홍규 외 5인 지음

이 책은 봉화정씨문헌공종회와 고려대학교 아세아문제연구원의 후원을 받아 출판되었다.

〈필진〉

부남철
한국외국어대학교 대학원 정치학과 정치학 석사
한국외국어대학교 대학원 정치학과 정치학 박사
현 영산대학교 명예교수

· 대표 논저
『조선시대 7인의 정치사상』
『논어정독』, 『맹자정독』
『대학중용과 용학보의』

이상민
연세대학교 대학원 사학과 한국중세사 석사
연세대학교 대학원 사학과 한국중세사 박사

· 대표 논저
"여말선초 덕형절충과 유교 이념의 제도화 과정 연구"
"『三峯集』불교 관련 기록을 통해 본 고려 말 정도전 불교비판론의 형성 과정"

송재혁
고려대학교 대학원 정치외교학과 정치학 석사
고려대학교 대학원 정치외교학과 정치학 박사
현 고려대학교 아시아문제연구원 연구교수

· 대표 논저
『세종의 고백: 임금 노릇 제대로 하기 힘들었습니다』
"정도전의 국가론: 『조선경국전』과 원 제국의 유산"

김영수
서울대학교 대학원 정치학과 정치학 석사
서울대학교 대학원 정치학과 박사
현 영남대학교 정치외교학과 교수

· 대표 논저
『건국의 정치』
『고려의 가을』

정호섭
고려대학교 대학원 사학과 한국고대사 석사
고려대교 대학원 사학과 한국고대사 박사
현 고려대학교 한국사학과 교수
현 민족문화연구원 지역학연구실장

· 대표 논저
『고구려 고분의 조영과 제의』
『고구려사와 역사인식』

박홍규
고려대학교 대학원 정치외교학과 정치학 석사
동경대학교 대학원 정치학 박사
현 고려대학교 정치외교학과 교수

· 대표 논저
『삼봉 정도전: 생애와 사상』
『태종처럼 승부하라: 권력의 화신에서 공론정치가로』
『한국, 일본을 포용하다: 한일 화해 3.0을 향하여』

정도전의 꿈과 종로: 과거와 미래의 만남

2025년 6월 23일 초판 1쇄 인쇄
2025년 6월 30일 초판 1쇄 발행

지은이 ■ 박홍규 외 5인
펴낸이 ■ 정용국
펴낸곳 ■ (주)신서원
주소 : 서울시 노원구 동일로 207길 23 4층 413호
전화 : (02)739-0222 팩스 : (02)739-0224
등록 : 제300-2011-123호(2011.7.4)
ISBN 978-89-7940-148-6 03340
값 20,000원

신서원은 부모의 서가에서 자녀의 책꽂이로
'대물림'할 수 있기를 바라며 책을 만들고 있습니다.
잘못된 책이 있으면 연락주세요.

과 종로학의 만남 ❶

정도전의 꿈과 종로

과거와 미래의 만남

박홍규 외 5인 지음

신서원

인 사 말

존경하는 독자 여러분,

『정도전의 꿈과 종로: 과거와 미래의 만남』(삼봉학과 종로학의 만남 1)이 출간됨을 매우 뜻깊게 생각합니다. 본서는 2024년 10월 18일 국립고궁박물관에서 개최된 동명의 학술회의에서 논의된 내용을 집대성하여, 정도전의 정치사상과 종로구의 역사적 정체성을 보다 깊이 있게 조망하는 연구 성과를 담았습니다.

종로구는 한국사의 중심 무대였으며, 오늘날에도 대한민국 정치, 경제, 문화의 핵심 지역으로 자리하고 있습니다. 특히, 조선 건국의 기틀을 마련한 정도전의 이상과 꿈이 오롯이 담긴 장소이기도 합니다. 본 학술회의와 책을 통해, 정도전이 구상했던 정치적 비전이 현대 한국 사회에 어떤 의미를 지니는지 성찰하고, 종로구의 미래 발전에 대한 새로운 방향을 모색하고자 했습니다.

이번 연구는 단순히 역사적 고찰에 머무르지 않고, 정도전 사상의 현대적 함의를 탐구하며, 종로구가 나아갈 방향을 함께 논의하는 자리였습니다. 이 과정에서 각 분야의 연구자들이 발표한 내용과 깊이 있는 토론은 '종로학'의 창시를 알림과 동시에 '삼봉학'의 새로운 지평을 여는 데 기여할 것이라 확신합니다.

이 뜻깊은 연구가 책으로 엮어질 수 있도록 많은 분들이 도움을 주셨습니다. 이번 학회의 취지에 공감하시고, 배려와 지원을 아끼지 않으신 정문헌 종로구청장님께 깊이 감사드립니다. 학회에 참석하시어 종로학의 탄생을 축하해 주신 종로구의회 라도균 의장님을 비롯한 의원분들께도 감사의 뜻을 표합니다. 삼봉정도전기념사업회와 고려대학교 아세아문제연구원의 후원에 깊이 감사드리며, 특히 이 책이 출판되는 데 힘써 주신 신서원 출판사의 정용국 대표님께도 깊은 감사를 전합니다. 또한, 학술회의에서 발표와 토론을 맡아 주신 연구자 여러분, 그리고 본서를 통해 정도전의 사상을 함께 고민해 주실 독자 여러분께도 감사의 말씀을 드립니다.

이 책이 정도전 연구와 종로구의 역사적 정체성을 이해하는 데 의미 있는 자료가 되기를 바라며, 앞으로도 이러한 학술적 논의가 지속적으로 이루어지기를 기대합니다.

감사합니다.

2025년 3월
필진을 대표하여
박 홍 규

목차

인사말   5

1부 • 정도전의 꿈과 죽음 그리고 복권   9

정도전의 꿈과 정치   부남철/영산대학교   11
정도전의 정치적 죽음과 '수진방·사복시 설화'의 형성   이상민/연세대학교   45
기나긴 복권의 여정   송재혁/고려대학교   77

2부 • 정도전의 현재화와 종로구의 비전   105

서울 종로구의 정체성과 비전:
풍수지리적·역사문화적 정체성을 중심으로   김영수/영남대학교   107
종로구 정도전 역사문화벨트 조성과 종로학   정호섭/고려대학교   145
정치 1번지의 부활: 한국정치학교 설립   박홍규/고려대학교   183

3부 • 종합토론   207

1부

정도전의 꿈과 죽음 그리고 복권

부남철/영산대학교
이상민/연세대학교
송재혁/고려대학교

정도전의 꿈과 정치

부 남 철
영산대학교

동주東周, 그의 이상국가

고대 중국에서는 요순시대 이후로 삼대三代라고 하는 하은주夏殷周 세 나라가 차례로 이어졌다. 하나라는 예법과 제도로 표현되는 문文이 빈약했다. 그 뒤를 이은 은나라는 이에 대한 반동으로 문文이 과도했다. 다시 그 뒤를 이은 주周나라는 그 문명에 있어서 본질과 표현이 적절하게 균형을 이뤘다고 공자는 평가하고 "나는 주나라를 따르겠다."[1]고 선언했다. 공자에게 주나라는 문명의 표준이었고, 그가 새롭게 구상하는 이상국가를 동주東周라고 했다. 그는 나름대로 그런 정치적 포부가 있었지만 어느 왕도 기회를 주지 않았다. 어떤 권력자가 공자에게 권력을 맡기려고 했을 때, 공자는 "나를 써

---

1 『論語』 八佾篇, "吾從周."

주는 사람이 있으면, 나는 그 나라를 동주로 만들겠다."[2]고 말하기도 했다. 이 일도 결국 실행에 옮겨지지 않았다. 그 후 동주라는 말은 다만 이상적인 유교국가를 지칭하는 구호에 지나지 않았다. 바로 그런 동주가 삼봉 정도전 鄭道傳(1342~1398) 「조선경국전」에서 '조선朝鮮'이라는 국호國號를 설명하는 말에 다시 등장한다. 정도전에게 동주는 곧 조선이었다.

1. 성리학과 조선건국

여말에는 유학의 고전과 불경, 도교 관련 서적을 두루 독서하는 것이 지식인의 일반적인 경향이었다. 현세적인 정치철학에 집중하는 유학의 고전에는 만물의 탄생과 소멸, 사후의 세계, 마음에 대한 심층적 이론이 빈약했다. 그런 부분을 불교나 도교에 의존했고 그러면서 유학자가 불교를 신앙으로 하는 것도 특이하게 여겨지지 않았다. 그런 때에 고려에 새로운 유학이 전해졌다. 그것은 만물의 생성과 소멸, 심성론心性論과 수양론修養論을 이리와 기氣, 심心과 성성, 태극太極, 도道와 같은 개념으로 설명하는 성리학性理學이었다. 안향安珦(1243~1306)이 성리학을 처음으로 고려에 전했고, 그의 문하에서 공부한 권보權溥(1262~1346)는 『논어』, 『맹자』, 『대학』, 『중용』에 주자 朱子(1130~1200)가 주석을 붙인 『사서집주四書集註』를 간행했다고 한다.[3] 집주

---

[2] 『論語』陽貨篇, "如有用我者 吾其爲東周乎." 반란을 일으킨 公山弗擾가 공자를 초빙했다. 이에 응하려는 공자에게 제자들은 不善한 자에게도 갈 수 있냐고 의문을 제기했다. 그러자 공자는 "夫召我者 而豈徒哉 如有用我者 吾其爲東周乎."라고 했다. 이 문장은 공자가 이상적인 정치를 할 수 있는 기회를 얻기를 간절히 바라는 뜻으로 해석되고 있다.

[3] 『삼봉집』權近이 쓴 三峯集序, "吾家文正公 溥 始以朱子四書立 白刊行 勸進後學." 權

集註에 더하여 중국 학자들의 학설을 종합한 소주小註까지 포함하는 『사서집주대전四書集註大典』은 세종 때 수입되어 보급되었지만, 여말의 『사서집주』는 당시 학자들에게 성리학적 정향定向을 형성하게 해준 중요한 학습 교재였다.

그러면 정도전은 이런 성리학을 어느 정도 알고 있었는가? 당시에 도입된 새로운 유학을 지금은 정주학程朱學, 주자학朱子學, 성리학性理學, 신유학新儒學 등 여러 이름으로 부르지만, 정도전과 권근權近(1352~1409)은 공맹孔孟에서 정주程朱로 이어진 그 학문을 "도학道學" 또는 "이학理學"이라고 불렀다. 정도전은 이에 공헌한 학자들을 이렇게 평가했다.

> "주돈이周敦頤가 도학道學을 주창하여 밝히매 정호程顥 정이程頤가 따라서 호응하여, 도학의 융성함이 더욱 크게 번져 위로는 공맹孔孟의 천년동안 전승되지 못하던 도를 이어받고 아래로는 후인後人에게 만세의 학문을 열어놓았으니, 실로 전보다 빛나고 뒤에도 없던 일이다."[4]

그 계통을 이렇게 밝히면서 그는 "이 시절에, 소옹邵雍·장재張載·사마광司馬光이 또한 이학理學의 집결처가 되었는데, 우뚝하여 미칠 수 없는 이들이다."[5]라고 보충 설명했다. 이처럼 정도전은 북송오자北宋五子라고 하는 주돈이周敦頤(1017~1073), 소옹邵雍(1011~1077), 장재張載(1020~1077), 정명도程明道(1032~1085), 정이천程伊川(1033~1107)과 이를 계승한 주자가 성리학에 기여한 바를 잘 알

近은 權溥의 증손이다.

[4] 『삼봉집』「경제문감」별집 下, "濂溪周子倡明道學 兩程夫子從而和之 道學之盛益大以肆 上以續孔孟千載不傳之祕 下以開 後人萬世無窮之學 實光前而絶後也." 본고의 『삼봉집』 원문에 대한 해석은 민족문화추진회에서 간행한 『국역 삼봉집』(1977)에서 인용한 것이다.

[5] 『삼봉집』「경제문감」별집 下, "同時如康節邵子 橫渠張子 司馬溫公 又爲理學之淵藪."

고 있었다. 그런 정도전이 성리학에 관한 『학자지남도學者指南圖』라는 책을 저술했다고 하는데, 현재 전해지지 않는다.[6]

여말선초에 나온 성리학 관련 저술로는 권근의 『입학도설入學圖說』이 대표적이다. 이 책은 『대학장구』, 『중용장구』, 『주역』의 중요 개념을 도식화하고 설명한 것이다. 이런 권근은 "목은李穡의 고제이나 삼봉鄭道傳과 더욱 친하여 그를 매우 경외하였을 뿐만 아니라 학풍도 많은 영향을 받았다."[7]고 한다. 그래서 권근은 정도전의 『삼봉집』에 있는 대부분의 저술에 서문을 썼을 것이다. 더욱 놀라운 것은 정도전의 「불씨잡변」이 성리학적 입장에서 강경하게 불교를 비판하는 책인데 같은 성리학자로서 불교를 묵인하는 경향이 있었던 온건한 권근이 이것에도 서문을 쓰고 주석을 달았다는 점이다.

바로 그런 권근이 『입학도설』에 정도전이 만든 도식이 있었다고 언급한 대목이 있다. '천인심성합일지도天人心性合一之圖'로 시작하는 『입학도설』에 다수의 도설이 있고 그 후반부에 '십이월괘지도十二月卦之圖'가 있다. 이 도설 다음 페이지에 이를 설명하는 내용 중에 "삼봉 정공이 일찍이 이 도圖를 만들어서 배우는 자에게 보여주었다."[8]는 구절이 있다. 이 도설은 중앙에 태극권太極圈을 배치하고 『주역』 12괘를 그 효爻에서 음양陰陽이 늘어나고 줄어드는 순서대로 1년 12개월에 배치하고 다시 그 외곽에 24절기를 표시한 것

---

6 『삼봉집』 序文에서 權近은 이 책(『學者指南圖』)이 "의리의 정밀함이 일목요연하여 능히 前賢이 발명(發明)하지 못한 바를 다 발명하였으며 雜題 약간 권은 心身 性命의 德을 근본하고 부자, 군신의 倫紀를 밝혔다(義理之精 瞭然在目 能盡前賢所未發 雜題若干卷 本於身心性命之德 明於父子君臣之倫)."고 언급하였다.
7 李丙燾, 1987, 『韓國儒學史』, 서울: 아세아문화사, 109쪽.
8 權近, 2023, 『入學圖說』(영인본) 後集, 한국학자료원. 十二月卦之圖, "三峯鄭公嘗作此圖以示學者."

이다. 이것은 "소강절邵康節의 『황극경세서皇極經世書』에 의하여 도식화한 것"9인데, 이것을 정도전이 만들었다고 권근이 스스로 밝힌 것이다.

한편, 정도전의 성리학에 대한 직접적인 저술은 일실逸失되었어도 『삼봉집』에서 성리학에 관련된 논리를 다수 찾아볼 수 있다. 정도전이 「불씨잡변」에서 "오행五行은 하나의 음양이요, 음양은 하나의 태극이다."라는 주돈이의 말을 인용하여 음양오행과 태극도설에 대해 언급한 것이 그런 사례이다.10 특히 주목할 만한 것은, 정도전이 왕의 덕목을 설명할 때 그 전체 분량을 정이천程伊川의 「역전易傳」의 설명을 그대로 또는 축약해서 인용했다는 점이다. 정도전의 성리학자로서의 진면목을 유감없이 보여준 「불씨잡변」에서는 정자程子의 주장을 3번이나 불교 비판의 근거로 삼았고,11 「경제문감」에서 간관諫官을 논할 때에도 또한 정자程子의 말을 인용했다.12

그러면서 정도전은 주자의 논리를 「불씨잡변」의 주된 불교 비판의 근거로 삼았다. "이理는 형이상학이고 기氣는 형이하학인데, 불씨는 스스로 고묘무상高妙無上하다 하면서 도리어 형이하의 것을 가지고 말한다."는 주자의 말이 바로 그런 것이다.13 마음의 체용體用에 대해서도 주자의 시詩를 인용

---

9 李丙燾, 위의 책, 107쪽.
10 『삼봉집』「불씨잡변」佛氏雜辨識, "周子曰 五行 一陰陽也 陰陽 一太極也."
11 『삼봉집』「불씨잡변」에서 程子를 인용하여 불교를 비판한 글. 佛氏心跡之辨, "程子曰 佛氏之學 於敬以直內則有之矣 義以方外則未之有也 故滯 固者入於枯槁 疏通者歸於恣肆 此佛之敎所以隘也."; 佛氏昧於道器之辨, "此程子所謂滯固者入於枯槁 疏通者歸於恣肆者也."; 佛氏地獄之辨, "程子曰至誠貫天地 人尙有不化 豈有立僞敎而人可化乎."
12 『삼봉집』「경제문감」下 諫官, "程子曰 夫聖莫聖於舜 而禹之戒舜 至曰無若丹朱好慢遊作傲虐 且舜之不爲慢遊傲虐 雖愚者亦當知之 豈以禹而不知乎 蓋處崇高之位 所以警戒者當如是也."
13 『삼봉집』「불씨잡변」佛氏作用是性之辨, "朱子亦曰 若以作用爲性 則人胡亂執刀殺人 敢道性歟 且理 形而上者也 氣 形而下者也 佛氏自以爲高妙無上 而反以形而下者爲說."

해서 불교를 반박했고, 『대학』의 명덕明德과 신민新民 개념에 대한 주자의 변론을 근거로 삼으라고 역설한 적도 있었다.[14] 그러면서 『중용장구中庸章句』 서문에 나오는 주자의 유명한 말인바, "불씨佛氏의 말이 더욱 이치[理]에 가까운 듯하여 진眞을 크게 어지럽힌다."[15]는 문장을 인용하여 이단을 물리치는 것을 자신의 임무로 삼는다고 선언했다. 불교 도교 성리학을 이론적으로 비교 분석한 「심기리편」에서도 "허령虛靈하여 어둡지 않아 모든 이치가 갖추어져 만가지 일에 응한다."는 주자의 말을 가지고 마음을 "이理와 기氣를 합친 신명神明의 집"이라고 설명했다.[16] 또한 불교를 심心으로 지칭하면서 "심心에 이理가 없으면 이익만을 따라가고" 도교를 기氣로 지칭하면서 "기氣에 이理가 없으면 혈육만의 몸이 된다."고 하면서 또한 "지각知覺과 운동運動의 꿈틀거리는 모양은 사람이 동물과 같으나 인의예지仁義禮智의 순수한 것은 사람이 동물과 다르다."는 주자의 말을 그대로 인용했다.[17] 이렇게 『삼봉집』에서 찾아보는 송대宋代 성리학자들의 언명만으로도 성리학이 분명히 그의 학문과 사상의 중심에 자리 잡고 있었음을 확인할 수 있다.

성리학이 그의 이론이라면 그 실천은 무엇인가? 맹자는 역성혁명의 가능성을 암시하면서 현자賢者는 왕이 폭정을 하더라도 다만 간곡하게 충고할

14　『삼봉집』「불씨잡변」儒釋同異之辨.

15　『삼봉집』「불씨잡변」闢異端之辨, "朱氏曰 佛氏之言彌近理而大亂眞者." 이는 『中庸章句』 서문에서 주자가 "異端之說 日新月盛 以至於老佛之徒出 則彌近理而大亂眞矣."라고 한 말을 인용한 것인데, '이치에 가까운 듯하여 眞을 어지럽힌다.'는 말은 이후 조선 성리학자들의 이단 비판의 상징적인 구호가 되었다.

16　『삼봉집』「심기리편」, "心者 合理與氣 以爲一身神明之舍 朱子所謂虛靈不昧 以具衆理而應萬事者也."

17　『삼봉집』「심기리편」理諭心氣, "朱子曰 知覺運動之蠢然者 人與物同 仁義禮智之粹然者 人與物異."

뿐이고 그래도 그의 말이 수용되지 않으면 그 나라를 떠났다고 했다. 그러면서 역성혁명을 할 수 있는 주체는 다만 왕과 동성同姓인 경卿이라고 그 범위를 한정했다.¹⁸ 이런 책으로 공부했던 성리학자들은 왕이 아무리 혼암昏暗하더라도 적극적인 개혁을 논할 뿐이지 새로운 왕조를 창업하는 근본적인 정치변혁에 대해서는 대부분 주저했다.

그런 상황에서도 1392년 7월, 조선이 건국되었다. 물론 그 주인공은 이성계였지만, 그가 왕이 될 수 있도록 목숨 걸고 도운 사람들이 있었다. 조선의 개국공신이다. 이들 개국공신 55명은 이성계의 아들 3명, 그의 사위를 비롯한 친인척, 무인 집단, 그리고 정략적으로 영입된 인사들로 구성되어 있었다. 예상했던 바와 같이, 목숨을 걸고 그를 도왔던 성리학자는 소수에 불과했다.¹⁹ 당시 성리학자 다수는 오히려 역성혁명의 반대편에 있었다. 이들 중에는 저항하다 죽은 이도 있었고 자결한 이들도 있었다. 기존의 군주에 대한 절개를 고수하면서 새로 건국한 나라에서 벼슬하는 것을 거부하고 은거를 택한 인사들도 많았다. 이렇게 조선건국을 평가함에 있어서 혼란스러웠

---

18 『孟子』만장장구 下, "有貴戚之卿 有異姓之卿 王曰請問貴戚之卿 曰君 有大過則諫 反覆之而不聽則易位 王 勃然變乎色 王 勿異也 王 問臣 臣 不敢不以正對 王 色定然後 請問異姓之卿 曰君 有過則諫 反覆之而不聽則去."

19 당시 성리학자들의 정치적 선택과 관련하여 최영성은 "정도전, 권근 계열은 현실을 중시하여 상황에 대응하는 창의적인 변혁을 강조한 만큼, 관념적인 의리보다는 인간의 자율적이고 의지적인 측면을 중시하고 문화의식을 고취하는 데 중점을 두었다."고 그 특징을 설명하였다. 최영성, 2006, 『한국유학통사』상, 서울: 심산, 387쪽. 이런 평가에서 보듯이, 정도전이 權道라는 용어를 드러내놓고 사용하지는 않았어도 그런 인식은 분명하다고 할 수 있다. 역성혁명이 막바지에 이른 그 단계에서 학자들의 정치적 선택에 대한 한 연구는 "朱子的 이념을 가지고 이성계 편에 선 유학자"는 다만 鄭道傳과 南誾이었으며, 趙浚은 "주자적 이념을 공유하면서도 힘으로 공리적인 경향을 추구하는 이방원의 무장세력"에도 또한 발을 들여놓고 있었다고 한다. 최상용·박홍규, 2007, 『정치가 정도전』, 서울: 까치, 86쪽.

으나 정도전은 이에 적극 참여했고 그 이론적 정당성을 만들어냈다.

2. 유교 국가 조선의 왕

1) 왕의 덕목

정도전은 조선이 건국된 이후에는 태조의 신임을 받으면서 새 왕조의 체제를 정비하는 일에 앞장섰다. 조선건국이라는 정치적 사건은 단지 최고 권력자가 바뀌는 정변에 불과할 수도 있었다. 그것이 진정 하늘의 명령에 따라 백성을 위하는 혁명이 되려면 새롭게 권력을 잡은 이후에 백성을 위한 정치를 하겠다는 의지는 물론 구체적인 계획과 실행이 있어야 한다. 정도전은 그렇게 할 구상을 갖고 있었다.

유교국가에 있어서 중심적인 역할을 할 사람은 당연히 왕이다. 정도전은 「조선경국전」 첫 번째 항목으로 『주역周易』 계사하전繫辭下傳 제1장의 문장을 인용하여 인군人君에게 그 자리를 인仁으로 지키라고 했다.[20] 이것은 그가 새로운 국가 조선의 건국 정신으로 강조한 것이고 사실상 『삼봉집』 전체를 관통하는 가치이며, 조선이 유교국가를 표방한다는 선언이기도 하다. 인仁으로 하는 정치라는 것은 "천지가 만물을 생육시키는 그 마음을 자기의 마음으로 삼아서"[21] 차마 다른 사람의 고통을 그대로 방치하지 않는 정치를 말하는 것이다. 인仁은 『논어』의 중심 주제이고 『맹자』에서 인정仁政과 왕도

---

20 『삼봉집』「조선경국전」上 正寶位, "易曰 聖人之大寶曰位 天地之大德曰生 何以守位曰仁." 『주역』 繫辭傳 下傳에는 "天地之大德曰生 聖人之大寶曰位 何以守位曰仁."로 되어 있는데 삼봉이 위와 같이 문장 순서를 바꿔서 인용했다.

21 『삼봉집』「조선경국전」上 正寶位, "人君以天地生物之心爲心 行不忍人之政."

정치王道政治라는 개념으로 구체화되었다. 맹자는 왕에게 인仁의 단서가 되는 측은지심惻隱之心으로 어진 정치를 한다면 천하도 다스릴 수 있다고 단언하기도 했다. 정도전도 이런 고전적인 유교정치의 정신을 그대로 계승하여 인仁을 제일의 가치로 강조하면서 왕이 가져야 할 구체적인 덕목에 대한 설명 또한 『주역』에 의거했다.

『주역』의 괘卦에서 오효五爻는 인군人君의 자리를 말하는데, 정도전은 64괘 중에서 17개 괘를 택하여 그것의 오효 뜻을 가지고 인군의 덕목을 설명하였다. 그런데 그가 그렇게 함에 있어서 『주역』을 도덕적 정치적 차원에서 해설한 정이천程伊川의 「역전易傳」을 요약하거나 거의 그대로 인용한 점을 주목할 필요가 있다.[22] 정도전은 췌괘萃卦 오효의 「역전」에 나온 "인군의 덕은 만물 위에 뛰어나야 한다."[23]는 말을 시작으로 17개 괘의 「역전」 오효五爻에 대한 설명으로 그 덕목 17가지를 제시하였다. 『삼봉집』에서는 그 이상의 것이 있었을 것이나 나머지 부분은 일실逸失되어 아쉽다는 기록이 있지만,[24] 17개 괘로도 그가 강조할 바를 분명하게 충분히 설명했다. 그런 내용에서 그가 일관되게 역설한 바는 인군과 신하가 서로 좋은 짝이 되어 우호적인 협력 관계를 유지하라는 것이었다.

정도전은 우선 몽괘蒙卦의 오효에 대한 「역전」의 설명에서 "인군은 지성

---

[22] 『삼봉집』 「경제문감 별집」 下 "議論"에서 君道를 논한 17가지 덕목.

[23] 『삼봉집』 「경제문감」 별집 下 議論, "君德 首出庶物". 삼봉은 乾卦 象辭에 나오는 "首出庶物 萬國 咸寧"을 인용하며 人君은 하늘의 도를 본받을 것을 강조하는 것을 시작으로 그 덕목 17가지를 제시했다. 그 끝에서 "君德 首出庶物"을 다시 강조하며 君道에 대한 설명을 마무리했다.

[24] 『삼봉집』 「경제문감」 별집 下 議論, 끝부분 주석 "自此以下 卷帙殘缺 未見全書 深可恨也."

으로 현인을 임용하여 그 공을 이루어야 한다."²⁵는 말을 인용하고 이를 인군의 우선적인 덕목으로 제시하였다. 『주역』에서 인군의 자리인 오효五爻는 아래에 있는 신하의 도움과 지지가 있어야 성과를 이루는 것으로 되어있다. 위가 아래를 겸손하게 대접하여 자발적 복종을 이끌어내는 자세는 『주역』 「역전」에서 정이천이 64괘 전체를 통하여 일관되게 강조한 것이다.²⁶ 정도전이 그런 「역전」에서 인용한 바, "오효五爻는 아래에 있는 이효二爻와 호응하여 유순하고 중정中正한 덕으로 강剛하고 밝은 인재를 임용하여 공功을 이루면 결과적으로 이것은 곧 인군이 직접 일을 한 것과 마찬가지"²⁷라는 설명이 바로 그런 것이다. 유순柔順한 인군은 강명剛明한 신하를 만나야 공功을 이룰 수 있는데, 그렇게 되기 위해 인군이 지성至誠으로 현인賢人을 임용해야 한다는 말과 "천하의 곤란을 구제하되 성현의 신하가 보좌하지 않고서는 되

---

25 『삼봉집』「경제문감」별집 下 議論, "人君至誠任賢 以成其功."
26 『周易』에서 五爻는 왕의 자리이고 二爻는 신하의 자리인데 신하가 강력하고 왕이 유약하다고 해서 그 위치가 변동될 수는 없으며 양자는 각자의 위치에 있으면서 서로 의존적인 관계에 있다. 정도전이 程伊川의 易傳에서 인용한 君道에서 일관되게 강조한 정신은 '왕은 신하를 존중하며 대하고 신하는 왕을 잘 보필해야 한다.'는 것이다. 君臣은 대립적으로 힘으로 견제하는 것이 아니라 서로 의지해야만 하는 관계에 놓여 있다는 設定을 전제로 하는 것이다. 신하는 왕이 알아주고 발탁해주어야 능력을 발휘할 수 있는 것이고 왕은 신하의 보좌가 있어야 권한을 제대로 행사할 수 있는 것이다. 君臣간의 이런 구도를 학계에서 "군신공치"라는 용어로 서술하기도 한다(「경제문감」의 재상론과 「경제문감 별집」의 군주론을 그런 관점에서 서술한 논문으로는 송재혁, "정도전 저작의 군신공치론적 구조: 『진서산독서기』와의 연관성을 중심으로"(『공자학』 45, 2024)를 참조). 한편, 程伊川은 상호의존적 군신관계를 "君臣合力", "君臣同功", "君臣合德"이라는 말로 표현하기도 했다(渙卦 六四 九五 易傳).
27 『삼봉집』「경제문감 별집」下 議論, "蒙六五 童蒙吉 五以柔順 居君位 下應於二 以柔中之德 任剛明之才 足以治天下之蒙 故吉也 爲人君者 苟能至誠任賢 以成其功 何異乎出於己也." 정도전이 君道에서 역대의 왕을 설명한 다음에 이어지는 "議論"에서 人君의 덕목에 대한 17가지 설명은 모두 周易에서 人君의 자리라고 하는 五爻에 대한 程伊川의 易傳을 (그대로 인용한 사례도 있고 일부는 줄여서) 인용한 것이다. "議論" 주석에서도 "按此篇 輯易卦五爻程傳說"이라고 그 출처를 밝혀놓았다.

지 않았다."²⁸고 언급한 것 또한 그런 뜻이다. "인군은 속마음을 비우고 스스로 낮추어 아래에 있는 어진 이에게 순응하여 따르는 것이다."²⁹라고 한 것과 "인군이 지성스럽게 몸을 낮추고 중정한 도리로 천하에 구하면 어진 사람이 불우하지 않을 것이다."³⁰는 말 역시 그런 맥락에서 강조한 것이다.

"왕자王者가 친밀하게 하는 도리를 천명하면 천하가 저절로 와서 친비親比하게 된다."³¹고 정도전이 「역전」에서 인용한 이 말은 『근사록近思錄』에도 들어있다. 이것은 성의誠意를 갖고 그 사람을 자기 자신과 동일시하면서 그렇게 하는 대상을 점차 확대해 나간다는 뜻이라고 「역전」에 상술되어 있다. 이렇게 자기 마음으로 느끼는 바를 가지고 상대방의 마음을 헤아리는 자세로 정치를 해서 천하에 그 혜택을 미치게 하면 그런 결과로 천하가 저절로 복종하게 된다는 말이다. 또한 "성인은 일찍이 천하의 의논을 모두 들어보지 않은 적이 없다."³²고 했는데 다스림에 있어서 천하의 의논議論을 중시하라는 말이다. 만약 그렇게 하지 않고 자신의 총명함만을 믿고 단행한다면 비록 그것이 정당하더라도 위험에 처하게 된다고 경고하였다. 이어서 인군이 강명剛明한 중정中正의 덕으로 천하의 어려움을 해결하여 안정되고 평화

---

28 『삼봉집』「경제문감 별집」下 議論 蹇九五, "濟天下之蹇 未有不由聖賢之臣爲之佐."
29 『삼봉집』「경제문감 별집」下 議論 損六五, "人君能虛中自損以順從在下之賢." 왕이 현능한 신하를 초빙하기 위해서 예의를 갖추어 굽힌다고 해서, 君臣의 상하 관계가 변동되는 것도 아니고 양자가 대등하다는 말도 아니다. 君臣간에 위계는 정해져 있는 것이고 다만 왕이 신하를 존중하는 마음이 그렇다는 뜻이다. 이런 맥락으로 왕권의 분명한 위상과 신하와의 관계에 대한 정도전의 인식을 "재상"과 관련하여 분석한 논문으로는 박홍규·방상근, "정도전의 재상주의 재검토"(『대한정치학회보』15(3), 2008) 55~57쪽을 참조.
30 『삼봉집』「경제문감 별집」下 議論 姤九五, "人君至誠降屈 以中正之道求天下而賢未有不遇者也."
31 『삼봉집』「경제문감 별집」下 議論 比九五, "王者顯明其比道 天下自然來比."
32 『삼봉집』「경제문감 별집」下 議論 履九五, "聖人未嘗不盡天下之議."

로운 상황에 이르게 되었어도 그 마음은 항상 "망하면 어쩌나, 망하면 어쩌나!"[33]라고 근심하면서 안전한 방도를 마련하라고 했다. 한편, 이런 방식으로만 일관하면 또한 인군의 권위를 소홀하게 여길 수 있으므로 위엄을 강조하기도 했다. "인군은 믿음으로 아랫사람을 접하지만 또한 위엄이 있어서 두려워함이 있게 해야 한다."[34]고 말한 것이 그런 뜻이다.

계속해서 정도전은 『주역』의 겸괘謙卦, 임괘臨卦, 대축괘大畜卦, 이괘頤卦, 진괘晉卦, 가인괘家人卦, 건괘蹇卦, 익괘益卦의 오효에 대한 「역전」의 설명으로 인군의 덕목을 설명했는데, 여기에서 강조한 바도 역시 인군이 자신을 도울 현능한 신하를 만나려면 "지성至誠으로 자신을 낮추고 중정中正한 도리로 천하의 어진 이를 구해야 한다."는 것이었다. 그러면서 "천하의 사람을 모으는 도리는 마땅히 그 자리를 바르게 하여 그 덕을 닦아야 한다."[35]는 말로 정리하였다.

2) 왕권의 가내 계승의 정당성

지금 조선시대의 정치가 정도전을 다시 거론해야 하는 이유는 무엇인가? 그것은 그가 태조 이성계의 킹메이커 역할을 한 정도를 넘어서 그의 주장이 현대적인 정치이론의 차원에서 보더라도 주목할 만한 점이 있기 때문이다. 그런 사례로 그가 당시 정치권위의 정당성 근거를 논의했다는 점이 특별하다. 왕권을 자식에게 물려주는 것을 "천하 국가를 소유한 이가 반드시 대대

---

33 『삼봉집』「경제문감 별집」下 議論 否九五, "其亡矣其亡矣."
34 『삼봉집』「경제문감 별집」下 議論 大有六五, "人君孚信以接下 又有威嚴 使之有畏."
35 『삼봉집』「경제문감 별집」下 議論 萃九五, "萃天下之道 當正其位修其德."

로 전하는 것은 예禮의 상경常經이고 제후가 나라를 계승하는 데 있어 반드시 천자로부터 명을 받는 것도 예禮의 상경常經이다."[36]라는 논리를 당시에는 당연하게 여겨왔다. 또한 제후국으로서 원元 또는 명明 황제가 임명했으므로 그런 권력이 정당하다고 했다.

고대에는 천하의 왕자王者가 되는 방법으로 기존의 왕이 그를 하늘에 추천하고 하늘이 이를 받아준다는 2가지 요건이 충족되어야 한다는 이론이 『맹자』에 설명되어 있다. 맹자에 의하면, 우禹가 익益을 정승으로 삼고 하늘에 천거하였으나 그의 사후에 우의 아들 계啓가 왕위를 이어받은 것은 그 추천을 하늘이 받아들이지 않아서 그런 것이고, 공자처럼 천하의 덕을 갖추었어도 천자의 추천이 없어서 그런 자리에 오르지 못했다고 한다.[37] 이런 것이 모두 정치권위의 정당성이나 그 기원을 말한 것이다. 정도전은 그런 기존의 전통적 정치권위에 대한 논의를 수용하면서 이에 더하여 현실정치 측면에서 그 이유를 추가하였다. 그것은 정치적 안정이라는 측면이다. 그는 왕권을 가내에서 계승하도록 하면 대권 경쟁으로 인한 혼란을 막을 수 있다고 보았다.[38] 후계자가 미리 정해지기 때문에 국가에서 가장 위태로운 경쟁인 대권 싸움이 발생하는 것을 미연에 방지할 수 있다는 차원에서 주장한 것이다.

---

[36] 『양촌집』 上書類 上書, "必以世及而相傳 禮之經也 凡諸侯之承國 必受命於天子 亦禮之經也."
[37] 『孟子』 만장장구 상, 제6장.
[38] 『삼봉집』 「조선경국전」 上 定國本, "古之先王 立必以長者 所以絶其爭也."

3. 총재정치

국가의 정치안정을 위하여 기존 왕권의 가내 계승을 인정한다고 하더라도 최고의 덕을 갖춘 자가 왕이 되어야 한다는 고전적인 왕권 이론에 부합되기에는 부족한 것이다. 현실적으로 자리를 물려받은 왕의 자식이 늘 최고 유덕자로서의 자질을 구비할 것임을 보장할 수는 없기 때문이다. 정도전은 기존 왕권의 존속을 정치안정 차원에서 정당화하면서 최고의 덕을 다른 사람에게서 빌리는 방식을 구상했다. 왕의 아들이 항상 유능하고 현명할 것이 보장되지는 않기 때문에 국정 실무를 가장 현능한 사람을 찾아서 그에게 맡기자는 발상이다. 왕이 최고 통치자의 자리에 군림하면서 국정을 실무적으로 총괄할 총재를 임명하여 나라 살림을 맡기는 방식이다. 그렇다고 해서 왕의 권력을 모두 총재에게 넘기는 것은 아니지만 국정 전반을 책임지는 실질적인 집행자이기도 한 총재의 역할에 대해 정도전은 이렇게 설명했다.

"총재라는 것은 위로는 군부를 받들고 밑으로는 백관을 통솔하며 만민을 다스리는 것이니, 그 직책이 매우 큰 것이다. 또 인주의 자질에는 어리석은 자질도 있고 현명하지 않은 자질도 있으며 강력한 자질도 있고 유약한 자질도 있어서 한결같지 않으니, 총재는 인주의 아름다운 점은 순종하고 나쁜 점은 바로 잡으며, 옳은 일은 받들고 옳지 않은 것은 막아서, 인주로 하여금 대중大中의 경지에 들게 해야 한다."[39]

이런 총재정치론은 정도전의 독창적인 구상은 아니다. 『주례周禮』에 나

---

[39] 『삼봉집』「조선경국전」上 治典 摠序, "上以承君父 下以統百官治萬民 厥職大矣 且人主之材 有昏明強弱之不同 順其美而匡其惡 獻其可而替其否 以納於大中之域."

오는데, 이 책의 저자는 공자가 가장 존경했다는 주공周公이다.[40] 주공은 은殷나라를 무너뜨리고 천하를 차지한 주周나라 무왕武王의 동생으로 주나라에 속한 노魯나라가 있게 한 인물이다. 공자는 그 노나라에서 출생했다. 공자에게 있어서 주공은 주나라 문명의 설계자로서 그 자신의 정신적 스승과 같은 존재였다. 공자에게 있어서 주공이 설계한 주나라는 그가 꿈꾼 이상국가의 모델이었다. 그런 주공이 지었다고 전해지는 『주례』는 천하를 다스리는 통치조직을 자연의 이치를 참고하여 6개의 종류로 분류했다. 하늘, 땅, 봄, 여름, 가을, 겨울과 같은 계절의 성질을 담당 직무의 특성과 관련하여, 천관天官, 지관地官, 춘관春官, 하관夏官, 추관秋官, 동관冬官 등의 부서로 구분하면서 그 각각에 60개 정도의 관직을 두었다. 총재는 천관의 책임자이자 6개 부서를 아울러 대표하는 그런 위치였다. 그러니까 실질적인 행정책임자와 같은 것이다.

이런 총재를 현대적인 관직으로 보면, 실세 국무총리나 수상과 유사한 것으로 생각해 볼 수도 있을 것이다. 정도전은 이런 총재를 둠으로써 세습제 왕의 부족한 자질을 보완하면서 또한 정치적 안정을 도모할 수 있다고 생각했다. 그런데 문제는 어떤 왕이 실권을 총재에게 맡기겠냐는 것이다. 정도전의 이런 구상은 받아들여지지 않았다. 혹자는 정도전이 자신을 위해 이런 자리를 구상한 것이 아닌지 의심했다. 실제로 조선의 왕들은 자신의 권력을 2인자에게 맡기질 않았다. 권력은 왕에게 집중되어 있었다. 이런 권력 집중 구조에서 백성의 삶과 국가의 존망이 온전히 왕의 자질 여부에 달려있게 되었다. 세종대왕 같은 성군이 나왔을 때 그 리더십으로 인해 국가가 흥성했

---

[40] 『論語』述而篇, "子曰甚矣 吾衰也 久矣 吾不復夢見周公."

다. 그러나 자질이 부족한 왕이 통치했던 시대에는 조정이 혼란스러웠고 민생은 도탄에 빠졌다.

그렇다면 정도전은 권력의 속성을 모르는 이상주의자였는가? 정도전의 총재정치 구상은 조선시대 정치에 일부 반영되기도 했다. 왕이 정무를 총괄했지만 의정부에서 대신들이 정책을 조율하는 어느 정도의 자율성도 있었다. 이런 경향을 정도전의 총재정치론의 영향으로 보기도 한다. 그러나 드센 왕은 그 자신이 모든 것을 결정하려고 했다. 이런 왕이 있을 때는 의정부 대신 보다는 왕의 측근이 더 힘을 발휘했다. 지금과 같은 대통령 중심제 정치에서도 비서실이 장관보다 더 행세를 하는 경향이 있다면 이것도 일에 관한 실질적인 권한을 해당 부서와 전문가에게 맡기지 않는 최고 권력의 속성 탓도 있을 것이다. 이렇게 보면, 어떤 조직 형태가 더 낫다고 단정하긴 어렵지만 현인賢人에 의한 덕치德治를 구상한 것을 보아도 정도전은 분명한 성리학자였다. 그리고 정도전의 총재정치가 그렇게 실행하기 어려운 것만은 아니었다. 그는 이런 총재정치론을 구상할 때 현명한 왕이 총재를 잘 활용하면 좋은 치세를 이룰 수 있다고 생각했다.

"궁중의 비밀이나 빈첩들이 왕을 모시는 일, 내시들의 집무 상황, 왕이 타고 다니는 수레나 말, 의복의 장식, 그리고 왕이 먹는 음식에 이르기까지도 오직 총재만은 알아야 한다. 총재는 중신重臣이므로 인주가 예우를 하게 되는데, 몸소 이렇듯 자질구레한 일까지 관여한다는 것은 너무 번거로운 일이 아닐까? 그렇지 않다. 빈첩, 궁녀들이나 내시들은 본래 인주의 심부름을 맡은 사람들인데, 이들이 올바르지 않으면 사특하고 아첨하는 일이 일어나고, 수레와 말, 의복과 음식은 본래 인주의 일신을 봉공하는 것인데, 절제하지 않으면 사치하고 낭비하는 폐단이 생긴다."[41]

이렇게 총재는 국정 실무를 총괄하면서 왕이 신경 쓰지 못하는 세밀한 부분을 객관적으로 바라볼 수 있기 때문에 왕에겐 꼭 필요한 존재가 될 수 있다. 그리고 현명한 왕이라면 오히려 이런 총재를 적극적으로 활용할 수 있는 것이다. 정도전은 이런 일이 가능하려면 왕과 총재의 운명적인 만남과 의기투합이 중요하다고 생각했다. 그러나 서로에게 좋은 이런 만남이란 쉽지만은 않은 것이다.

"재상이 된 사람은 훌륭한 인군을 만나야 위로는 도가 행해지고 아래로는 백성에게 은혜가 미치게 되며, 살아서는 일신이 명예로워지고 죽어서는 후세에 이름을 떨치게 된다. 그런데 인군과 신하가 서로 잘 만나기란 옛날부터 어려운 일이다."[42]

총재가 하는 일은 정무를 총괄하고 이에 더하여 왕의 측근에 관한 세세한 것까지 관리하는 것이다. 그래서 이런 일 전부를 총재 혼자서는 할 수 없고 결국은 좋은 사람을 선발해서 일을 맡기는 인사가 총재가 하는 일의 핵심이다. 그리고 또 중요한 일이 있다. 그것은 왕을 바르게 하는 것이다. 국정을 총괄하는 일이야 열심히 노력하면 되는 실무적인 영역이지만 왕의 잘잘못을 건드리는 일이란 조심스럽고 위험하기도 한 일인 것이다. 또 총재가 이렇게 하는 것을 흔쾌히 받아들일 왕이 있을 것인가? 그렇기에 이런 일을 감

---

[41] 『삼봉집』「조선경국전」治典 摠序, "至於宮闈之密 而嬪媵之進御 蟄御之執役 輿馬服飾之玩 食飮之供 惟冢宰得知之 冢宰重臣也 人主之所禮貌也 而身親細微之事 不其冗乎 日非也 嬪媵蟄御 本以備使令也 不謹則有邪媚之惑 輿馬衣服飮食 本以奉身也 不節則有奢華侈用之費."

[42] 『삼봉집』「조선경국전」治典 宰相年表, "然爲宰相者得其君 然後道行於上而惠及於下 身榮於前而名顯於後 而君臣之相遇 自古以爲難也."

당할 총재와 그런 총재의 존재와 역할을 인정할 왕과의 만남이라는 것이 과연 쉬운 일이었겠는가?

4. 인재가 성대한 시대

정도전이 꿈꾼 동주는 인재가 성대하게 넘치고 정치의 성과가 볼만한 나라일 것이다. 복고적인 유학자들은 과거에 주周나라가 그랬었고 그런 수준에는 후대가 미칠 바가 아니라고 했다.[43] 후대의 학자들도 하은주夏殷周 삼대三代에 인재가 많았다고 공감하곤 한다. 정도전도 그 시대를 빛낸 재상으로 이윤伊尹, 부열傅說, 주공周公을 꼽았다.

정도전은 관료제도를 논하면서 "인군人君은 하늘의 직사職事를 대신하여 하늘의 백성을 다스리니 혼자의 힘으로는 할 수 없다. 이에 관직을 설치하고 널리 현능한 인재를 구하여 담당하게 한다."[44]고 했다. 하늘이라는 말로 정치의 공공성을 강조하면서 그것을 실행하기 위한 인물과 제도의 필요성을 말한 것이다. 어진 왕과 재상 못지않게 관료조직과 그 관직을 담당할 인재가 필요하다는 말이다. 정도전은 그런 인재를 평소에 양성하고 그중에서 공직자가 될 사람을 엄격하게 선발할 것을 제안했다. 일단 임용된 사람에 대해서는 재임 기간을 길게 하여 능력을 발휘하여 일의 공적을 이룰 수 있게 하라고 했다.[45] 이렇게 정도전은 덕과 재주를 갖춘 인재들이 조정에 가득

---

[43] 『삼봉집』「조선경국전」貢擧, "故成周人才之盛 政治之美 非後世所能及也."
[44] 『삼봉집』「조선경국전」上 治典 官制, "人君 代天工治天民 不可以獨力爲之也 於是 設官分職 布于中外 博求賢能之士以共之 官制之所由作也."
[45] 『삼봉집』「조선경국전」治典 入官, "天下國家之要 在於用人而已 古之用人者 養之有素

하고 이들이 정사를 좌우에서 보좌하는 그런 장면을 생각한 것이다. 그러면서 과거제도를 언급했다. 물론 과거제도는 고려시대에도 있었고 정도전 역시 그런 절차를 통하여 공직에 들어갔다. 정도전은 그런 과거제도가 조선에서도 그대로 이어지기를 바랐다. 시험과목과 내용에 대해서는 "사장詞章으로 시험하면 겉만 화려하고 실속이 없는 무리들이 끼어들게 되고, 경사經史로써 시험하면 오활하고 고루한 선비들이 간혹 나오게 된다."⁴⁶고 걱정하기도 했다.

조선이 유교국가로 지속된 된 여러 요인을 거론할 수 있겠지만 과거제도 역시 한몫을 했다고 생각한다. 인재들은 공직에 진출하려면 과거시험에 합격해야 했고, 그렇게 해서 선발된 일정 수준의 교양과 학식을 가진 인사들이 공직에서 일했다. 과거시험이 없었더라도 다수의 지식인이 유학의 고전과 성리학을 공부했겠는가? 유학의 고전은 물론 성리학 단계의 학문을 공부한 인재들이 계속 양성될 수 있도록 견인한 것은 과거제도였다고 생각한다. 물론 일부 인사는 전원에 은거하며 처신을 고결하게 하면서 성리학의 심오한 철학 연구에 심취했지만 그래도 그들이 공부한 것이 성리학이라면 현실의 정치는 결코 외면의 대상이 아니라 그 몸이 어디에 있는가에 상관없이 늘 마음이 향하는 곳이었다.

정도전은 또한 이런 인재를 평소에 양성하는 학교의 설치에 대해서도 강조했다. 그래서 "서울에는 성균관成均館과 사부학당을 설치하고, 지방에는

46　擇之甚精 所入之途狹而所居之任久 惟其養之素 故人材成 擇之精而所入之途狹 故僥倖冒進之心息 所居之任久 故賢能得以展其才而事功成."
『삼봉집』「조선경국전」入官, "惟科擧一事 庶幾周禮賓興之意矣 然試以詞章 則浮華無實之徒 得側於其間 試以經史 則迂僻固滯之士或有焉."

주군州郡에다 향교鄕校를 설치하여 각기 교수와 생원을 두어 가르치게 하고 그들의 생활비를 넉넉하게 대준다."⁴⁷고 했다. 인재를 양성하는 곳이 학교이고 인재를 선발하는 것이 과거시험이니 이 둘은 동시에 필요한 것이었다.

5. 정문正門의 정치

"정자정야政者正也"라는 말이 있다.⁴⁸『논어』에 나오는데, 정치를 바르게 하는 것, 또는 통치자는 바르게 처신해야 한다는 뜻으로 이해한다. 왕이 거처하는 궁궐은 벼슬과 재화를 배분하는 그야말로 정치의 중심 공간이다. 여기서 대부분의 인사와 정책이 결정된다.『삼봉집』에 "정문正門"이라는 글이 있다. 궁궐의 남쪽으로 향한 대문을 정문正門이라고 했던 이유를 설명한 것이다.⁴⁹ 바를 정正자를 쓰는 "이 문을 통해서 나가고 들어오는 것을 진실하고 정밀하게 살펴서 바른 명령이 나가고 바르게 보고하는 일이 들어오게 하여 거짓이 의탁할 곳이 없게 하라"고 엄중하게 언급했다.⁵⁰

『태조실록』에도 정도전에게 명하여 새 궁궐의 전각 이름을 짓게 했는데 남쪽 대문을 정문正門이라 하고 그 의미를 써서 올렸다는 기록이 있다.⁵¹ 지

---

47 『삼봉집』「조선경국전」上 治典 入官, "於是內而成均部學 外而州郡鄕校 各置教授生員 贍其廩食."
48 『論語』顔淵篇.
49 正門은 지금의 光化門이다. "궁궐의 남문을 正門이라고 했는데 나중에 光化로 고쳤다고 한다."『삼봉집』부록 "南曰正門 按後改光化."『周易』說卦傳 제5장에 "聖人이 南面而聽天下하여 嚮明而治하니"라는 문장이 있는데, 남쪽은 불을 의미하는 離卦의 방향으로 제왕이 밝음으로 이끌고 다스린다는 뜻이 있다.
50 『삼봉집』記 正門, "命令政教 必由是門而出 審之旣允而後出 則讒說不得行 而矯僞無所托矣 敷奏復逆 必由是門而入 審之旣允而後入 則邪僻無自進."
51 『태조실록』4년 10월 7일, "午門曰正門."

금은 보통명사가 되어버린 이 정문正門이라는 단어에 담겨있는 의미는 '정자 정야'라는 유교정치의 정신을 그대로 반영한다고 할 수 있다. 당시에 『논어』, 『맹자』를 공부한 사람은 모두 이런 뜻을 알고 있었기 때문에 대문의 이름을 정문이라고 작명하고 그 의미를 이렇게 설명하는 것은 정도전의 창작은 아닐 것이다. 그렇지만 그가 바를 '정正'자의 정치에 대해 특히 의미를 부여하고 강조했다는 점이 중요하다. 그는 역성혁명이라는 거사를 통해서 만들어진 조선이 고려와는 달리 분명한 정신과 방향성을 가진 왕조가 되어야 함을 생각했을 것이다. 권력의 중심으로 들어가고 나오는 사람과 말의 통로가 바른 것만을 용납하는 그런 것이라면 그야말로 그것이 제대로 된 정치라고 본 것이다.

6. 도성과 궁궐의 건물 이름으로 표시한 정치이념

『중용』은 "하늘이 명命한 것을 성性이라 하고, 성性에 수반되는 것을 도道라고 하고 그 도를 교육하는 것을 교教라고 한다."[52]는 유명한 문장으로 시작된다. 이렇게 책의 첫머리에서 성性, 도道, 교教라고 하는 『중용』의 3가지 핵심 개념을 제시한 것이다. 여기서 성性이라는 것에 대해 '하늘이 사람에게 선한 본성을 부여했다.'는 뜻으로 해석하여 성선설性善說의 근거로 삼기도 한다. 맹자는 성性을 인의예지仁義禮智로 구체화했다. '사람은 본래 다른 사람을 사랑하고 정의롭고 예의를 아는 지혜로운 존재로 태어났다.'는 말인데, 본성으로 갖추어진 이런 최초의 완벽함은 사람이 성장함에 따라 쇠퇴한

---

[52] 『中庸』제1장, "天命之謂性 率性之謂道 修道之謂敎."

다고 한다. 성리학에서 말하는 교육이란 궁극적으로 인의예지의 원래 상태 회복을 목표로 하는 것이다.

정도전은 서울에 새 궁궐을 건축하는 과정에서 그 건축물의 배치와 이름에 그런 성리학 이념을 새겨 넣었다. 그는 서울의 8대문에 이름을 붙였을 뿐만 아니라 왜 그런 명칭을 붙였는지 그 이유를 소상하게 설명했다. 도성팔문都城八門에서 남쪽으로 향한 문은 '숭례崇禮', 동쪽의 문은 '홍인興仁', 서쪽의 문은 '돈의敦義', 북쪽의 문은 '숙청肅靑'이라고 했다.[53] 이렇게 도성의 문 이름에 성性에 들어있는 인仁, 의義, 예禮라는 글자를 넣어서 그 문을 출입할 때마다 성리학의 정신을 매번 떠올리지 않을 수 없게 만든 것이다. 그 문 안에 건설된 궁궐의 이름은 『시경』에서 단어를 찾아서 '경복景福'이라고 했는데 '큰 복을 받게 되리라.'는 뜻이다. 창업의 왕과 그 후계자들에게 왕업이 장구하기를 축복한 것이고 또한 왕이 의무와 덕을 실천하여 그렇게 되게 할 것을 주문한 것이기도 하다. 정도전은 그렇게 되는 방법을 궁궐 안에 있는 건물의 이름으로 강조했고 왕은 그것을 보면서 늘 명심하라는 취지인 것이다. 연침하는 강녕전康寧殿 남쪽에 있는 건물을 사정전思政殿이라고 했는데, '깊이 생각하고 세밀하게 살핀다.'는 뜻이다. 잘 생각해서 일의 타당성 여부를 파악하고 사람의 어질고 어질지 못함을 잘 살펴서 진퇴進退를 결정하라는 뜻이다. 그 건물 남쪽의 건물과 그 문을 '근정전勤政殿'과 '근정문勤政門'이라고 했는데, '천하의 모든 일이 근면하면 다스려진다.'는 뜻으로 이름을 붙였다. 그러면 무엇에 부지런할 것인가? 정도전은 왕이 모든 정무에 근면하

---

53 『삼봉집』 부록, "都城八門 南崇禮 東興仁 西敦義 北肅清 東北弘化 東南光熙 西南昭德 西北彰義."

지만 특히 "어진이를 찾기를 부지런히 힘쓰고 어진이에게 정무를 맡기는 것을 신속하게 하라."고 주문했다. 인재를 구하는 것을 급선무로 삼으라는 말이다. 앞서 설명한 정문正門에 대해서도 "이 문을 열어 사방의 어진이를 오게 하는 것"[54]이 정正의 바른 뜻이라고 문 이름을 그렇게 정한 이유를 설명했다. 이렇게 정도전은 성리학이 추구하는 바, 본래 선한 본성을 회복하게 하는 정치, 그렇게 할 수 있는 인재를 찾아 그들에게 정무를 맡기는 제도화된 정치의 목표를 궁궐과 도성의 건축물 이름으로 내걸고 늘 명심하도록 큰 글자로 새겨 넣은 것이다.

7. 왕에게 사유재산이란 없다.

정도전이 「조선경국전」에서 국가의 조직과 그 운영에 대해 세밀하고 구체적으로 언급한 것은 정치를 공적인 활동이라고 생각한 때문이다. 정도전은 조선이라는 새 왕조가 태조 이성계나 그의 아들들의 개인 소유가 아니라는 인식을 갖고 있었다. 정도전이 건국 이후에 위험을 무릅쓰고 진력했던 사병私兵의 혁파도 그런 정치의 공공성에 대한 인식을 반영하는 것이다. 역성혁명의 과정에는 여러 인사들의 지략과 그들에게 딸린 병력들을 동원했을 것이나 그것이 성공한 다음에는 개인적 소유형태의 병력은 용인될 수 없는 것이다. 또한 여말선초에 있어서 이런 공공성과 관련해서 쟁점이 된 것은 토지 문제였다. 정도전을 포함해서 고려말기에 일부 성리학자 관료들이 고려왕조의 타락과 그 필연적 붕괴를 주장했을 때 그 근거의 하나는 바로

---

[54] 『삼봉집』 記 正門, "開之以來四方之賢."

토지의 사유화 문제였다. 기강이 해이해진 틈을 타서 나라의 토지가 온통 세력가들에 의해 사적으로 점령당했다. 이런 실정을 정도전은 "가난한 사람은 송곳을 꽂을 땅도 없다."[55]고 한탄했다. 권문세가들은 토지 덕분에 부유했지만 나라의 재정은 고갈되었다. 그러다 보니 관련 정책도 사적 또는 특정 집단의 이익을 위하는 쪽으로 집행되고 있었다. 이렇게 되면서 공적인 정치의 공간은 사라진 것이다. 역성혁명이 필요하다고 주장했던 일부 인사들은 바로 이것을 주목했다. 그들이 조선건국의 그 날에 천명天命을 거론했을 때 그것은 바로 정치의 공공성을 유교적인 용어로 천명한 것이다. 민심이 천심이고 천심에 의해 새로운 왕이 임명되었다는 그 논리 속에서 정치는 모두를 위한 지극히 공적인 활동이라는 것을 다시금 강조한 것이다.

왕권이 사적인 소유형태라면 그 권력으로 무엇을 하거나 아무런 상관이 없는 것이다. 개인 재산을 마음대로 사용한다는데 무슨 말이 필요할 것인가? 그러나 이 나라와 나라의 중심적인 자리인 왕권이 결코 한 개인의 소유물이 아니라는 그 정신으로 정도전은 조선건국을 정당화하는 작업에 참여했고 왕에게 그런 정신의 실천을 요구했다. 나라 토지의 명의는 왕으로 되어 있지만 그가 마음대로 할 수 있는 그런 것이 아니라는 것이다. 왕의 자리 자체가 공적인 것이기 때문이다.

> "인군은 광대한 토지와 많은 인민을 전유하니, 그 소출의 부賦는 무엇이든 자기의 소유가 아닌 것이 없고, 무릇 나라의 경비도 무엇이든 자기의 소용이 아닌 게 없다. 그러므로 인군에게는 사유재산이 없는 것이다."[56]

---

55 『삼봉집』「조선경국전」上 賦典 經理, "貧者無立錐之地."
56 『삼봉집』「조선경국전」上 賦典 上供, "人君 專土地之廣 人民之衆 其所出之賦 何莫非

이런 인식이 있었기 때문에 그리고 이런 주장이 용납될 수 있는 상황이었기 때문에 그 바탕 위에서 국정운영에 관한 제도와 법전이 만들어질 수 있었다. 정도전이 태조 이성계에게 바친 「조선경국전」은 그런 제대로 된 유교국가에 대한 설계도였다. 그리고 그것의 기본 정신은 정치를 공적인 영역으로 인식하자는 것이었다.

8. 불교를 억압하는 논리를 만들다.

지금도 스님들은 유교라는 말을 거북하게 생각한다. 조선시대에 불교를 억압했던 그런 불편한 역사적 기억 때문이다. 조선시대 성리학자들이 불교를 인정하지 않았던 이유는 무엇인가? 공자는 이단이라는 것이 구체적으로 무엇인지, 그리고 왜 이단이 해로운지를 분명하게 언급하지는 않았다.[57] 공자의 사상을 계승한 맹자가 비로소 왜 이단을 배척해야 하는지 그 이유를 설명했다. 그 당시의 이단이란 양묵楊墨(양주와 묵적)을 말하는 것인데, 맹자가 주장한 이단 배척 이유는 사랑의 실천 방법의 차이에 관한 것이다. 공자

---

[57] 已分之所有 凡國之經費 何莫非已分之所用 故曰人君無私藏." 인군이 광대한 토지와 그것에서 나오는 생산물과 인민을 專有한다고 하면서 사장이 없다고 하는 논리에 대해서는 豐卦 象에서 정이천이 설명한 바가 참고가 된다. "왕은 사해의 넓은 토지와 억조의 백성을 가지며 천하의 큼을 극대화하는 것이다. 그러므로 풍부하게 하고 크게 하는 도는 오직 왕자만이 능히 이에 이를 수 있는 것이다. 가지고 있는 것이 이미 크다면 그가 보유하고 다스리는 도 역시 마땅히 큰 것이다. 그러므로 왕자가 숭상하는 바가 지극히 큰 것이다."(王者 有四海之廣 兆民之衆 極天下之大也 故豐大之道 唯王者能致之 所有 旣大 其保之治之道 亦當大也 故王者之所尙 至大也). 정도전이 말하고자 하는 바는 왕이 모든 것을 專有하지만 그것은 보편적인 公의 원리에 의해 규제되는 바이기 때문에 私의인 소유의 여지는 없다는 말이다.

57 『論語』爲政篇, "子曰 攻乎異端 斯害也已."

가 생각하는 인仁은 자기 자신으로부터 사랑을 시작하여 자기 자신에게 가까운 사람부터 점차적으로 사랑을 펼쳐가는 그런 논리로 설명되는 것이다. 맹자는 이런 사랑의 실천이 자연적이고 현실적으로 오랫동안 지속할 수 있다고 설명했다. 반면 이단에서는 자기 부모나 세상 사람 모두를 평등하게 사랑하라고 하는데 이런 사랑은 오래 지속할 수 없다고 비판했다. 그러면서 맹자는 이런 이단을 막는 것이야말로 자신의 책임이라고 자부하기도 했다. 그렇지만 이런 정도는 다만 학술적인 견해 차이 수준이었는데, 성리학이 도입된 다음에는 분위기가 완전히 달라졌다. 성리학이 우주론, 인성론, 수양론을 완비하고 독립적인 하나의 세계관으로 정립되면서 그 이전에 유교, 불교, 도교가 병존했던 시대는 종언을 고하고 있었다. 바로 이런 때에 성리학을 국가의 독점적인 이데올로기로 자리 잡게 하려는 이념 투쟁이 시작되었고 그 선두에 정도전이 있었다.

정도전은 성리학자의 관점에서 불교의 윤회설을 비판하는 글로 시작하는 「불씨잡변」에서 그는 불교의 인과응보설, 마음에 관한 교리, 자비설, 지옥설을 비판했다. 그의 불교 비판은 특히 불교가 불효不孝와 불충不忠을 조장한다는 점에 초점을 두고 있었다. 아비를 몰라보고 임금을 몰라본다는 의미의 '무부무군無父無君'이라는 말은 『맹자』에 나오는데 정도전은 맹자의 그런 주장을 불교 비판에 적용했다. 불효라는 것은 아버지라는 가부장적 권위를 부정하는 것이고, 불충이라는 것은 왕이라고 하는 유교국가의 최고 정치권위를 부정하는 것을 의미하는 것이다. 이런 논리로 정도전은 불교가 가정을 해체하고 나라를 위태롭게 하는 위험한 종교라고 비판했다. 이후 '무부무군'이라는 말은 조선시대 성리학자들이 불교를 비판할 때 늘 언급했던 슬로건이 되었다. 조선 후기에 천주교가 들어왔을 때 성리학자들은 천주교를 불교의 별파別派라고 규정하고 천주교 또한 불교와 마찬가지로 무부무군의 교라고 비판했었다.

그러면 정도전은 왜 불교를 배척했는가? 주자는 이단을 물리치는 것을 자신의 임무로 자임한 바 있었으나 이는 다만 학술적인 차원이었는데, 정도전은 이단 배척을 국가의 정책 레벨에서 실행되게 했다. 정도전은 「불씨잡변」을 저술하기 이전에도 이단 문제에 관한 글을 쓴 적이 있었다. 「심문천답心問天答」, 「심기리편心氣理篇」과 같은 글이 있는데, 이것은 성리학, 불교, 도교의 이론적 차이를 서술한 것이다. 물론 그 결론은 성리학의 우월성을 드러내는 데에 있었다. 이런 정도라면 성리학을 공부한 학자로서 말할 만한 것이라고 할 수 있다. 그러나 「불씨잡변」에서는 고려의 필연적인 붕괴를 기존의 불교 신앙의 타락과 연결시켰다. 유교와 불교의 이론적인 차이에 대한 서술에서 시작하여 불교를 믿어서 망했던 나라의 사례를 나열하면서 고려를 그것에 대입시켰다. 이런 점에서 「불씨잡변」은 고려라는 구체제와 동일시되었던 불교를 새로운 왕조 조선에서 성리학으로 대체하면서 조선건국의 정당성을 강화하려는 정치적 의도에서 나온 작품이라고 할 수 있다.

그렇지만 조선을 건국한 태조 이성계, 성군으로 존경받았던 세종, 강력한 권력을 행사했던 세조가 불교신자였고 그 이후 왕실에서는 성리학자들의 비판에도 불구하고 은밀하게 불교를 지속적으로 후원했던 경향이 조선 말기까지 이어진 것을 보면, 정도전의 「불씨잡변」을 비롯하여 조선건국기에 분출된 성리학자들의 불교 배척론은 한편으로는 건국 초기에는 왕의 의도와는 별개로 주장되었던 것으로 볼 수도 있다.[58] 건국 직후 왕들의 불교 배

---

58 태조 이성계의 불교 신앙이 분명한데 어떻게 정도전의 배불론이 국가의 정책으로 수용

척에 대한 부정적인 반응에도 불구하고 정도전의 「불씨잡변」으로 불이 붙은 이단 배척론은 그 이후 성리학자들에 의해 지속적으로 주장되었고 후대의 왕이 따르면서 점차 조선은 종교를 인정하지 않는 이념의 왕국으로 발전했다. 이렇게 조선에서 종교적 다양성이 봉쇄된 상황은 1886년 조불수호조약에 의해 사실상 종교가 허용되기 이전까지 지속되었다. 돌이켜보면, 조선이 성리학이 주도하는 국가로 나아가는 그 출발선에서 정도전의 「불씨잡변」은 방향을 제시하는 역할을 했다.

9. 원칙과 상황의 논리

조선건국에 대한 성리학자들의 선택은 무엇인가? 부패한 정치 현실에 대해서는 왕의 편에 서거나 이성계를 지지하는 것에 관계없이 대부분 개혁을 원했다. 그렇지만 전통적인 방식으로 역성혁명에 대한 지지와 반대로 그들의 선택을 단순하게 구분한다면 역성혁명에는 정도전, 남은, 조준 등 소수가 참여했을 뿐이었다. 『맹자』에는 기존 왕권에 대해 절의를 지킨 백이伯夷

되었는가? 왕권과 불교와의 관계에 대한 연구에 의하면, "태조대의 각종 불사 설행은 전적으로 태조의 신불에 의한 것이었는데, 그 내용은 흥천사의 창사, 사탑의 중수, 불교 의례 개최, 인경 등에 이르기까지 다양하였으며, 그 규모나 빈도도 전 왕조인 고려시대에 비해 손색이 없었다."고 한다. 그런 태조의 "신불은 불교에 대한 깊은 이해의 산물이라기보다는 기복 차원"이었고 "유신들의 배불론도 태조의 독실한 신불로 인해 정책에까지 반영되지는 못했다."고 한다. 김종명, 2013, 『국왕의 불교관과 치국책』, 파주: 한국학술정보, 209~210쪽. 태조 이후 세종이 특히 好佛의 군주였으므로 內佛堂 문제로 유학자들과 갈등이 있었다. 태조, 태종, 세종 때에 津寬寺에서 조선건국 과정과 그 이후 政變 등에서 희생된 사람들의 영혼을 위로하기 위한 水陸齋를 지냈다는 기록이 있다. 세종 때에 康津 無爲寺에서도 水陸齋를 지낸 것으로 보아 조선건국 이후 상당한 기간 동안 국가 의례의 일부가 불교식으로 진행되었을 것으로 짐작된다.

숙제叔齊의 사례가 나온다. 또한 자신을 불러주면 권력의 정당성에 상관없이 최선을 다했다는 유하혜柳下惠의 이야기가 소개되어 있다. 탕湯을 도와 폭군 걸傑을 치고 탕湯의 손자 태갑太甲이 법도를 무너뜨리자 동桐 땅에 추방했다가 허물을 고친 뒤에 복위시킨 재상 이윤伊尹의 사례도 있다. 왕권 교체기를 살았던 성리학자들은 백이와 숙제의 길을 갈 것인가, 아니면 유하혜나 이윤처럼 할 것인가를 선택해야 했을 것이다. 정도전은 최고 권력의 변동에 주도적으로 참여했을 뿐만 아니라 그 권력의 정당성을 창조하는 데에 주동이 되었다. 이런 정도전의 정치적 선택과 관련하여 『맹자』에 나오는 권도權道라는 고전적인 용어에 대한 이해가 필요하다.

순우곤이 말했다. "남녀간에는 손으로 직접 물건을 주고받지 않는 것이 예법입니까?" 맹자가 말했다. "그렇다, 예법이다." 순우곤이 말했다. "그러면 형수가 물에 빠졌는데 손으로 구할 수 있습니까?" 맹자가 말했다. "형수가 물에 빠졌는데 구하지 않으면 이는 시랑豺狼이라는 짐승과 같은 어리석은 존재가 된다. 남녀가 서로 손을 직접 잡지 않은 것은 평상시의 예법이다. 그러나 형수가 물에 빠졌을 때 손으로 직접 구하는 것은 권도權道다."[59]

정도전도 『삼봉집』에서 "권權"이라는 용어를 사용한 적이 있지만 단지 과거 왕의 행적을 서술하기 위한 것일 뿐이었고[60] 이것을 그의 정치적 선택을 정당화는 논리로 삼은 것은 없다. 그렇지만 그가 왕에게 "백성의 마음을 얻

---

[59] 『孟子』「이루장구」상, "淳于髡曰男女授受不親 禮與 孟子曰禮也 曰嫂溺則援之以手乎 曰嫂溺不援 是 豺狼也 男女授受不親 禮也 嫂溺 援之以手者 權也."
[60] 『삼봉집』「경제문감 별집」下 君道, "英宗 帝初立 以憂危得疾 舉措失常 詔請皇太后權同聽政."

지 못하면 크게 염려할 일이 생기게 될 것"⁶¹이라고 강하게 압박한 것은 바로 근본적인 왕권의 변동이 현실적으로 가능하다고 암시한 것이므로 정도전에게는 권도權道가 가능하다는 인식이 있었던 것으로 여겨진다. 이런 정도전에 대해 이색은 그가 "이윤의 뜻을 품어 뜻이 천하를 다스리는 데 있다."고 논평한 적이 있다.⁶² 정도전이 유하혜를 사례로 언급한 것은 찾기 어렵지만 이윤에 대해서는 이상적인 재상으로 평가하곤 했다. 정도전은 이윤이 평소에 무욕無欲의 자득自得한 마음으로 있다가 세상의 어려움을 보면 적극적으로 나서서 그것을 해결하고 다시 평상으로 돌아와 태연자약하게 살았던 모습을 존경했다. 맹자가 이윤을 시대적인 책무를 다한 임성任聖으로 평가했는데 정도전 역시 그 용어를 『삼봉집』에서 다시 사용했다. 정도전은 또한 "옛날의 대신은 용퇴하는 절조가 있었다."는 재상의 덕목에서 책무를 다하면 물러나는 사심 없는 이윤과 같은 태도를 가질 것을 강조했다.⁶³ 군도君道를 논할 때에도 "예로부터 성왕聖王들이 천하의 곤란을 구제할 적에, 성현의 신하가 협조하여 줌으로써 되지 않은 분이 있지 않았으니 탕왕湯王이나 무왕武王이 이윤伊尹과 여상呂尙을 얻은 것이 이것이다."⁶⁴라고 말하기도 했다. 이렇게 정도전은 이윤을 이상적인 재상의 모델로 칭송했으므로 그의 마음속에는 현실적으로 필요할 때에는 중대하게 결단했던 이윤처럼 되려는 뜻이 분명 있었을 것이다.⁶⁵

---

61 『삼봉집』「조선경국전」上 正寶位, "萬民至衆也 一有不得其心 則蓋有大可慮者存焉."
62 『삼봉집』附錄 題鄭三峯金陵紀行詩文跋(李穡), "三峯志尹志 志在天下."
63 『삼봉집』「경제문감」上 相業.
64 『삼봉집』「경제문감 별집」下 議論 蹇九五, "湯武得伊呂是也."
65 정도전은 권력을 도덕적으로 정당화하는 그런 차원을 넘어서 "적극적으로 권력을 견제하려고 했다는 점에서 당대의 일반적인 성리학과 구별되고" 그의 이런 급진성은 "권

『태조실록』에는 "남은이 정도전과 더불어 친근하여 몰래 요동遼東을 공격하자는 논의가 있었다."[66]는 기록이 있다. 이에 대한 정도전의 직접적인 언명이 없어서 사실 여부를 확인하기는 어렵다. 조준의 말을 통해서 이런 일이 전해졌다고 하는데, 학계에서는 이 문제를 두고 견해가 다양하다. 정도전이 성리학자라면 천하의 국제질서를 유지하기 위한 사대事大의 의리를 알고 있었을 것인데, 그런 사유 속에서 선제적으로 요동을 공격하기를 주장했다는 것은 선뜻 납득이 되질 않는다. 그렇지만 요동을 공격하자는 그의 주장이 단지 모함하기 위해 만들어낸 완전히 거짓 이야기가 아니라면 정도전이 평소에 했던 말의 어떤 부분이 타인에게는 그렇게 해석되었을 여지는 있는 것이다. 더욱이 권도權道에 대한 인식이 있었던 정도전이라면 사대의 원칙적인 의리도 중요하겠지만 조선에 현실적으로 필요한 성과를 얻어낼 수 있다면 은밀하게 전술적인 차원에서 요동 공격에 관한 말을 했었을 가능성은 있는 것이다.[67]

정도전은 이념과 현실 사이에서 당면한 해결책을 모색하려는 성향이기

력을 소유한 자의 입장에서는 매우 위험한 도전적인 문제 제기였고" 이런 이유로 "정도전은 권력에 의해 제거될 수 밖에 없었다."고 분석한 연구(최연식, 2000, "정도전의 정치현실주의와 성리학: 창업의 정치학", 『정치사상연구』 3, 19쪽)는 정도전이 역성혁명에 참여한 성향을 이해하는 데에 또한 참고가 된다.

[66] 『태조실록』 7년 7월 11일, "初 南誾與鄭道傳比 陰有攻遼之議."

[67] 정도전의 "攻遼"에 대해서는 학계에 여러 해석이 있다. 성리학자로서 정도전의 攻遼에 대한 현실인식에 대해서는 최상용·박홍규(2007)의 다음과 같은 설명이 참고가 된다. "정도전은 주자학이라는 이념과 원리를 받아들여, 그것과 현실의 차를 좁혀 보려고 고투했던 사상가이자 정치가였다. 그는 원리를 신봉하면서도 그에 맹목적으로 집착하지 않고, 현실의 제약 속에서 자신의 논리를 세워 그에 따라 실천해갔다. "사소, 사대"의 원리를 신봉하고 그에 입각하여 신왕조 조선의 틀을 확립하려고 했던 정도전은 원리대로만은 진행되지 않은 현실의 난제에 직면하여, 그를 돌파하기 위해서 전술로서 공요를 기도하였다."(229쪽)

때문에 당시의 일반적인 성리학자들과는 달리 역성혁명의 대열에 동참할 수 있었다. 더 나아가 그는 이성계를 왕으로 추대하는데 핵심적인 역할을 했다. 개국 이후에도 그는 태조 이성계의 핵심참모로서「조선경국전」과 같은 글을 써서 이성계에게 전달했다. 이성계는 정도전이 올린「조선경국전」을 "금궤金匱에 간직해 두라."고 하였고, 정총에게 서문을 쓰게 했다. 정총은 정도전을 "경국제세經國濟世의 재주를 가지고 왕업을 도와서 성취시키고 웅건한 문장을 가지고 능히 큰 법을 이루었다."[68]고 평가했다.

10. 정도전 그 이후

이상과 같이 정도전은 동주東周라고 하는 그의 유교적 이상국가에 대한 꿈을 조선에서 실현하기 위한 정치 구상을『삼봉집』에 담았다. 이 글은 왕에게도 전달되었다. 성리학은 그가 원했던 바, 국가의 이념으로 확고하게 자리 잡았고 이런 공부를 한 사람들이 과거시험을 통해서 공직에서 일했다. 그렇지만 기존의 권위와 의리를 강조하는 교화정책에 의해 정도전을 출처出處에 하자가 있다고 생각하는 가치가 고착固着되어 현실적 과제에 당면하여 권도를 발휘하는 순발력과 융통성은 약화되었다. 이단으로 내몰린 불교는 정도전이 우려했던 그런 정치적 위험성이 드러나지 않았기 때문에 공식적으로 인정하지는 않아도 현실적으로 그 존재를 묵인하는 방식의 배불정책이 조선말기까지 지속되었다. 그렇지만 천주교에 대해서는 다수가 종교적 신앙을 이유로 처형되었을 정도로 심각한 박해가 가해졌다. 그런 과정을 거

---

[68] 『삼봉집』「조선경국전」鄭摠이 쓴 序.

치면서 조선은 더욱 성리학이 주도하는 이념의 왕국이 되었다. 정치제도에 있어서는 정도전이 『주례』를 참고하여 제안한 바와 같이 행정을 6개 분야로 분류하는 방식에 의한 관료조직과 제도는 실정에 맞게 조정되어 상당 부분 중앙정치와 지방행정에서 그대로 수용되었다. 다만, 그 6개 부서의 수장인 천관 총재가 국정 실무를 총괄한다는 총재정치론은 실행되지 않았다. 그 대신 기존 왕의 덕을 학문으로 강화시켜서 그 권위를 보강하기 위한 경연經筵이 더욱 활성화되었다. 물론 정도전도 경연의 필요성을 언급했었지만 그 초점은 덕德과 능력能力을 현자에게서 빌려오는 방식이었는데, 조선에서는 기존 왕의 덕을 길러주는 방향으로 나아간 것이다. 이렇게 조선은 성리학이라는 이념의 틀 속에서 정도전이 제안했던 방향으로 발전했으나 또한 기득권으로 자리를 잡게 되는 정치권력의 속성에 의해 그리고 시대의 현실적 당면 과제에 봉착하여 변용된 부분도 많았다. 이렇게 정도전은 조선이 시작하는 출발점에서 그 이정표를 세웠고 그것의 실행은 후대의 몫이었다.

참고문헌

『태조실록』,『양촌집』,『入學圖說』(영인본: 한국학자료원, 2023년)

김영수, 2006,『건국의 정치: 여말선초, 혁명과 문명전환』, 서울: 이학사.

김종명, 2013,『국왕의 불교관과 치국책』, 파주: 한국학술정보.

박홍규·방상근, 2008, "정도전의 재상주의론의 재검토",『대한정치학회보』15(3).

부남철, 2008, "정도전의 유교국가론과『주례』",『퇴계학과 한국문화』43.

송재혁, 2024, "정도전 저작의 군신공치론적 구조:『진서산독서기』와의 연관성을 중심으로",『공자학』45.

이병도, 1987,『한국유학사』, 서울: 아세아문화사.

정도전, 1977,『국역 삼봉집』1, 2, 민족문화추진회 역, 서울: 민족문화추진회.

정도전, 2009,『三峯集』上下, 三峯鄭道傳先生記念事業會.

최상용·박홍규, 2007,『정치가 정도전』, 서울: 까치.

최연식, 2000, "정도전의 정치현실주의와 성리학: 창업의 정치학",『정치사상연구』3.

최영성, 2006,『한국유학통사』上, 서울: 심산.

한영우, 1987,『鄭道傳思想의 硏究』(개정판), 서울: 서울대학교 출판부.

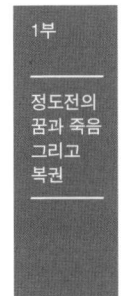

정도전의 정치적 죽음과 '수진방·사복시 설화'의 형성

이상민
연세대학교

1. 머리말

"조선 왕조의 설계자"로 불리는 정도전의 말기 행적에 대해서는 많은 연구들이 이루어졌다.[1] 그 중 1차 왕자의 난으로 정도전이 사망하게 된 과정,[2] 그리고 정도전 사상의 계승과 평가[3]에 대해서도 다양한 연구들이 이루어졌으며, 그 결과 정도전과 이방원과의 대립, 정도전 사후 태종의 행적, 태종대

---

[1] 2007년 이전까지 연구사 정리는 다음의 논문을 참조. 정재훈, 2007, "정도전 연구의 회고와 새로운 사상사적 모색", 『한국사상사학』 28.

[2] 정두희, 1983, 『조선초기정치지배세력연구』, 일조각; 최승희, 2002, 『조선초기 정치사 연구』, 지식산업사; 한춘순, 2010, "태조 7년(1398) 제1차 왕자의 난의 재검토", 『조선시대사학보』 55; 남지대, 2014, "조선 태종의 즉위 과정과 내세운 명분", 『역사와 담론』 69.

[3] 한영우, 1999, 『왕조의 설계자 정도전』, 지식산업사; 도현철, 2013, 『조선전기 정치사상사』, 태학사.

이후 정도전 가문에 대한 처우, 정도전의 문집 『삼봉집』 간행 등의 문제들이 상당 부분 알려지게 되었다.

하지만 이들 연구들은 대체로 정도전이 구축한 정치적 노선이나 사상적 특징에 근거하여, 그와 정치·사상적으로 대비되는 이방원이나 후대 인물들의 활동, 인식 등에 집중된 경향이 있다. 그 결과 정도전 사후 그와 그의 가문을 둘러싼 다양한 논의의 지형에서부터 그의 가산의 구체적인 처리 방안에 이르는 더 세부적인 문제들에 대해서는 명확히 밝혀지지 않았다.[4] 이는 정도전의 사망에 근접한 시점부터, 사망 이후로는 그에 대한 기록이 급격히 결핍되어 있기 때문이다.[5]

해명되지 못한 문제 중 하나로 정도전의 집터 문제가 있다. 현재 2024년 구 종로구청 청사 민원실 위치 앞에 세워진 표석에는 '정도전 집터'라고 표기되어 있고, 그에 이어 "조선 개국공신開國功臣 삼봉三峯 정도전鄭道傳이 살던 집 터. 후일 사복시司僕寺, 제용감濟用監이 이 자리에 들어섰고 일제 때에는 수송국민학교壽松國民學校가 세워졌었다"고 소개되어 있다.[6] 이러한 표석이 무엇을 근거로 세워진 것인지는 불명이다. 그러나 한양의 도시사에 대해

---

[4] 이와 같은 연구방법의 또 다른 문제는, 정도전의 사상적 특징을 (신권중심, 왕권중심 등으로) 탈시대적인 개념으로 정의한 뒤, 그와 다른 인물들을 대비하는 것에 있지만 이는 별도의 문제이다.

[5] 연관된 문제로 정도전이 묻힌 묘소의 위치 문제가 있다. 1989년, 한양대학교 박물관에서, 봉화정씨 문헌공파의 요청으로 우면산 일대의 정도전 묘로 추정되는 묘소를 발굴하였다. 발굴조사 결과 목관 속에서 두부, 모발 일부만 남은 유해와 조선초기의 백자가 출토되어 피장자가 조선초기의 고위층 인물로 판단되었으나, 묘지명이 나타나지 않았고 그 묘소 위로 후대의 무덤이 다시 조성되었던 흔적이 발견되기도 하는 등 피장자를 확증할 수는 없었다(한양대학교 박물관, 1990, 『전(傳)삼봉정도전선생묘 발굴조사보고서』, 한양대학교).

[6] 조성린, 2016, 『종로의 역사 문화유산』, 종로문화원, 336쪽.

기록한 『한경지략』에서는, 정도전의 집터가 사복시·제용감·중학의 터에 있었다고 전하고 있어,[7] 그 기준에 입각하여 세워졌을 가능성이 크다.

정도전 집터의 위치 문제가 중요한 이유는 2024년의 현안이 되어 있기 때문이다. 2024년 종로구청·종로소방서 통합개발 부지 내 유적 발굴지는 조선시대 말·가마 등을 관리하였던 사복시 터로 밝혀졌다.[8] 여기서 현재까지 발굴된 초석 적심 기단의 형태 등이 한필교의 『숙천제아도』의 건물 유구와 상당부문 일치하므로 설득력이 크다.[9] 다시 말해 구 종로구청 터는 사복시 터일 가능성이 높다. 하지만 이를 근거로 종로구청 터가 정도전의 집터였다는 사실까지 확정지을 수 있는 것일까.

본고에서는 정도전의 집터에 대한 설화가 시계열적 과정을 거쳐 점차 확대·재생산되었다는 것을 밝힘으로써, 적어도 정도전의 집터를 사복시·제용감의 터로 '확정할 수는' 없음을 주장하고자 한다. 이와 같은 작업이 그 자체로 정도전의 집터에 대한 명확한 증거를 제시해 주는 것은 아니다. 하지만 본 논문을 통해 정도전 집터의 위치에 대한 기존의 추측이 역사적 사실로 확정되어서는 안 된다는 규범을 제시하고, 나아가 정도전의 사례를 통해 불분명한 서사에, 대체 기억이 유입되며 서사가 보충되는 과정을 살펴보는 작업에 방법론적으로 기여할 수 있을 것이다.

---

[7] 『한경지략』 권2 수진동.

[8] (재)수도문물연구원, 2024, 『서울 수송동(146-2번지) 종로구·종로소방서 통합개발 부지 내 유적 학술자문회의 공개자료』, 수도문물연구원.

[9] 이기환, "정도전 집에 웬 '말(馬) 운동 트랙?…'왕실마구간' 드러난 종로구청터", 『경향신문』, 2024년 5월 14일; 본 발표문을 작성하는데 해당 기사에서 제공한 정보들이 큰 도움이 되었다. 필자 나름의 자료 검토 결과 해당 기사와 다른 결론을 이끌어내었으나, 사복시와 정도전의 관계에 대해 조사하고자 하는 본 연구의 착수 단계에서 이를 크게 의존하였음을 밝힌다.

2. 정도전의 정치적 죽음과 집터의 위치

1) 정도전의 정치적 죽음과 모호한 처분

정도전에 대한 기록이 절대적으로 부족한 실정 속에서, 많은 기록을 후대의 것에서 의존함이 불가피하다. 실제로『삼봉집』의 상당수 기록들은 정조본을 통해서 추가된 것이고, 그중 일부는 봉화정씨가승, 혹은 다른 기록들로부터 채록한 것들이 함께 포함되었기 때문이다.[10] 그 까닭에 정도전의 집터 문제에 대해 알아보기 위해서는 정도전의 사망과정과 초기 처우부터 시작해야만 한다.

널리 알려져있다시피 정도전은 이방원이 일으킨 왕자의 난을 통해 사망하였다. 정도전의 이상은 이방원과의 갈등을 야기하였다. 이는 이방석의 세자 책봉 및 왕자들의 병권에 대한 견제로 이어졌고 이는 곧바로 이방원의 반격으로 이어졌다.『태조실록』의 기록에서는 정도전 일파가 남은, 심효생, 이근, 이무 등과 모의하여 왕자들을 해치려 하였으나, 이를 사전에 알아챈 이방원이 기습을 한 것이라고 주장한다.[11]『태조실록』의 기사에서 정도전·남은 등은 이성계의 병문안을 핑계로 모였는데, 왕자들로 하여금 이성계가 위독하다고 하면서 불러들이고, 왕자들을 습격하기로 모의했다고 말한다. 그리고 '그 정보를 사전에 입수하고 정세를 정확하게 파악하고 있던' 이방원은 '형제를 위한 약자선수弱者先手'라는 명분 하에 정도전·남은·이방석 등을 살해하였다.

---

10 도현철, 2013,『조선전기 정치사상사 연구』, 태학사.
11 『태조실록』권14, 태조 7년 8월 26일 기사.

물론 '실제로' 어떻게 사건이 전개되었는지는 알 수 없다. 하지만 거의 동일한 상황에서 정몽주에 대해 행했던 증언과 형태가 유사하다는 점은 참고할 만 하다.『고려사』의 기록에 따르면, 정몽주 일파가 이성계를 해치려 하였으나, 이를 사전에 알아챈 이방원에 의해 기습을 당한 것이라고 주장한다.[12]『고려사』정몽주 열전의 기사에서 정몽주는 이성계가 낙마하여 벽란도에 묵으려 했다는 사실을 알고 있고, 며칠 뒤 이성계의 안위를 직접 확인하기까지 하는 대담함을 보인다. 나아가 해당 기록에 나타난 이방원은 그 모든 행동이 이성계에 대한 암살 계획의 일환이라는 것을 파악하여, 아버지에 대한 효孝를 위해, 때를 잃을 수 없다[時不可失]고 말하며 귀가 중인 정몽주를 격살하기에 이른다. 두 기록에서 나타나는 정도전과 정몽주는 모두 이방원이 속한 세력에 대한 치명적인 기습을 기획하고 있었으나, 모두가 이방원에게 그 계획을 사전에 누설당했고, 이방원의 역습에 별다른 대비 없이 무기력하게 노출되고 붕괴된다. 정도전이 사망한 후, 국왕으로 즉위한 이방원(이하 태종)에게 정도전이 긍정적이지 않은 모습으로 재현되는 것은 어색하지 않은 귀결이다. 정도전의 가산이 완전히 적몰되는 것은 면하였으나, 그의 과전은 박탈되는 조치가 내려진다.[13]

정도전과 정몽주는 모두 태종에 의해 사망하였지만, 사후 정몽주와 정도전에 대한 대우는 많은 부분에서 형태를 달리하였다. 정몽주는 태종 즉위 후 권근의 제안으로 그 명예가 회복된다.[14] 권근에 따르면, 정몽주는 사적인

---

[12] 『고려사』정몽주 열전.
[13] 『태조실록』권15, 7년 9월 18일 경인, "憲司請籍沒鄭道傳·南誾·沈孝生·張至和·李懃等家産, 我殿下言於上, 止收科田"
[14] 『태종실록』권1, 1년 1월 14일 갑술.

친밀감과 개인의 영달을 모두 뛰어넘는 큰 절의를 가진 인물이었기 때문이다. 권근은 정몽주가 태조에게 많은 은혜를 입었던 사람이었던 데다가, 뛰어난 재주와 식견이 있어서 고려가 멸망할 줄 알 수 있었다고 주장한다. 더군다나 권근에 따르면 그는 왕씨를 그대로 따른다면 자신의 안전을 보장받을 수 없다는 것을 이미 알 수 있었던 사람이기도 했다. 그렇기에 권근은 정몽주가 송 태조에게 저항했으나 추증된 한통이나, 원 세조에게 저항했으나 추증된 문천상과 동일한 대우를 받을 자격이 있다고 하였다. 태종 또한 권근의 주장에 반대하지 않았다. 결국 권근의 건의대로 정몽주에게는 영의정부사가 증직된다.[15]

태종은 왕조 건국 과정에서의 노고를 온전히 평가받지 못한, 다시 말해 정도전의 지위에 있어야 할 인물로 남은을 지목하였다. 태종은 집안을 변화시켜 나라를 만든 것은 남은이 먼저 한 일이라고 평가하며, 정도전은 비록 모의에 참여하기는 하였으나, 그 사람됨이 음흉하고 간사하다고 평가하였다.[16] 비슷한 조치는 또 다시 내려진다. 태조 7년, 태종은 태조에게 말하여 과전科田을 회수하거나[17] 태종 11년, 태종은 또 다시 남은을 높이고 정도전을 낮추면서, 정도전은 죄가 공功보다 크다고 하면서 마땅히 전민을 적몰하고 자손을 금고하라고 명하였다.[18]

정도전에게 일방적으로 태종의 비난이 쏟아질 때, 비록 정몽주・남은과

---

[15] 『태종실록』 권2, 1년 11월 7일 신묘.
[16] 『태종실록』 권18, 9년 12월 19일 병진.
[17] 『태조실록』 권15, 7년 9월 18일 경인, "憲司請籍沒鄭道傳・南誾・沈孝生・張至和・李懃等家産, 我殿下言於上, 止收科田." 후술하겠지만 이 경우는 다른 맥락에서 읽을 여지가 있다.
[18] 『태종실록』 권22, 11년 8월 2일 신묘.

동일한 이유는 아니었지만, 태종에게 정도전의 신원을 제안한 이가 없었던 것은 아니었다. 태종 11년 의정부에서는 황거정·손흥종의 죄를 논의하는 과정에서 정도전의 행동 또한 당시의 정치적 상황에서 정당화되어야 한다고 주장하였다. 의정부에서는 황거정·손흥종이 살인에 대한 율문이 아닌 살인을 모의한 율문[謀殺人律]에 해당한다고 주장하였다. 황거정·손흥종이 정도전·남은의 계책을 따랐을 뿐이라는 것이 그 근거였다. 동일한 견지에서 의정부에서는 정도전·남은 또한 사감을 가지고 이숭인 등을 죽인 것이 아니었고, 태종을 속인 것 또한 마찬가지로 받아들여야 한다고 주장했다. 다시 말해 정도전의 '마음'만은 사직을 호위하고자 하였던 것이고, 사사로운 감정으로 이숭인을 죽이거나 한 것이 아니었음을 인정해야 한다는 것이었다. 그에 대해 개국공신인 우정승 조영무 등도 상언하여 말을 보태면서, 만일 이 무리가 없었다면 태조의 개국 또한 이루어지지 못했을 것이라고 옹호하였다. 정도전의 행동에는 공정성이 있으니 용서받을 수 있다는 것이다. 그에 대해 태종의 답변은 아래와 같다.[19]

임금이 웃으며 말하였다. "그게 무슨 말인가? 임금을 속인 죄를 구제하고자 하여 이런 말을 내는데, 차마 입에서 나오는가? 그게 무슨 말인가? 개국 공신 가운데 지량智量이 있는 자가 많은데, 어째서 이렇게 그릇되게 하는가? 정도전·남은이 사사로운 원망을 품고 몰래 사주하여 죄 없는 사람을 잘못 죽였으니, 인신人臣의 도리에 어떻겠는가? 내가 이것을 죄주는 것은 이숭인·이종학을 위하여 복수하는 것이 아니라, 천하 만세의 계책을 위함이다. 또 태조는 강명剛明하신 임금인데, 오히려 이와 같

---

19 『태종실록』 권22, 11년 8월 11일 경자.

은 신하가 있으니, 후세에 만일 용렬한 임금[庸君], 약한 임금[弱主]이 있으면 신하가 혹은 이것을 본받아서 못하는 짓이 없을 것이다. 내가 『춘추春秋』의 법으로 정도전 등을 죄주어 법을 만세에 남기어 난의 싹을 막고자 하는데, 형벌을 맡은 자가 말하기를, '율律에 기군欺君에 대한 바른 조문이 없다.' 하므로 의정부議政府에 내리어 의논한 것은 대개 공론을 듣고자 한 것인데, 경 등이 이렇게 청하면 어떻게 하는가."[20]

태종의 논리상으로 정도전은 정몽주와는 대조되는 인물이었다. 권근, 그리고 그에 동의한 태종에 의하면 정몽주는 스스로의 사적인 친소관계와 자신의 안위를 외면하면서까지 군주를 위한 절의를 지켰던 인물이었다. 다시 말해 군신 간의 의리義理라는 차원에서 이상적인 인물로 묘사될 수 있는 자격이 있는 인물이었다. 이에 따라 새로 세워진 조선왕조가 비슷한 위기에 처했을 때 정몽주와 같은 인물이 나타나기를 바라는 염원을 담아 정몽주를 충신의 모범사례로 현창한 것이었다.

더욱이 태종시기 당대 인물들의 주장으로도 정도전의 사적私的 권력 전횡의 의도가 태종대 당대의 인물들의 반대에 직면하기도 하였다. 의정부 측의 주장에 따르면 정도전이 가진 사직을 지키기 위한 의도에 집중해야 한다고 주장하기도 하였고, 개국공신측에서는 정도전의 공에 집중해야 한다고 주장하기도 하였다. 다시 말해 태종대 이후가 되자, 정도전에 대한 입장은 그와 함께 왕조교체에 참여한 개국공신들에게는 의도로서도 결과로서도 악의적으로 해석되지는 않았던 것이다.

반면 태종에게 정도전은 군주를 기망하는[欺君] 신하의 대표 격으로 간주

---

20   『태종실록』 권22, 11년 8월 11일 경자.

되었다. 정도전은 우선 사적인 감정에 연연하여 죄 없는 사람을 죽인 사람이었다. 더 나아가 이숭인·이종학이 태조에 의해 장형을 선고받은 인물이라는 점이 더 큰 문제였다. 이는 정도전이 자신의 개인적인 원한에 따라 국왕의 명령을 자의적으로 수행할 수 있는 인물임을 뜻하는 것이기 때문이다. 이에 따라 태종은 정도전에게 죄를 물어야만 했다. 후세에 용렬하고 약한 군주가 나타났을 때, 정도전과 같은 인물이 또 나타난다면 그 인물은 군주를 기망하고, 못하는 일이 없을 것이라고 생각했기 때문이다.

물론, 정도전 자신은 조선 국왕의 왕권을 부정하였던 적이 없었다. 최근 연구에 따르면, 정도전은 오히려 왕권의 정상화를 전제로 한 가운데에서, 재상을 정점으로 한 관료조직의 원활한 운영을 기획한 것에 가까웠다.[21] 정도전 자신이 『조선경국전』『경제문감』 등을 통해 밝힌 자신의 정치론이 무엇이었는가와, 태종이 정도전이란 인물의 행동을 어떻게 이해하고자 했는가는 서로 다른 차원의 영역이다.

태종의 강경한 주장 속에서 조정 대신들의 입장은 다시 더욱 가혹해졌다. 대사헌 박경, 대사간 정전 등은 태종의 논리를 거의 그대로 반복하는 것은 물론, 오히려 더 강경한 대우를 요구하였다. 그 자세한 내용은 아래와 같다.

> 대사헌 박경朴經 등...상소의 대략은 이러하였다. "정도전 등이 화심禍心을 마음에 품고 어진이를 투기하고 능한 이를 미워하여 가만히 황거정·손흥종을 사주하여 이숭인·이종학을 사지死地에 이르게 하였습니다. 예부터 무군無君하는 마음을 가진 자는 『춘추春秋』의 법에서 반드시 죽이는 것입니다. 원컨대, 정도전·남은 등은 저택瀦宅하고 그 관棺은 쪼개고

---

[21] 송재혁, 2015, 『정도전의 정치체제론』, 고려대학교 정치외교학과 박사학위논문.

손홍종·황거정 등은 전형典刑을 밝혀 바르게 해서, 한편으로는 남의 신하가 되어서 두 마음을 품는 자를 경계하고, 한편으로는 만세의 법을 바루소서." 임금이 말하였다. "내가 결단한 것은 후세에 보일 수 있으니 강요하지 말라."[22]

그에 대한 태종의 모호한 입장이 주목된다. 태종은 전술한 바와 같이 정도전을, 정몽주와 대비될만한 '후세에 남길 만한 부정적 사례'로 남기고자 하였다. 이는 정몽주를 모범 사례로 높이는 것이, 태종에게, 국왕의 권한을 옹호할 수 있는 길이라고 판단했기 때문이다. 태종은 국왕을 모든 질서 위에 있는 존재로서, 동시에 그 질서와 조화될 수 있는 존재로서 위치시키고자 하였다. 그렇기 때문에 신하들 사이에서 국왕의 결정에 국왕 이상으로 앞서나가, 질서를 교란하는 권신權臣은 태종으로서는 찬성할 수 있는 존재가 아니었다. 즉 모든 것은 국왕에 의해 결정되어야 하되, 그 외견상으로 국왕이 공론을 대변하고 있는 형상은 취하고 있어야 했다. 따라서 태종은 왕위의 정당성을 공적으로 표방하면서도, 동시에 그 반反왕세력은 노출되는 대로 제거되게끔 조치하였다. 태종이 자신의 정치적 동반자라고 할 수 있는 측근·외척 가문을 지속적으로 견제하고 제거한 것 또한 그 때문이었다.[23]

태종은 정도전에 대한 조치에 있어서, 정도전을 정몽주와 대비되게 대우

---

22 『태종실록』 권22, 11년 9월 8일 병인, "大司憲朴經·左司諫鄭悛等, 上疏請道傳·南誾·興宗·居正之罪. 略曰: 道傳等包藏禍心, 妬賢疾能, 陰嗾居正·興宗, 以致崇仁·種學於死地. 自古有無君之心者, 『春秋』之法必誅. 願將道傳·南誾等, 瀦其宅斬其棺; 興宗·居正等, 明正典刑, 一以戒爲人臣而懷二心者, 一以正萬世之法. 上曰: "予之斷此, 足示後世, 勿强之.""

23 최승희, 2002, "태종조의 왕권과 국정운영체제", 『조선초기정치사연구』, 지식산업사, 69~70쪽.

하고, 그를 죄인으로 여겼다. 하지만 태종은 정도전에 대한 다양한 처분 요청에 대해서는 여러 차례 반대 의사를 표하는 모호한 태도를 취했다. 우선 정도전의 사망 얼마 뒤였던 태조 7년, 사헌부에서 정도전·남은·심효생·장지화 등의 가산을 적몰하기를 청할 때부터 태종은 태조에게 말하여 가산 적몰 대신 과전科田만을 회수하게끔 하였다.[24] 비슷한 태도는 태종대에도 이어진다. 태종 11년 대간에서 정도전·남은·손흥종·황거정 등을 극형에 처할 것을 청하였을 때, 태종의 발언이 이를 잘 보여준다.

"정도전 등의 일은 가증하지마는, 내가 20년 전의 일을 가지고 거론한 것은 후세에 신하 된 자를 감계鑑戒하게 하고자 함이다. 적몰籍沒하고 금고禁錮하는 것만이 좋은 일은 아니다. 후인이 이를 가볍다고 따지겠는가? 다시는 말하지 말라."[25]

"나의 처리가 각각 적당함을 얻었다. 다시는 말하지 말라."[26]

태종의 발언을 통해 여러 의미를 읽어낼 수 있다. 우선 태종이 정도전의 일을 거론한 것은 보편적인 시비를 논하는 문제라기보다는 어디까지나 '신하人臣者'라는 명확한 청자를 염두에 둔 발언이었다는 것이다. 따라서 군주인 태종이 아닌 신하들이 나서서 발언하는 것은 이방원에게 반가운 일이 아니다. 나아가 태종은 불필요한 처벌이 남용되는 것은 삼가야 한다는 입장이

---

24 『태조실록』 권15, 7년 9월 18일 경인.
25 『태종실록』 권22, 11년 9월 17일 을해, "臺諫交章請鄭道傳·南誾·孫興宗·黃居正等, 置之極刑, 上曰:"道傳等事可憎. 吾以二十年後事擧論者, 欲後世爲人臣者之鑑也. 籍沒禁錮, 非好事也, 後人豈以此爲輕而劾之哉? 宜勿更言.""
26 『태종실록』 권22, 11년 10월 15일 계묘.

다. 태종은 후세 사람들이 이를 가볍다고 문제시하지 않는다면 무리하게 가산을 적몰하거나 금고하는 등의 조치를 남용할 필요가 없다는 생각을 가지고 있었다. 그 결과 결국 정도전과 황거정의 자손에 대한 금고 등이 오히려 해제되는 데에 이르게 되는 것이다.[27]

2) 정도전의 집터는 어디였는가

그렇다면 정도전의 집터는 과연 어떻게 되었을까? 태종대 초반까지 정도전의 재산은 어느 정도 유지되었던 것으로 보인다. 우선 태종 9년 12월 19일, 태종이 정도전·조박·이근·장지화·심효생 등의 녹권을 빼앗고 그 토지와 노비를 거두라고 명하였던 것을 볼 때,[28] 태종 9년 시점에는 정도전의 토지·노비가 유지되고 있었음을 짐작할 수 있다. 보다 구체적으로 정도전의 '집'에 대해서라면 어떨까. 앞서 검토한 태종 11년 9월의 기록에서 대사헌 박경이 정도전·남은에게 저택潴宅형을 내리기를 요청하고 있듯이 정도전의 집을 허무는 파가저택이 곧바로 이루어지지 않은 것 또한 명확하다.

이러한 상황은 태종 11년 10월까지 이어진다.[29]

대간에서 상소하였다. "전일에 대간에서 교장하여 위의 항목의 사람

---

27 『태종실록』 권31, 16년 6월 10일 경오.
28 『태종실록』 권18, 9년 12월 19일 병진.
29 토론 과정에서, 태종 9년 12월 19일 기사를 통해 이 시기 정도전의 가산이 적몰된 것이라는 지적이 제기되었다. 실제로 해당 기사에는 태종이 정도전을 포함한 인물들의 녹권추탈, 토지와 노비의 회수를 명한 것이 명확히 표현된다[命追奪趙璞祿券, 禁錮子孫, 鄭道傳·李懃·張至和·沈孝生·吳蒙乙, 追奪錄券, 收其土田臧獲]. 그러나 그로부터 얼마 지나지 않은 태종 11년에 정도전의 녹권이 사라졌음을 전제로 가산 몰수가 또 다시 요구되는 것을 볼 때, 정도전의 가산 적몰은 완전히 시행되지 않은 것으로 보인다.

들의 죄악을 신청申請하였는데, 전하가 하지下旨하시기를, '남은은 개국 초에 공이 있었으니, 내버려두어 논하지 말고 정도전·황거정·손홍종 등은 폐하여 서인庶人으로 만들고 자손을 금고禁錮하라.'고 하였는데, **근일에 또 손홍종·황거정 등을 적몰籍沒하는 데에만 그치게 하였습니다.** … 원컨대, 정도전 등은 가산을 적몰하고 자손을 노비[奴]로 만들고 황거정· 손홍종 등은 전형典刑을 올바르게 밝혀서 만세에 보여주십시오."[30]

위의 자료에서 대간들은 정도전의 가산을 적몰하기를 청하면서, 종래의 처벌 조치가 제대로 이행되지 않았음을 지적하였다. 대간들이 정도전에 대한 대처로 요구한 바는, 그를 노비로 강등하고 그의 재산을 몰수하는 것이었다. 그렇다면 적어도 태종 11년 시점에 정도전은 서인 신분에, 가산이 완전히 적몰되지 않은 상태였음을 알 수 있다.

일찍이 왕조교체 도중에 가산 적몰이나 파가저택형이 이루어지지 않은 것은 아니었다. 일찍이 고려 말 이인임의 집이 저택되었다가 태조연간 메워지기도 하였고,[31] 『고려사』에 따르면 정몽주가 죽은 후 정몽주의 머리는 저자[市]에 매달렸으며 그 집 또한 몰수되었다.[32] 반대로 정도전에 대한 용서를 명시하지도 않고자 했다. 그 때문에 정도전 혹은 그 가문이 기거하였을 집의 위치가 빠르게 잊히게 된 것으로 보인다.

그렇다면 정도전의 집은 어디에 있었을까. 가장 이른 시기의 정도전이 살

---

[30] 『태종실록』 권22, 11년 10월 15일 계묘, "臺諫…疏曰"前日, 臺諫交章, 申請上項人罪惡, 殿下下旨以爲: "誾獨有功於開國之初, 舍置勿論, 道傳、居正、興宗等, 廢爲庶人, 禁錮子孫" 近日又令興宗、居正等, 止於籍沒…願將道傳等, 籍沒家産, 收孥子孫; 將居正、興宗等, 明正典刑, 昭示萬世.""

[31] 『태조실록』 권6, 3년 10월 16일 임오.

[32] 『고려사』 권117, 열전30 정몽주.

았던 한양 가옥의 위치는 삼각산 밑에 '삼봉재三峯齋'라는 이름의 집을 짓고 글을 익힌 것으로 나타난다.[33] 한편 18세기 말 서직수가 지은 「대은암기」에는 정도전이 북악산 인근에 집을 지어 살았는데, 그 자리에 남곤이 집을 지어 '대은암'이라고 하였다는 기록[34]이 전해지기도 한다. 나아가 서두에서 소개한 바와 같이 수진방 일대에 정도전 집터가 있었다는 설화가 나타나기도 한다.

실제로 정도전은 여말선초 정치적인 굴곡을 겪는 동안 여러 차례 이주를 겪어야 했다. 유배 기간이었던 우왕 8년에 남긴 기록에 따르면 정도전은 '오년에 세 번이나 집을 옮겼는데, 금년에 또 이사를 하게 되기도 하였다.'[35] 세도가들이 별장을 짓기 위해서, 혹은 정도전에 대한 사적인 원한관계로 인해 집을 허물어버렸기 때문이다. 정도전은 경복궁이 완공되기 전부터 개경과 한양을 오가면서 궁궐의 설계, 한양의 도시설계에 참여하였고, 태조의 조선 건국과 한양 천도 이후로는 삼봉재에 태조와 각도 관찰사들을 초청하여 주연을 벌이기도 하였다.[36] 그 이후 늦어도 태조 4년 말, 태조가 궁궐을 옮길 때에는 정도전 또한 한양으로 완전히 이주하였을 것으로 보인다.[37] 그 시점에 정도전의 집은 경복궁으로부터 그리 멀리 떨어지지 않은 장소라고 예상하는 것이 자연스럽다. 하지만 그 외에는 정도전의 집터를 유추할, 정도전

---

33 『삼봉집』 권8, 事實.

34 『十友軒集抄』 大隱巖記, "北山有大隱巖, 昔鄭道傳始結廬焉, 及南袞居之."(『한국산문선』 7, 태학사 재인용).

35 『삼봉집』 권2, 移家, "五年三卜宅, 今歲又移居, 野闊圍茅小. 山長古木疎, 耕人相問姓, 故友絕來書, 天地能容我, 飄飄任所如."

36 『삼봉집』 권2, 오언율시 邀諸道觀察使于三峯齋尙州牧使亦在席上 乙亥.

37 『태조실록』 권8, 4년 12월 28일 정사.

당대의 증거는 부족한 상태이다.

정도전의 집터에 대한 다른 설들에 비해 '사복시' 설은 보다 면밀한 검토를 요한다. 종래 '삼각산 아래', '북악산 대은암' 등의 설화가 간헐적으로 언급된 것에 반해, 후대 기록들에서 정도전의 집터가 '사복시'로 변하였다는 기록은 반복적으로 언급되고 있기 때문이다. 여기서 '사복시'란 국왕의 수레, 말 등을 관리하는 관청을 말한다. 그런데 정도전의 가옥 터로 비정되는 사복시에 대한 성종대 『동국여지승람』의 기록을 살펴보면 아래와 같다.

> 사복시司僕寺는 중부 수진방壽進坊에 있다. 내사복內司僕은 영추문迎秋門 안에 있고, 또 하나는 창경궁 홍문관 남쪽에 있는데, 여마輿馬와 구목廐牧의 사무를 관장한다.[38]

『신증동국여지승람』에는 외사복시와 내사복시의 위치를 구분하고 있는데, 정황상 중부 수진방은 외사복시가 있는 곳을 뜻하는 것으로 보인다. 하지만 이 기록에서 정도전과 관련된 단서는 나타나지 않는다.

사복시라는 관청 또한 국왕의 중요한 측근으로 간주되는 관직이었다. 그러나 사복시의 책임자를 실제로 역임하였던 이력이 있는 자는 정도전이 아니라 남은이었고, 이조차도 우왕 11년의 일이었다.[39] 그리고 오히려 남은이야말로 태종시기 토전·노비의 환수에서 열외된 인물이었다.

정도전 집터의 위치를 좀 더 자세히 파악하기 위해 왕자의 난 당시를 기록한 『태조실록』의 일부를 다시 정리해 보자.

---

38 『신증동국여지승람』(중종대).
39 『태조실록』 14권, 7년 8월 26일 기사.

정도전・남은・심효생과 판중추判中樞 이근李懃・전 참찬參贊 이무李茂・홍성군興城君 장지화張至和・성산군星山君 이직李稷 등이 임금의 병을 성문省問한다고 핑계하고는, 밤낮으로 송현松峴에 있는 남은의 첩의 집에 모여서 서로 비밀히 모의하여, 이방석・이제와 친군위 도진무親軍衛都鎭撫 박위朴葳・좌부승지左副承旨 노석주盧石柱・우부승지右副承旨 변중량卞仲良으로 하여금 대궐 안에 있으면서 임금의 병이 위독危篤하다고 일컬어 여러 왕자들을 급히 불러들이고는, 왕자들이 이르면 내노內奴와 갑사甲士로써 공격하고, 정도전과 남은 등은 밖에서 응하기로 하고서 기사일에 일을 일으키기로 약속하였다.⁴⁰

위 사료는 태종 이방원 측의 일방적인 주장을 담은 기록으로서, 그 내용을 사실 그대로 받아들이기 어렵다. 그러나 장소에 대한 기록 등은 참고해 볼 수 있다. 여기서 남은의 첩의 집이 위치한 '소동'이 어디일까, 남은의 첩이 살고 있는 곳이자, 정도전 집단의 회합 장소로 지목되는 '송현' 또한 주목된다. 한성을 그린 지도상으로도 남은의 거처는 정도전의 집으로부터 그리 떨어진 곳에 있지 않다.

18세기 만들어진 『수선전도』의 정보를 통해 정도전이 왕자의 난 당시에 살해당한 장소인, 남은의 집 별채가 지금의 사복시 터 근처의 원형(〈자료 1〉)에 들어오는 것을 확인할 수 있다. 하지만 이 정보만으로 정도전의 집이 어디인지를 확정할 수는 없다.

위의 사료들로는 정도전의 가택이 정치집단의 회합 장소인 광화문 남동편, 훗날의 중학, 사복시 근처에 위치했을 가능성을 짐작할 수 있을 뿐 그 터가 실제 사복시 등으로 전용되었을지는 확인하기 어렵다. 정도전의 죽음

---

40 『태조실록』 권14, 7년 8월 26일 기사.

직후에는 정도전 집터에 대한 정보가 적어도 공식적인 경로로는 유통되지 않는다.

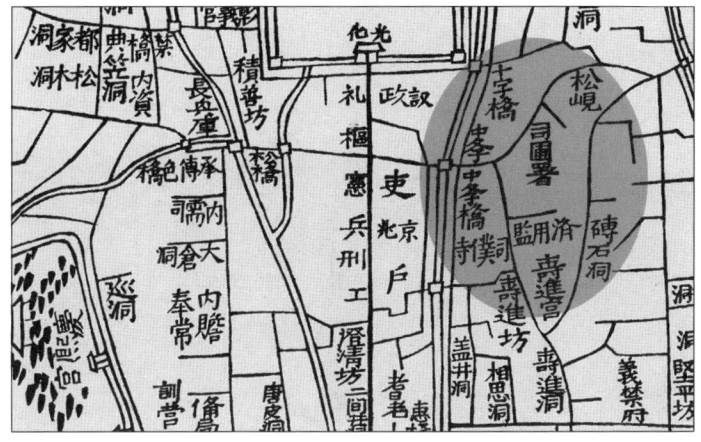

〈자료 1〉 수선전도

지리지 자료들에서는 어떨까? 조선 전기 지리지 자료는, 후대에 비해 민간 기록들이 소략된 것은 사실이다. 그러나 정도전과 비슷한 조건에서 어느 정도 집터에 대한 단서가 나와 있음을 확인할 수 있다. 그중 주목되는 것이 개경부의 사례이다. 『동국여지승람』에서는 옛터도 꼼꼼히 조사 가능한 경우라면 기술하고 있으며, 대부분 조선 왕조로부터 높게 평가를 받은 인물들을 중심으로 쓰고 있다. 『동국여지승람』의 개성부開城府 조에는 그 당시 생존하였던 인물들의 집터나 다양한 장소들의 옛터가 기록되어 있다. 정몽주의 집은 화원 북쪽에 있다고 기록되어 있다. 소격전昭格殿은 궁성 북쪽 기슭에 옛터가 있다고 기록된다. 사직단社稷壇은 불은사佛恩寺 서편에 옛터가 있다고 기록되어 있다. 개성폐현開城廢縣은 도성 서쪽 25리에 있다고 한다. 강감찬의 집·이색의 집·한수의 집·안유의 집 모두 양온동良醞洞에 있다고 기록되어 있다. 이제현의 집은 수철동에 있다고 기록되어 있다. 최영의 집은 이현梨峴에 있다고 기록되어 있다. 모두 집 혹은 집터에 해당하는 기록이, 알려진 범위에서는 지리지에 기록되어 있는 것이다.

이 중 정몽주의 집과 같은 경우에는 이미 당사자가 사망하고, 가산이 적몰된 가옥이 조선 성종 대까지 남아있다는 점에서, 그 후손들이 사는 곳 혹은 그 집터를 표시하는 것일 수 있다. 그런데 여기서 중요한 것은, 조선 전기라고 해서 정치적인 의도와 무관히 고거·집터 등에 대해 기록하지 않았을 가능성을 전제할 수 없다는 점이다. 이때 정몽주의 경우 태종시기 이후 추숭되어서 집터 등이 복원되었을 가능성이 있다. 실제로 정몽주의 경우, 성종대에는 위패가 문묘에 올라감에 따라 무덤이 열외되어 있는 것이 확인된다. 그 의미에서 주목할 만한 곳이 최영의 집터이다. 최영은 열전에서 "공로는 한 나라를 뒤덮지만 죄는 천하에 가득 찼다."라고 평가되었고[41] 그만큼 특별한 추숭의 대상이 되지 않는, 부정적인 평가를 받는 인물이었으나 『동국여지승람』에 그 고거가 정확히 묘사되어 있다. 이상의 사례를 통해 '은폐'라는 말을 쓰기에는 조심스럽지만, 적어도 '침묵을 통한 단기간 내 망각'은 충분히 의심된다. 담장의 남은 터만 있어도 기록이 유지된다면 『동국여지승람』에 빠짐없이 기록이 되어 있고, 심지어 그 터가 과거에 전용되었던 터라고 하면 오래된 기록 또한 묘사되어 있다.

이상의 내용을 정리하면 다음과 같다. 태종은 정도전과 정몽주를 대조적으로 평가하였다. 정몽주는 권근의 제안으로 명예가 회복되었고, 충신의 모범으로서 추앙되었다. 정도전에 대한 재평가 시도가 태종 시기에 있었지만,

---

[41] 『고려사』 권113, 열전26 최영.

태종은 이에 대해서 신원도 탄압도 하지 않고자 했다. 그 결과 정도전의 집이 적몰을 면하기도 하였지만, 동시에 『동국여지승람』과 같은 이후의 지리지 자료에 정도전의 여러 역할들도 제한적으로 기록되고, 정도전 가옥의 행방 또한 상당부분 망각의 길을 걷게 되었다. 정도전에 대한 조선전기의 모호한 처우와, 그에 수반된 망각의 조치들은 정도전 집터에 대한 기억의 공백을 초래하였다. 정도전 가옥은 적몰되지는 않았지만, 존재를 확인할 수도 없게 되었다.

3. 수진방·사복시에 대한 기억 형성의 과정

1) '수진방'의 지명과 관련된 계통

16세기에 접어들어 정도전 집터 위치에 대한 다양한 갈래의 기록들이 생산되었다. 이들은 큰 틀에서 비슷하면서도 조금씩 다른 계통을 이루며 뻗어나갔다. 우선, 정도전의 집이 위치했던 행정구역인 '수진방'과 관련한 계통의 설화들이 나타나기 시작하였다. '수진방' 설화란, '수진壽進'이 수진壽盡과 발음이 같다는 데서 기인한 설화로서, 큰 틀에서 자기 집이 속한 행정구역을 '수진방'이라고 정도전이 지었기 때문에 정도전이 화를 입었다는 내용을 공유하는 가운데, 세부적으로는 다양한 형태로 나타난다.

우선, 정도전이 수진방壽盡坊을 작명했다는 계통이 있다. 이는 우선 가장 이른 기록인 선조 22년, 『대동운부군옥』에서 나타난다. 권문해가 편찬한 백과사전이었던 『대동운부군옥』에는 당시 유통되던 다양한 지식들이 집약되었다. 『대동운부군옥』에 기록된 정도전 집터 관련 기록은 아래와 같다.

수진방壽盡坊. 처음에 우리 태조가 한양에 도읍을 정한 뒤에 궁궐·성문·방리의 이름을 모두 정도전이 정하였다. 그 일을 마치고 두 궁궐 사이에 집을 짓고 말하기를, "내가 부귀는 이미 극에 달하였으니, 수명도 극진하였으면 좋겠다." 하고는 그가 사는 방의 이름을 수진壽盡이라고 하였다. 그런데 얼마 안 있어 죽임을 당하였다. 사람들이 수진壽盡이라는 말 때문이라고 생각하였다.[고적]⁴²

위 기록에서는 정도전이 수진방壽盡坊이라는 행정구역 명칭을 스스로 지었다고 알려진 것이 주목된다. 이에 따르면 정도전은 대단한 세도가이지만, 수명이 길었으면 좋겠다는 기원 끝에 그가 사는 방의 이름을 수진방壽盡坊이라고 정했다고 한다. 그러나 설화는 정도전의 죽음으로 이어짐과 동시에, 사람들이 이를 수진壽盡이라는 말 때문에 생긴 일이라고 여기는 것으로 마무리된다. 결과적으로 위 기록에서 수진방壽盡坊이라는 행정구역명은 정도전이 스스로 작명하였으나, 도리어 정도전에게 죽음을 가져다주었던 것이다.

위 기록에서는 수진방壽盡坊이라는 지역명이 널리 알려진 수진방壽進坊과 달리 표기된 점, 그리고 그 표기법에 정도전의 의도가 명확히 명시되어 있다는 점, 그리고 이것이 끝내 변경되지 않았다는 점에 주목할 필요가 있다. 위와 같은 내용은 광해군 9년 심광세가 신라시기부터 조선 전기까지의 역사를 지은 악부시「해동악부」와 같은 후대 저술들에서도 나타난다.⁴³

---

42 『대동운부군옥』 권6, "壽盡坊, 初我太祖, 定鼎漢陽, 宮闕城門, 坊里, 名号皆鄭道傳撰定, 乃作第於 兩闕之間, 日 '吾當貴已極, 願壽命極盡.' 名其所居坊曰壽盡, 未幾被誅人, 以爲壽盡之讖 [古蹟]."

43 「해동악부」(심광세) 壽盡坊, "處身不以道…(中略)…欲徼常福難矣, 初太祖定鼎漢京. 官闕·城門·坊里·橋梁名號, 皆道傳所撰, 作第於兩闕之間曰, 吾富貴已極, 願壽命極盡, 遂名所居坊曰壽盡坊, 未幾遇害, 人以爲言讖云." 「해동악부」는 17세기 심광세 이후로 19세기 말 박치복의「대동속악부」에 이르기까지 15편 정도가 남아있는데, 이들 중

수진방壽盡坊 작명설화가 역사적 사실일 가능성은 높지 않다. 광화문 남쪽의 행정구역 명칭에 수진방壽盡坊이 사용되었던 것은 앞선 설화적 창작 외에는, 영조 시기 『승정원일기』의 용례 한 건[44]이 유일하기 때문이다. 하지만, 이들 기록을 통해 16세기경부터, 정도전의 집이 한양에 도읍을 정하고 궁궐·방리의 이름을 지은 뒤 '수진방' 일대에 지어졌다는 설화가 나타났음을 확인할 수 있다.

'수진방' 설화는 광해군 5년 이수광에 의해 편찬된 『지봉유설』에 이르러 또 다른 갈래로 분화된다. 이수광은 실생활에 유용한 박학 영역에 관심을 가졌다. 이수광은 역대의 다양한 지식들은 학문에 큰 효용이 되는데, 세상에 전해지는 것이 얼마 없다는 점에 안타까움을 느꼈다.[45] 『지봉유설』은 세상에 전해져야 할 사적들을 보존해야 한다는 이수광의 관심을 반영한 책이었다. 이수광에 의해 수집된 정도전의 집터 기록은 아래와 같다.

> 국초에 향사 악장 및 경성내 외방의 이름을 모두 정도전이 선정하였다. 정도전은 수진방壽進坊에 살다가 죽었는데, 사람들은 이를 도참이라고 하였다. 진進과 진盡이 동음이기 때문이다. 그래서 지금은 수중방壽重坊이라고 개칭했다.[46]

수진방에 대해 다루는 정조시기 이학규의 「해동악부」 필사본에도 심광세의 내용과 거의 동일한 내용이 기록되어 있다.
한편 이들 문건들에서는 "정도전이 생명을 구걸하다 궁노(宮奴) 자근(者斤)에게 목을 찔려 죽었다."는 기록이 쓰여 있기도 한데, 이는 조선 후기 문헌들의 정도전에 대한 부정적 재현일 가능성을 시사한다. 하지만 그 사실 여부와 별도로, 조선시기에 걸친 정도전 이미지의 다각적인 재현 양상은 그 자체로 중요한 연구주제임이 틀림없다.

44 『승정원일기』 898책 영조 15년 9월 16일 22/23 기사, "昨日遇於壽盡坊洞捕得, 探其囊中則有此文矣, 上曰, 總角者乎? 聖任曰, 冠者, 年三十云矣."
45 『지봉유설』 序.

『지봉유설』의 기록은 정도전이 수진방에 살다가 '수진壽盡'이라는 이름이 도참으로써 화가 되어 죽음을 맞았다는 점에서는 앞선 『대동운부군옥』과 같지만, 그 외 여러 부분에서 차이가 난다. 우선 『지봉유설』에서 정도전이 지은 행정구역명은 수진방壽盡坊이 아닌, 수진방壽進坊이다. 그리고 정도전이 죽은 후 집터 기록의 작성 시점인 '지금'은 행정구역명이 수중방壽重坊으로 개칭되었다고 한다. 즉 『지봉유설』의 정도전은 스스로 오래 살고자 기원하는 의도를 드러내지 않았으나, '진進'과 '진盡'의 발음이 일치한 까닭에 화를 입은 것으로 나타난다. 그 때문에 이후로 행정구역의 이름을 고치게 되는 것이다.

이후로도 『지봉유설』의 설명은 『연려실기술』 등에 인용되어 유포된다.[47] 하지만 『지봉유설』의 내용 또한 사실일 가능성이 높지 않다. 『지봉유설』과 그 계통의 인용을 제외한다면, 광화문 남서쪽, 사복시와 제용감이 위치한 행정구역을 '수중방'이라고 칭하는 다른 용례는 『승정원일기』의 고종대 사례 한 건을 제외하고는 찾기 어렵기 때문이다.[48] 나아가 수진방 자리에 정도전의 집이 있었다는 기록이 권문해・심광세・이수광 등에게 발견된 경위 또한 불분명하다.

하지만 이수광이 직접 밝힌, 특별히 신비하고 허무맹랑한 내용을 기록하려 하지 않았다는 『지봉유설』의 성격이 사실이라면, 적어도 상기한 것과 같이 정도전이 수진방에 살다가 도참에 의해 죽었다는 소문이 17세기경 유포

---

46 『지봉유설』 권17, 雜事部, "國初享祀樂章及京城內外坊名, 皆鄭道傳撰定, 而道傳在壽進坊被誅, 人以爲讖, 蓋進與盡同音故也, 今改稱壽重坊焉."
47 『연려실기술』 별집 권16, 都城宮闕.
48 『승정원일기』 2978책, 고종 25년 10월 28일 병오, "文忠公遺像, 現在嵩陽書院, 文靖公李穡之像, 亦在京城壽重坊, 盤領窄袖, 班班可覩洪武舊制也, 雖然, 是豈大明所創也?"

되었다는 점을 이해할 수 있을 것이다. 나아가 16~17세기경 정도전에 대한 '부정적 관심'도 고려되어야 할 사항이다. 17세기는 성리학적 의리론이 강조되면서 조선 건국에 참여한 개국 공신에 대한 비판이 강화되었던 시기였다.[49] 당시 이수광과 막역지우를 맺은 신흠[50]이나, 동서지간이었던 허균[51] 등의 여러 유학자들은 정도전에 대한 비판적인 글을 남기기도 했다. 이를 통해 『지봉유설』의 정도전에 대한 서술 또한 당시의 정도전에 대한 부정적인 정서를 반영하여 서술된 것임을 짐작할 수 있다.

정도전의 집터 '수진방'에 대한 기록은 정조시기에 들어 본격적으로 구체화된다. 정조 15년(1791)에 착수되어 정조 18년(1794)에 완성되었던[52] 『삼봉집』의 정조시기 편찬본의 기록에서 그 편린을 찾을 수 있다.

> 서북은 창의彰義라 하였다. 도성 안팎 49방坊도 공이 지은 이름이다. 【생각건대, 공이 수진방壽進坊에 살다가 천명에 죽지 못하자 사람들이 이를 참讖이라고 했으니, 대개 진進은 진盡자와 음이 같기 때문이다. 뒤에 수중壽重으로 고쳤다.】[53]

위의 기록은 『삼봉집』의 부록 「사실事實」에 실려 있는 내용이다. 『삼봉집』은 정도전의 문집으로, 처음에는 태조 6년 정도전의 아들 정진이 「금남

---

49 도현철, 2013, 『조선전기 정치사상사 연구』, 태학사.
50 『상촌집』 권45 외집5.
51 『성소부부고』 권11 鄭道傳權近論.
52 강혜선, 2000, "정조의 문예정책과 시문집 편찬활동", 『정조의 시문집 편찬』, 태학사.
53 『삼봉집』 권8 부록 사실, "西北彰義. 都城內外四十九坊. 亦公所名也. 按公在壽進坊. 不得其終. 人以爲讖. 蓋進與盡同音也. 後改壽重." (이하의 모든 『삼봉집』 판본은 정조본을 근간으로 만들어진 '한국고전종합DB'의 자료를 기본으로 표기하였다).

잡영」, 「봉사록」 등을 2권으로 엮어 간행하였다. 그 후로 세조 11년 증손인 정문형이 경상감사가 되면서 『경제문감』, 『불씨잡변』 등을 더하여 7권본을 간행하였고, 성종 18년에 시·부 100여 수, 『경제문감별집』 등을 모아 8권본으로 간행하였다.[54] 정조시기 『삼봉집』 간행은 상기한 종래 간행에 비해 내용의 양을 달리하는 대규모의 작업이었다.[55] 정조 자신의 어록에 따르면 『삼봉집』은 간행본이 드물어 경상도 관찰사에게 명하여 이를 베껴 오게 하였는데, 그 경의經義에 볼 만한 부분이 있다는 정도의 평가를 남겼다.[56] 그 결과 정조의 명에 의해 정도전의 문집이 제작되었다.

정조시기 『삼봉집』 연보 기록에서 편자의 판단이 개입된 부분에는, 이를 추가로 언급하였다.[57] 위에 인용된 『삼봉집』 기록에서 '생각건대[按]' 이후에 기록된 부분들은 정조 시기 『삼봉집』 편자들이 작성한 기록인데, 그 기록에서 또다시 정도전의 집터가 수진방에 있었다고 언급하고 있다. 이를 통해 당시 한성 일대에 "정도전이 수진방 근처에 살았는데 수진방이라는 이름 때문에 사망하였다"는 민간 설화가 널리 유통되고 있었음을 확인할 수 있는 것이다.

2) '사복시·제용감'의 풍수와 관련된 계통

종래 '수진방'의 지명 문제를 중심으로 나타났던 정도전의 집터 설화는 정조대에 접어들어 새로운 국면에 접어든다. 이 시기부터는 집터에 관청이 세

---

54 『삼봉집』 권8 諸賢敍述 重刊三峯集跋(鄭文炯).
55 도현철, 2013, 『조선전기 정치사상사 연구』, 태학사.
56 『홍재전서』 권171 「일득록」 권11.
57 대표적으로 『경제문감』의 사공학 관련 기록이다.

워지게 된 연원에 대한 설명이 새롭게 추가되었다. 정조~순조대(1801년 이전) 저술된 것으로 추정되는 유득공의 『고운당필기』[58]에서 제용감을 설명하는 부분에는 지금까지 등장하지 않았던 정도전 집터에 대한 상세한 기록이 등장한다.

> 제용감濟用監은 북부 수진방에 있다. … 세상에 전하기를 제용감이 있는 자리는 국초의 공신 봉화백奉化伯 정도전鄭道傳의 옛 집터라고 한다. 정도전은 풍수에 밝았는데, 으쓱거리며 "우리 집안은 앞으로 대대로 곳간에는 포화布貨(베)가 가득하고 마구간에는 말 4,000필이 매어 있을 테니 그만하면 족하다."라고 했으나 끝내 죄를 받아 죽었다. 그의 곳간 터는 제용감이 되고 마구간 터는 사복시가 되었으니, 풍수[堪輿]에 미혹된 자는 이것을 거울로 삼을 수 있을 만할 것이다.[59]

『고운당필기』의 저자 유득공이 남긴 집터 기록은 비교적 비슷한 시기에 쓰인 『지봉유설』의 기록과 많은 부분이 다르다. 가장 큰 부분은 그 집터에서 행했다는 정도전의 행동이다. 유득공에 따르면 정도전은 제용감 터에 살면서 많은 포화를 축적하였고, 말 또한 4,000필을 길렀다고 한다. 유득공은 정도전이 풍수[堪輿]에 정통하여 집터를 복이 따르는 곳으로 선택했다고 서

---

[58] 『고운당필기』는 현재 서문·발문이 남아있지 않아 간행의 명확한 경위를 알 수 없다. 하지만 종래 연구를 통해 권1,2는 1780년경에 한 차례 간행되었고, 그 이후 기록인 권3, 4는 1792년 이후, 권5,6은 1793년 이후 기록이고 전체 기록은 1801년 이전에 마쳤다고 알려져 있다(김윤조, 2002, "돌아온 필기류의 선편 『고운당필기』", 『고운당필기』 해제), 한국고전종합DB.

[59] 『고운당필기』 권4, "濟用監在北部壽進坊 … 世傳監爲國初功臣奉化伯鄭道傳故墟 道傳明於風水 詑云: '吾世世庫中布貨充牣 廐中繫馬千駟 亦足矣.' 竟以罪誅 庫墟爲濟用監 廐墟爲司僕寺 惑於堪輿者 庶可以鑑玆哉."

술한다. 그리하여 『고운당필기』에서의 정도전은 좋은 집터를 고른 자신의 집안이 번창할 것을 호언하였다. 그러나 그 결과는 기대와 달랐고 결국 그는 죄를 받아 죽음을 맞이하게 되었다. 유득공은 이와 같은 정도전의 일화를 소개하면서 풍수에 미혹되지 말라는 교훈을 후세인에 전달하고자 했다.

앞서 이수광 및 『삼봉집』 편찬자들과 마찬가지로, 『고운당필기』의 내용이, 정조 시기에 널리 통용되던 정보인지, 유득공의 일방적인 주장인지를 확증하기는 어렵다. 하지만 수진방壽進坊이 실제로는 북부가 아니라 중부中部에 위치하고 있었다는 사소한 오류를 제외하더라도,[60] 조선 전기 기록과의 대조를 통해 해당 내용의 신뢰성이 높지 않음을 확인할 수 있다. 무엇보다 정도전은 도참으로서의 풍수에 밝은 인물이 아니기 때문이다. 태조시기 정도전은 도참 등에 부정적인 입장이었으며, 길흉화복과 풍수를 일치시키는 것에는 회의적이었다.[61]

유득공의 저작 『고운당필기』의 기록은, 그 아들 유본예의 『한경지략』에 이르러 또 다시 변개된다. 『한경지략』의 기록은 다음과 같다.

> 수진동은 방명으로 동을 칭하였으며, 목은牧隱 이색의 영당影堂이 있어서 매년 시제를 지내는데 참여하는 후손 및 유생이 매우 많다. 『지봉유설』에 다음과 같이 나와 있다…(중략)…민간에서는 정도전의 집이 수진방에 있었는데, 지금 중학이 서당 터, 지금 제용감이 안채[內舍], 지금 사복시가 마구간 터라고 하였다. 정도전이 땅을 잘 볼 줄 알아서 말 4천 필을 매어놓을 자리를 점찍은 것이라 한다.[62]

---

60   이는 『연려실기술』에서 유래한 오류로 파악된다(『연려실기술』 별집 권16, 都城宮闕).
61   장지연, 2017, 『고려 조선 국도풍수론과 정치이념』, 신구문화사.
62   『한경지략』 권2 수진동, "壽進洞仍以坊名稱洞, 而有李牧隱影堂, 每年行時祭, 後孫及儒

『한경지략』의 저자 유본예는 앞서 검토한『고운당필기』의 저자 유득공의 아들이다. 그 때문인지는 알 수 없으나 유득공의『고운당필기』에 작성된 바를 상당 부분 따르고 있다.

하지만 몇몇 그 기록이 달라진 부분에도 주목할 필요가 있다. 우선『한경지략』의 저자는 정도전의 집터를 사복시·제용감에 더해 중학까지로 비정하였다.[63] 중학은 수진방에 속해 있는 제용감, 사복시와는 달리, 북부 관광방觀光坊에 속해있지만, 위치상 사복시·제용감·중학의 삼거리에 위치하고 있어 거리상 인접하다.

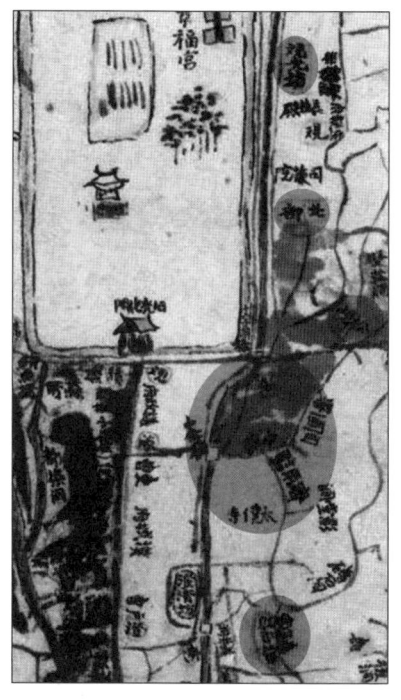

〈자료 2〉 한양전도

오른쪽의 18~19세기경 그려진 〈한양전도〉는 이를 잘 보여준다. 태복시太僕寺(=사복시[司僕寺]), 제용감, 그리고 중학이 동일한 원 안에 들어오게 된다(〈자료 2〉). 이는 이색의 영당과 실제로 가까운 거리이기도 하고, 남은의 첩의 집이었던 송현과도 가까운 곳에 위치하고 있다. 앞서 언급한대로 이곳이 실제 정도전의 집터 위치였는지, 혹은 실제 규모가 많은 기록들에서 설명하는 수준에 달했는지는 알 수 없지만, 적어도 입지상 그와 비슷한 자리에 집터가

生徒參者甚衆【案芝峰類說曰…(中略)…世傳道傳家, 在壽進坊今中學爲書堂基, 今濟用監爲內舍, 今司僕寺爲馬廐墟, 蓋道傳善相地, 占得繫馬千駟之地云】."

63 이는 고종 초 편찬된것으로 추정되는『동국여지비고』한성부편에도 동일하다.

위치했을 개연성은 충분하다. 적어도 유본에, 혹은 그가 입수한 정보의 출처 제공자들은 그와 같이 믿었다. 그러나 제용감이 『고운당필기』에서는 곳간 터[庫墟]였으나, 『한경지략』에서는 안채[內舍]였다고 기록되어 있다. 길지 않은 시간 사이에 제용감 터가 정도전 집터에서 차지하는 위치가 변경되었다. 이는 『고운당필기』와 『한경지략』 양자 모두의 신뢰성을 의심하게 만든다.

나아가 『고운당필기』와 『한경지략』에 기재된 정도전의 마필 수에 대한 문제가 있다. 『고운당필기』에서는 정도전이 말 4,000필을 거느렸다고 기록하고 있다. 이 부분이 『논어』의 제 경공에 빗대 '많은 말'을 비유한 것인지[64] 실제 4,000필이라는 숫자를 기재한 것인지는 불분명하다. 정도전이 말[馬]에 대한 호의를 보였다는 것은 더 이른 설화에서부터 등장한다. 서거정이 채록한 『태평한화골계전』의 아래 대목은 이를 잘 보여준다.

> 삼봉三峯 정선생鄭先生과 도은陶隱 이선생李先生과 양촌陽村 권선생權先生이 서로 평생平生 스스로 즐겨하는 것을 이야기했다. 삼봉三峯이 말하기를, "삭풍朔風에 눈이 처음 날릴 무렵, 담비 갖옷에 준마를 타고, 누런 개를 끌고 팔에는 은빛 매를 앉히고, 평원平原을 달리면서 사냥하는 것, 이것이 족히 즐길 만합니다."[65]

조선 초 명이 조선에 국가 단위로 요구하였던 마필 교역량이 3,000~10,000필 단위였고, 조선에서 그 물량을 감당하기 위해, 제주를 제외한 지역에 도

---

64   『논어』 계씨, "齊景公, 有馬千駟, 死之日, 民無德而稱焉. 伯夷叔齊, 餓于首陽之下, 民到于今稱之."
65   『태평한화골계전』, "三峯鄭先生, 陶隱李先生, 陽村權先生, 相與論平生自樂處. 三峯曰 '朔雪初飛, 貂裘駿馬로牽黃臂蒼, 馳獵平蕪, 此足樂也.'"

별로 할당한 양이 1,000~2,000필 남짓이었다.[66] 따라서 정도전이 말 4,000필을 거느렸다는 기록은 정도전에 대한 과장된 설화로 이해하는 것이 타당할 것이다.

  동시에 집터의 넓이를 감안하더라도 곳간 터[庫墟], 그리고 개인 마구간이 사복시, 제용감과 같은 관청으로 전용轉用될 수 있는 규모였다는 것 또한 직관적으로 신뢰하기 어렵다. 그리고 그 정도 규모의 관청 이동 혹은 확장이 이루어진 기록이 전무한 것도 의심을 자아내는 부분이다.

  지금까지 논의한 바를 정리해 본다. 길게는 광해군대, 가깝게는 정조 시기 이후로부터 정도전 집터에 대한 설화들은 수많은 기록을 통해 '출현' 하였다. 이 설화들은 일견 떠올려 봄직한 정보들로 구성되었고, 완전한 거짓이라는 명확한 증거 또한 확인할 수 없다. 하지만 그에 내포된 여러 정보들의 허구성 혹은 각 문헌 간의 비일관성 등을 고려할 때, 적어도 명확한 증거로서 채택되기는 어렵다. 다시 말해 정도전 집터에 대한 설화들은 조선후기 지리지 기록들을 거쳐 '형성된 기억'이었다.

4. 맺음말

  현재까지의 내용을 요약하면서 결론을 갈음하고자 한다. 태종은 정도전을 왕자의 난을 거쳐 숙청하고 그를 악인이자 역적으로 묘사하였다. 하지만 그에 대한 태종의 대처는 여느 역적에 대한 일반적인 대처와는 달리 모호함이 수반된 것이었다. 그와 간접적으로 관련되어, 정도전에 대한 기록은 수

---

66 김순자, 2007, 『한국 중세 한중관계사』, 혜안, 223~239쪽.

도 창건과 관련된 문헌 등 몇몇 주제를 제외하고는 남겨지지 않은 채 몇 세대에 걸쳐 빠르게 망각되었음을 확인하였다.

이러한 정도전의 집터는 당시 정치적 경황을 미루어 볼 때 수진방·송현 일대였다는 것을 무리없이 추정할 수 있다. 나아가 실제로 사복시·제용감·중학 터가 정도전의 집터일 가능성을 배제할 수 없다. 하지만, 적어도 현재까지 남아있는 증거상으로는 이를 입증하기 어렵다는 점을 확인할 수 있었다. 수진방·송현 일대이자, 경복궁에서 가까운 곳에 존재하는 장소가 모두 사복시의 부지이며, 정도전의 집터일 수는 없기 때문이다. 초기에 수진방 범위로 시작하였던 '정도전 집터'에 대한 소문이 점차 '사복시·제용감·중학 터'까지로 구체성을 더해가는 과정이 정말 우연에 불과한 것인가. 물론 민간으로부터의 기록이라는 점이 신뢰도를 의심해야 할 무조건적인 이유가 되는 것은 아니다. 그러나 기록들을 시계열적으로 파악했을 때 어떤 경향성을 발견할 수 있다면, 그 과정에서 기억이 정착·보완되는 과정을 읽어내는 것은 어렵지 않다.

태종의 처분은 비록 모호했으나, 적어도 태종은 정도전에 대한 명성·악명 모두가 지나치게 커지는 것만큼은 반기지 않았다. 결과적으로 정도전에 대한 많은 이야기들이, 그가 만든 도시 한성에서조차, 임란 후에는 피상적인 것만을 남기고 잊히게 된다. 비약을 감안하고 이를 정도전에 대한 망각의 기획이라고 말해본다면, 그 망각의 기획은 태종의 예상과 다른 방향으로 상황을 진전시켰다. 정도전에 대한 비어있는 정보에는, 사실이든 아니든, 종래 나타나지 않았던 불안정한 정보들이 채워지고 유통되는 결과를 맞이하였다. 결과적으로 정도전의 '정치적 죽음'은 '사복시 설치 설화' 등의 예기치 못한 결과를 창출하였던 것이다.

참고문헌

김순자, 2007, 『한국 중세 한중관계사』, 혜안.

강혜선, 2000, "정조의 문예정책과 시문집 편찬활동", 『정조의 시문집 편찬』, 태학사.

남지대, 2014, "조선 태종의 즉위 과정과 내세운 명분", 『역사와 담론』 69.

도현철, 2013, 『조선전기 정치사상사 연구』, 태학사.

송재혁, 2015, "정도전의 정치체제론", 고려대학교 정치외교학과 박사학위논문.

장지연, 2017, 『고려 조선 국도풍수론과 정치이념』, 신구문화사.

정재훈, 2007, "정도전 연구의 회고와 새로운 사상사적 모색", 『한국사상사학』 28.

정두희, 1983, 『조선초기 정치지배세력 연구』, 일조각.

조성린, 2016, 『종로의 역사 문화유산』, 종로문화원.

최승희, 2002, "태종조의 왕권과 국정운영체제", 『조선초기정치사연구』, 지식산업사.

최승희, 2002, 『조선초기 정치사연구』, 지식산업사.

한양대학교 박물관, 1990, 『전(傳)삼봉정도전선생묘 발굴조사보고서』, 한양대학교.

한영우, 1999, 『왕조의 설계자 정도전』, 지식산업사.

한춘순, 2010, "태조 7년(1398) 제1차 왕자의 난의 재검토", 『조선시대사학보』 55.

1부
정도전의
꿈과 죽음
그리고
복권

기나긴 복권의 여정

송 재 혁
고려대학교

1. 들어가며: 복권을 위한 노력의 산물, 『삼봉집』

〈자료 1〉 정도전의 문집 『삼봉집』(문화재청 제공)

『삼봉집』은 정도전이 남긴 글을 모은 문집이다. 이 속에는 문학, 철학, 병법, 음악, 정치이론, 법률, 행정 등 다양한 분야에 걸친 정도전의 담대한 구상이 담겨 있다. 우리는 이러한 『삼봉집』을 통해 그의 사상적 면모와 정치적 기획을 확인할 수 있다. 이러한 『삼봉집』은 정도전을 복권하려는 수많은 개인들의 노력이 모여서 탄생한 것이다.

정도전은 1398년 "1차 왕자의 난"으로 알려진 무인정변으로 죽음을 당했으며, 사후 쿠데타의 주동자였던 이방원과 그의 후예들에 의해 정치적으로 또 한번 죽음을 당했다. 정변 이후 그는 정부의 공식문서에서 반란의 수괴로 지목당했고, 나아가 건국의 과정에서 불가피하게 벌여야만 했던 여러 가지 정치적 작업들을 태조 이성계 몰래 주도했던 "권신權臣"으로 기록되었다.

그렇다면 반역자로 낙인 찍힌 정도전이 어떻게 문집을 남길 수 있었던 것일까? 이해하기 어렵지만, 태종은 한편으로 살아남았던 정도전의 장남 정진鄭津(1361~1427)을 정계로 다시 불러 들였다.[1] 그의 손자 정문형鄭文炯(1427~1501)은 관찰사로 재직 당시 두 차례에 걸쳐, 흩어진 정도전의 시문을 모아 제대로 된 문집으로 발간했다. 이 자료를 바탕으로 정조시대에 왕명으로 증보된 『삼봉집』이 발간되어 여러 사고에 보관되었다. 오늘날 우리가 볼 수 있는 『삼봉집』은 이러한 과정을 통해 우리에게 전해진 것이다.

『삼봉집』은 정도전의 복권을 위한 시금석이 되었다. 그러나 문집의 발간 과정 자체는 정도전의 복권이 불완전하다는 사실을 잘 보여준다. 국왕 정조의 지시가 있기는 했지만, 국왕 개인의 판단과 지시에 기반한 시혜적인 것이었다고 생각한다. 공식적인 복권은 고종시대에 경복궁을 중건하면서 이루어졌지만, 사면에 가까운 조처였다.

이 발표는 정도전을 복권하려 했던 그동안의 여정을 조망하고, 정치가, 사상가로서 그가 남긴 업적을 바탕으로 진정한 복권의 길을 모색해 보고자 한다.

---

1 『태종실록』 태종 7년 10월 3일.

〈표 1〉『삼봉집』의 여러 간행본과 내용[2]

구분	태조6년(1397) 초간본	세조11년(1465) 중간본	성종18년(1487) 중간속간본	정조15년(1791) 삼간본	1914년 삼간속간본
권1	시문	시, 악장, 부	좌동(증보)	賦, 詩	좌동
권2	시문	잡제	좌동	詩, 詞, 樂章	좌동
권3		잡제, 진법	좌동	疏, 箋, 書, 啓, 序	좌동
권4		경제문감 상	좌동	記, 說, 題跋, 傳, 行狀, 墓表, 祭文, 策題, 銘, 贊	좌동
권5		경제문감 하	좌동	경제문감 상	좌동
권6		조선경국전	좌동	경제문감 하	좌동
권7		불씨잡변, 심기리편, 심문·천답	좌동	조선경국전 상	좌동
권8			경제문감별집	조선경국전 하	좌동
권9				불씨잡변	좌동
권10				심기리편, 심문·천답	좌동
권11				경제문감별집 상	좌동
권12				경제문감별집 하	좌동
권13				진법, 습유	좌동
권14				부록	부록, 賜諡敎旨·致祭文·발문(속간보충)

---

[2] 오용섭, 2011, "『삼봉집』의 간행과 편성", 『서지학연구』 48, 249쪽의 표를 인용한 것이다.

2. 공의公議: 공적과 과오 사이

정도전의 이미지는 한마디로 공과功過, 즉 공적과 과오 사이의 그 어딘가에 위치해 있다고 평가할 수 있다. 앞서 지적했듯이, 문제의 단초를 제공한 것은 태종 이방원이다. 이방원은 한편으로 정도전을 살해하고 반역의 프레임을 씌웠으면서도, 다른 한편으로 쿠데타에서 살아남았던 정도전의 장자 정진을 다시 정계로 진출시키고 후손들을 보존했다.

이 장에서는 과오의 측면을 중심으로 살펴본다. 정변이 일어나지 않았다면, 정도전은 최고의 공신이자 행정가, 정치가로서 위상을 굳건히 했을 것이다. 왕조교체를 주도하고 조선 초기의 정변에서 살아남은 인물들은 왕조교체과정에서 일어난 정치적 실책들을 정도전에게 떠넘김으로써, 정도전에게 가장 큰 역적의 오명을 씌우고 자신들은 책임을 면하였다.[3]

그의 운명이 바뀌게 된 사건인 왕자의 난에 대해 살펴보자. 태조 이성계는 신덕왕후의 소생 방석을 자신의 후계자로 공인하였다. 이에 신의왕후 소생의 왕자들이 쿠데타를 일으켰는데, 이른바 1차 왕자의 난이 이것이다.

이방원은 쿠데타를 통해 배다른 형제들과 아버지의 가신들을 살해하고, 정권을 획득했다. 이후에는 태종의 후손들이 대대로 조선의 국왕을 역임하게 되었다. 사건이 일어난 날인 1398년 8월 26일의 『조선왕조실록』 기사에는 다음과 같은 기록이 있다.[4] 정변의 정당화 과정을 보여주는 기사이다.

---

3 이종서, 2021, "조선초 정도전의 공적과 과오 규정", 『역사와 현실』 122.
4 『태조실록』의 왕자의 난에 대한 기록은 후일 태종의 후계자 세종에 의해 수정된 것이다. 이에 대해서는 다음의 논문을 참조. 송재혁, 2022, "세종, 역사를 고치다: 세종 20년 신개(申槩)의 상소와 무인정변(戊寅政變)의 재구성", 『한국정치연구』 31(1).

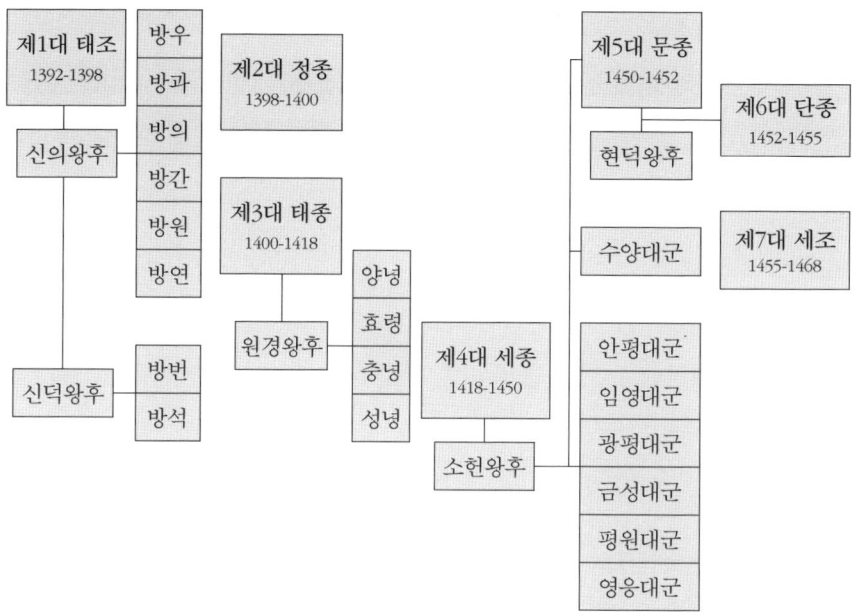

〈자료 2〉 조선을 건국한 태조 이성계의 가계도

　(좌부승지) 노석주가 (도승지) 이문화에게 "교서敎書를 지으라."는 교지敎旨를 전하였다.

　문화가 사양하기를 청하므로, 석주가 말하였다.

　"한산군韓山君 이색이 지은 주삼원수교서誅三元帥敎書의 뜻을 모방하여 지으면 된다."

　문화가 말하였다.

　"그대가 이를 아는가?"

　석주가 말하였다.

　"적을 부순 공로는 한 때에 혹 있을 수 있지만, 임금을 무시한 마음은 만세萬世에 용서할 수 없다는 것이 그 문사文詞이다."

　문화가 말하였다.

　"지금의 죄인들의 괴수는 누구인가?"

　석주가 말하기를,

"죄인의 괴수는 다시 임금에게 품신稟申하겠으니, 먼저 글의 초안草案부터 잡으라."

하면서, 급하게 독촉하였다. 문화가 붓을 잡고 쓰면서 말하였다.

"그대도 글을 지을 줄 아니, 친히 품신稟申하려는 뜻을 가지고 지으면 내가 마땅히 이를 쓰겠다."

이에 석주가 글을 지었다.

"아무아무[某某] 등이 몰래 반역反逆을 도모하여 개국 원훈開國元勳을 해치고자 했는데, 아무아무 등이 그 계획을 누설시켜서 잡히어 모두 죽음을 당했지만, 그 협박에 따라 반역한 무리들은 모두 용서하고 문죄問罪하지 않는다."

초안이 작성되자 석주가 초안을 가지고 들어가서 아뢰니, 임금이 말하였다.

"잠정적으로 두 정승이 오기를 기다려 의논하여 이를 반포頒布하라."

조금 후에 도당都堂에서 백관百官들을 거느리고 임금에게 아뢰었다.

"정도전, 남은, 심효생 등이 도당徒黨을 결합結合하고 비밀히 모의하여 우리의 종친 원훈宗親元勳을 해치고 우리 국가를 어지럽게 하고자 했습니다. 그러므로 신 등은 일이 급박하여 미처 아뢰지 못하였으나, 이미 이들은 주륙誅戮을 당하여 제거되었습니다. 원컨대 성상께서는 놀라지 마옵소서."[5]

혹시 쿠데타를 정당화하는 과정에서, 태조 이성계 대신에 희생양으로 정도전 등이 반역의 괴수로 지목된 것은 아닐까. 교서는 쿠데타 주모자들에 의해 이날 최종적으로 다음과 같이 수정되어, 태조의 압서押署를 받았다.

---

5 『태조실록』 태조 7년 8월 26일. 밑줄은 필자. 이하 실록의 번역은 국사편찬위원회 홈페이지에서 제공하는 번역을 따른다.

"개국공신開國功臣 정도전과 남은 등이 몰래 반역을 도모하여 왕자와 종실宗室들을 해치려고 꾀하였다. 지금 이미 그 계획이 누설되어, 공이 죄를 가리울 수가 없으므로 이미 모두 살육殺戮되었다. 그들의 협박에 따라 행동한 당여黨與는 죄를 다스리지 말 것이다."[6]

요약하면 정도전 등이 반역을 시도하려 했다가, 계획이 누설되어 살해당했다는 것이다. 이것은 태종의 재위 기간 중에 "태종께서 기미를 밝혀[炳幾], 섬멸 제거하셨다[殲除].'는 문구로 정제된다. 그러나 태종 사후 세종의 치세에, 이러한 기록이 후일 누군가 정변을 일으킬 수 있는 빌미를 제공할 수 있다는 상소가 올라온다.[7] 신개申槩라는 인물은 "아무런 위협이 없었는데, 태종께서 선제적으로 쿠데타를 일으켰다는 의심을 받을 수도 있다."며 기록을 수정해야 한다고 건의했다. 상소를 받은 세종은 몇 개월간의 고민 끝에 일부의 대신들 및 승지들과 이 문제를 논의하고, 무인정변에 대한 기록을 수정하는 것으로 결론을 내린다.[8]

쿠데타를 정당화하기 위한 목적에서, 무인정변에 대한 기술은 점차 정교하게 변화하였다. 정종의 즉위교서와 선위교서, 제릉(태조의 첫째 왕비의 묘, 1404), 건원릉(태조의 묘, 1409), 헌릉(태종의 묘, 1422)의 신도비문과 같은 비문들에서 그 변천의 과정을 살펴볼 수 있다. 이러한 기술은 세종의 재위 기간 중인 1447년『용비어천가龍飛御天歌』의 편찬으로 최종 확정된 것으로 보인다.『용

---

[6] 『태조실록』태조 7년 8월 26일, "開國功臣道傳南誾等 潛圖不軌 謀害王子宗室 今已漏洩 功不掩罪 已皆就戮 其刦從黨與罔治."
[7] 『세종실록』세종 20년 9월 25일.
[8] 송재혁, 2022, "세종, 역사를 고치다: 세종 20년 신개(申槩)의 상소와 무인정변(戊寅政變)의 재구성",『한국정치연구』31(1). 이하 이 장의 논의는 이 논문의 내용을 요약한 것이다.

비어천가』의 98장은 무인정변에 대해 기술하고 있는데, 『태조실록』 1398년 8월 26일의 기록과 일치하는 부분이 많다.

〈자료 3〉 구리 태조 건원릉과 서울 태종 헌릉의 신도비 (출처: 문화재청 국가문화유산포털)

세종은 재위 후반기에 실록 속의 무인정변과 관련된 기록들을 수정하였다. 세종이 수정하기 위해서 실록을 찾아볼 당시엔 무인정변에 대한 기록은 단출했다. 『용비어천가』는 이러한 기록들을 수정, 보완하는 과정에서 함께 편찬된 것으로 추정된다. 이러한 과정을 통해 정도전은 태종 이방원 등의 왕자들에게 실재하는 위협을 꾀했던 반역의 괴수가 되었다.

이러한 기록을 통해, 정도전은 조선시대에 반역의 전형으로 기억되었다. 선조시대 최영경의 옥사,[9] 광해군시대 허균 탄핵,[10] 현종시대 송시열의 상소[11] 등의 기록에서 정도전에 대한 인식을 확인할 수 있다.

3. 사은私恩: 복권의 여정

이제 정도전에 대한 개인적인 시혜, 사은私恩의 측면을 살펴보자. 정도전의 아들 중에서 유일하게 살아남았던 장자 정진은 태종에 의해 나주목사의 자리로 복귀했다. 그는 태종 사후 세종의 조정에서 형조판서의 자리까지 올랐다. 실록에 그의 졸기가 기록되어 있다.[12] 세종은 3일간 조회를 정지하고, '희절僖節'이란 시호諡號를 내렸다. "조심하여 두려워함을 '희僖'라 하고, 청렴을 좋아하여 스스로 억제함을 '절節'이라 한다."

정진은 정래鄭來와 정속鄭束 두 아들을 두었다. 정문형은 이 중에서 정속의 아들이다. 그는 세종의 치세 후반기인 1447년(세종 29)에 등과했다. 세조, 성종 등 6명의 국왕을 거치며 여러 관찰사와 판서를 역임했고, 연산군 초기에 우의정으로까지 배수되었다. 정진과 마찬가지로 실록에 졸기가 실려 있는데, '양경良敬'이라는 시호를 받았다.[13] 정문형의 아들 정숙지鄭叔墀는 이조참판에 올랐고, 정숙지의 손자 정원준鄭元俊은 봉성위奉城尉로서, 성종의 딸 정순옹주貞順翁主에게 장가들었다. 앞서 살펴본 대로, 조선 초기 국왕들의 이러한 사은은 오늘날 『삼봉집』이 우리에게 전해질 수 있는 토대를 제공했다.

---

9 『선조실록』 선조 35년 2월 7일.
10 『광해군일기』 광해군 9년 12월 24일.
11 『현종실록』 현종 10년 1월 4일, 『숙종실록』 숙종 7년 9월 14일.
12 『세종실록』 세종 9년 3월 6일.
13 『연산군일기』 연산군 7년 1월 15일.

〈자료 4〉 정도전의 가계도 (평택 삼봉기념관 소재)

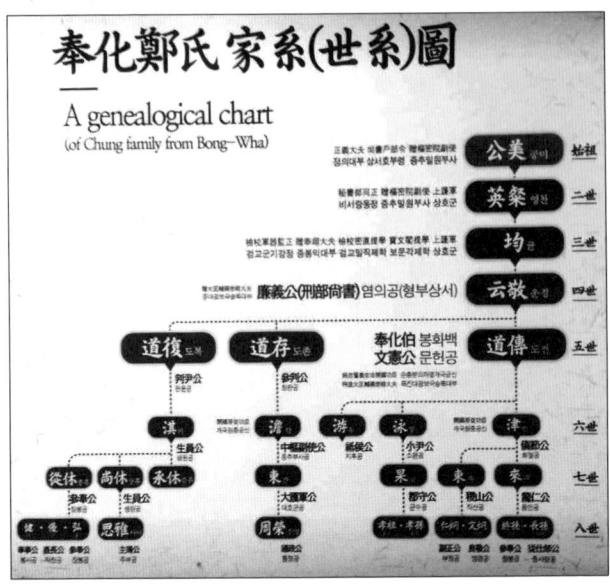

　지금까지 살펴본 것처럼, 정도전의 후손들에 대한 조선 초기 국왕들의 조처는 이중적인 것이었다. 정도전은 정변의 명분을 제공한 역적으로서 정부의 공식 문서에 규정되었다. 그러나 그는 역적의 죄를 적용받지는 않았고, 나아가 그의 자손들은 태종과 그의 후계자들에게 개인적인 은혜, 사은私恩을 입었다. 정조시대에 왕명으로 정도전의 문집인 『삼봉집』을 새로 발간한 학사들은 이러한 모호한 조처에 대하여 다음과 같은 기록을 남기고 있다.

　　"공소의 난(恭昭之難, 1차 왕자의 난)에 공이 천수를 마치지 못했다. 그러나 조정에서는 역적의 죄를 적용하지 않았다. 태종 신묘년(1411)에 손흥종과 황거정의 옥사에 연좌되어, 공은 서인庶人으로 폐해지고 자손은 금고되었다. 그러나 형조판서 정진鄭津과 우의정 정문형鄭文炯은 정도전의 아들과 손자로서, 태종과 세종 때에 계속해서 좋은 벼슬을 하면서 연루

된 흔적이 없다. 이것은 전에 연좌되었던 사건을 용서받은 것이니, 아마도 성조聖朝의 대를 물려 내려가는 법으로, 공의 공적을 생각하는 뜻에서 나온 것일지도 모르겠다.

이것은 반드시 까닭이 있어서 그렇게 되었을 터인데, 문헌文獻의 증거가 없다. 그러나 손과 황의 옥사에 장령 이방李倣이 '지의정부사 박경朴經이 손과 황의 죄를 잘못 논의했다.'고 탄핵했는데, '몽롱朦朧하게 계문啓聞했다.'는 말이 있었다. 의정부에서 청하기를, '몽롱이라는 것은 흰 것을 검다 하고, 옳은 것을 그르다 하는 말이니, 이것을 보고 신등과 의정부 전체가 깜짝 놀랐습니다. 그러니 방을 유사攸司에게 맡겨서 그 죄를 다스리게 하소서.' 하니, 상(태종)은 그 말에 따라 이방을 순금사옥巡禁司獄에 가두었다. 조금 있다가 상께서 김여지金汝知에게 이르기를, '이방의 일은 옳지 않은 것이 아니로되, 대신을 내가 존중하기 때문에 할 수 없이 그 말에 따랐노라.' 하고 이내 용서하였다. <u>아마도 상(태종)께서 이때에 공이 원통한 것을 알고 금고를 풀어서, 정진은 구애 없이 등용되고 정문형도 과거를 볼 수 있게 된 것이 아닌가 싶다.</u> - 정씨세보鄭氏世譜"[14]

규장각의 학사들은 태종이 후손들을 연좌시키지 않은 이유를 정도전의 공적을 생각하고 그의 원통함을 알았기 때문이라고 설명하고 있다. 정도전을 위한 변론이다. 사건을 지칭하는 용어조차 '공소恭昭(이방번, 이방석을 지칭)의 난'이라는 단어를 사용하고 있다.

---

[14] 『삼봉집』 제8권 부록, "按恭昭之難 公不得保其終 然朝家不用收司之律 至太宗辛卯 坐於孫興宗黃居正之獄 免爲庶人 禁錮子孫 而司寇津端揆文炯 以其子若孫之近 相繼登顯 於太宗世宗時 無所連累 豈其所坐之案 容有可恕者 而聖朝延世之典 爲得念功之義歟 此必有所以然 而文獻無徵 然孫黃之獄 掌令李倣劾知議政府事朴經誤議孫黃之罪 有朦朧啓聞等語 議政府請曰 朦朧者 以白爲黑 以是爲非之謂也 臣等見此 闔府驚駭 願下倣攸司治罪 上從之 下倣巡禁司獄 旣而謂金汝知曰 李倣之事 未爲不是 大臣予所敬重 不得已從之耳 遂宥之 蓋上於此時 察公冤 釋其錮 津無礙甄敍 文炯亦得赴試也歟. - 鄭氏世譜" 인용문의 밑줄은 필자.

정도전의 후손들에 대한 국왕들의 개인적인 시혜는 19세기 말에 이르러 공식적인 복권으로 이어지게 된다. 1865년 섭정 흥선대원군의 치세에, "특별히 훈봉을 회복시키고 시호를 추증한다[特爲復勳贈諡]."는 대왕대비의 지시가 내려졌다. '봉화백奉化伯'이라는 공신의 칭호가 회복되었고, 무덤에 치제를 하도록 했으며, '문헌공文憲公'이라는 시호諡號가 추증되었다.15 그러나 "특별히"라는 문구를 보면, 완전한 복권이라기보다는 사면에 가까운 조처라고 생각된다. 경복궁의 중건을 기념하기 위해, "잠규箴規를 세우고 여러 당의 이름을 붙인"16 정도전을 특별히 사면한 조치였다.

4. 근현대 시기 복권의 여정17

이방원은 정도전과 대척점에 있는 인물이다. 정도전의 복권은 이방원이 쿠데타를 일으켜 배다른 동생들과 아버지의 신하들을 척살하고 왕위에 올랐다는 것을 인정하는 꼴이 된다. 이 때문에 정도전에 대한 진정한 복권은 조선왕조가 끝난 이후에야 시작될 수 있었다.

태종의 후계자들, 특히 세종은 역사의 기록을 신중하게 수정해 놓았다. 기록으로 남겨진 역적 정도전의 상은 조선왕조가 일제에 병합된 이후에도, 그리고 오늘날까지도 영향을 미치고 있다. 예를 들어 동아일보 1921년 7월 1일 기사는 "이조인물략전李朝人物略傳 태조조太祖朝"라는 제목으로 정도전에 대해 다음과 같이 서술하고 있다.

---

15 『고종실록』 고종 8년 3월 16일.
16 『고종실록』 고종 4년 11월 16일.
17 이 장은 학술회의 발표 이후, 김현 선생님의 토론 내용을 바탕으로 추가로 작성된 것이다.

"字는 宗之오 號는 三峯이니 奉化人이라. 壬申七月에 太祖를 推戴한 功으로 奉化伯을 封하다. 太祖의 命을 奉承하야 漢陽에 相宅定都케 하고 新宮闕이 成함에 景福宮, 勤政殿 等의 宮殿名을 撰進하다. 戊寅에 南誾 等으로 더부러 靖安君(太宗潛邸號)을 謀害코저 하다가 事洩被誅하니라."

이 기사는 혁암革菴 김형식金瀅植이 동아일보에 기고한 글의 일부이다. 태조조의 주요 신하들인 김사형, 이지란, 배극렴, 남재, 조준, 정도전, 권중화, 심덕부, 남은, 조인벽, 진안대군방우, 권근, 함부림, 변계량을 순서대로 간단하게 대중들에게 소개하고 있다. 『조선왕조실록』의 기록을 기반으로 한 것으로 보이는데, 특히 정도전의 경우는 졸기를 바탕으로 한 것 같다.

정도전에 대한 이러한 인식은 1930년대를 전후로 서서히 변화한 것으로 보인다. 예를 들어, 조선일보의 1936년 1월 15일자 "한양 최초 설계 기사 정도전"이라는 기사는 정도전을 수도 한양을 설계한 인물로 다루고 있다.[18] 이 기사는 당대 경성의 도시화계획을 살피면서, 최초의 설계기사로서 정도전을 지목하고 있다.

1937년 5월 29일의 기사에서는 유학자로서 정도전의 위상을 조명하고 있다.[19] 호암湖巖 문일평文一平은 안재홍, 정인보와 더불어 1934년을 전후하여 전개된 조선학 운동의 대표자로 꼽힌다. 그는 역사대중화 운동의 일환으로서 조선일보에 여러 차례 글을 기고하였는데,[20] 정도전에 대해서는 "한양조

---

18 조선 뉴스 라이브러리 100, 1936년 1월 15일자 "한양 최초 설계 기사 정도전."
19 조선 뉴스 라이브러리 100, 1937년 5월 29일자 "한양조의 정치가 군상 5, 그의 학설과 정견."
20 정지혜, 2009, 『호암 문일평의 역사대중화 활동 연구』, 동국대학교 교육대학원 석사학위 논문, 13~19쪽.

漢陽朝의 정치가政治家 군상群像 5, 그의 학설學說과 정견政見"이라는 제목의 글에서 다음과 같이 서술하고 있다.

"정도전鄭道傳은 학자學者인 동시同時에 정치가政治家만큼 정견政見과 아울러 자기학설自己學說이 잇섯다. 지금 그가 회포懷抱햇던 정견政見과 주장主張하던 학설學說을 알려고 할진대, 무엇보다도 그 저술著述에 의거依據하는 것이 첩경捷徑일 것이다.

정도전鄭道傳은 사상학문思想學問이 연원淵源이 잇스니, 그는 본래 경북 봉화 출생으로 일직 거유巨儒인 목은 이색(牧隱李穡)에게 배우고, 또 포은圃隱 정몽주鄭夢周와 도은陶隱 이숭인李崇仁 가튼 당시當時 명유名儒들과 교유交遊하야 천품天稟이 탁월卓越한데다가 사우師友의 마탁磨琢에 인因해서 엄연儼然히 정주학程朱學의 일대가一大家를 일우웟다.

그리하야 그는 유교儒敎의 입장立場에서 신정치新政治를 시試하려 할 새 먼저 철저的徹底的으로 배불排佛할 필요성必要性을 느끼게 된 것 갓다. 배불숭유排佛崇儒는 여말선초麗末鮮初의 사대부간士大夫間에 거의 통유通有한 사상事象이엿스되, 정도전鄭道傳의 배불排佛처럼 심각深刻하고 통렬痛烈한 것은 업스니, 그로써 배불론排佛論의 대표자代表者를 삼음이 맛당하다.

그의 배불론排佛論은 유명有名한 불씨잡변 십오편佛氏雜辨十五篇과 밋 그 전대사실사편前代事實四篇을 보면 알려니와, 요要컨대 유儒의 학설學說을 빌어서 불佛의 제설諸說을 계통적系統的으로 정상精詳하게 공박攻駁한 만큼 당시當時 바야흐로 불佛에 교대交代하려고 들먹거리던 유儒의 사상思想에 대對하야 적지안흔 영향影響을 미치게 하엿다.

불佛을 불拂하고 유儒로 입국立國에 잇서 그 경기經紀와 시설施設의 도道는 어떠케 햇냐면, 제반정견諸般政見이 그의 저술著述한 경국전經國典과 경제문감經濟文鑑에 명백明白하게 나타낫다. 전자前者는 정무집행政務執行의 기관機關으로서의 육전六典을 논論하엿고 후자後者는 주主로 군도君道와 상업相業의 득실得失을 술述하엿다. 그는 말하엿스되, 군도君道는 현상

賢相을 득득得得함에 잇나니 상신相臣을 반드시 정택精擇하야 구임久任하여야 하겟고, 또 상업相業은 천하天下를 치평治平함에 잇는 바, 이를 함엔 정기격군正己格君하고 지인처사知人處事를 잘해야 하겟다고 하엿스며, 그리고 정권政權은 엄제나 조정朝廷에 잇서야 그 국가國家가 다스리게 되지, 대각臺閣에 잇거나 궁위宮闈에 잇ㅅ면 그 국가國家가 난망亂亡하게 된다고 하엿다.

정도전鄭道傳이 한번 죽으매 이 이론理論이 어느 정도程度까지 실현實現되엿는지는 모르거니와, 그가 몸소 실제정국實際政局에 당當하는 일방一方에 이가티 저술著述을 통通하야 이조 유교정치李朝儒敎政治의 최초 이론적最初理論的 기초基礎를 세운 것만은 주목注目할 바이다."

문일평은 정도전이 남긴 저술에 의거하여, 한국 유학사의 중요한 인물로 그를 조명한다. 『불씨잡변』, 『조선경국전』, 『경제문감』의 내용을 바탕으로 "이조 유교정치의 최초의 이론적 기초를 세운" 인물로 정도전의 위상을 부각시키고 있다.

이러한 사례는 학자들의 연구가 대중에게 보급되면서, 근현대에 정도전의 복권이 이루어지기 시작했다는 사실을 잘 보여준다. 이제 근현대 정도전에 대한 연구사를 간단히 조망함으로써 정도전 복권의 그간의 여정을 조망하고자 한다.[21]

정도전에 대한 연구의 시작은 20세기 초엽 아사미 린타로淺見倫太郎, 스에마쓰 야스카즈末松保和와 같은 일본인 학자들에 의해 이루어졌다.[22] 법학자

---

21 보다 자세한 정도전 연구사에 대해서는 정재훈, "정도전 연구의 회고와 새로운 사상사적 모색"(『한국사상사학』 28, 2007), 박영호, "삼봉 정도전 연구의 현황과 과제"(삼봉연구원·한국사상사학회 학술발표회 자료집, 2023)를 참조.

22 이하 이 장의 연구사의 요약은 송재혁, "정도전의 정치체제론: 서경의 정치이념과 왕권의 정상화"(고려대학교 박사학위 논문, 2016), 6~9쪽에서 인용하였음.

인 아사미 린타로는 『조선법제사고朝鮮法制史稿』(1922)에서 정도전에 의해 작성된 태조의 즉위교서를 조선왕조 법제의 출발점으로 보고, 이러한 즉위교서의 취지를 분명하게 한 저작으로 『조선경국전』을 해석했다.[23] 그는 『조선경국전』에서의 정도전의 정치 기획을 몽테스키외의 권력분립 기획과 유사한 '근대적인' 것으로 해석하고 있으며, 『조선경국전』을 조선왕조의 "헌법"으로 유비시키고 있다. 또한 스에마쓰 야스카즈末松保和는 아사미 린타로의 견해를 바탕으로 『조선왕조실록』과 『삼봉집』에 대한 실증적인 분석을 통해, 이후 정도전 연구에 대한 기초를 제공하였다.[24]

이러한 일본학자들의 연구 이후, 한국의 학계에서 정도전은 문일평, 이상백, 신석호, 이병도 등에 의해 다루어졌다. 이 중에서도 한영우는 성리학자 정도전을 긍정적으로 기술하는 종합적인 연구서를 책으로 출판하였다. 정도전에 대한 한영우의 연구서로는 초판본인 『鄭道傳思想의 硏究』(서울대학교 한국문화연구소, 1973)와 이를 개정한 『鄭道傳思想의 硏究』(서울대학교출판부, 1983)가 있으며, 나중에 이를 개정, 증보하여 『왕조의 설계자 정도전』(지식산업사, 1999)이 발간되었다. 한영우는 이러한 연구들을 통해 성리학자 정도전을 조선건국을 주도적으로 이끈 조선의 설계자이며, 재상 중심의 정치제도를 주창한 정치사상가로 해석했다. 그의 연구는 이후 학계에서 정도전의 정치 기획에 대한 통설로서의 역할을 수행해 왔다.

내재적 발전론의 관점에 이루어지고 있는 한영우의 정도전 연구에는 '헌법', '권력의 분할', '권력의 위임', '왕권에 대한 견제'와 같은 현재적 관점들

---

23 淺見倫太郎, 1968, 『조선법제사고(朝鮮法制史稿)』, 서울: 學文閣, 249~301쪽.
24 末松保和, 1942, "朝鮮經國典私考", 『學叢』 1; 末松保和, 1951, "朝鮮經國典再考", 『和田博士還曆記念東洋史論叢』.

이 내포되어 있다. 따라서 한영우의 연구를 통설로 받아들인 정도전 연구, 혹은 조선시대 정치에 관한 연구들 역시 정도전이 재상 중심의 정치제도를 구상하였고 이를 통해 왕권을 제한하고 견제하려 했다는 데 동의하고 있다. "왕은 관념상으로만 절대권을 가지고 재상을 임명하는 데 그치며, 정치운영의 실권을 재상이 쥐고 통솔해야 한다."는 정도전의 재상주의에는 "정치권력의 분할"이라는 현재적 관점이 내포되어 있다. 더불어 "법과 제도를 통한 정치권력의 규율"이라는 관점에서 옛 조선의 정치를 바라보는 관점도 내재해 있다.

1960년대 이전의 정도전 연구자들을 '1세대 연구자'라고 한다면, 1970년대에 정도전에 대한 본격적인 연구를 시작했던 한영우를 '2세대 연구자'라고 할 수 있겠다. 그의 연구 이후 정도전은 한국정치사에서 가장 개성 있으면서도 강렬한 매력을 지닌 정치가이자 사상가로 자리매김했다. 이후에도 지금까지 많은 연구자들이 등장하여 '3세대 연구'라고 할 수 있는 성과들을 양산해왔다.

이제부터의 연구는 '4세대 연구'라고 부를 수 있을 것이다. 앞으로도 다가올 새로운 시대에 걸맞은 연구들이 나와서, 진정한 정도전의 복권이 이루어지기를 희망한다.

5. 결론: 정치가 정도전의 구상과 기여

이 장에서는 결론을 대신하여, 정치가라는 측면에서 정도전의 구상과 기여를 조망해 보고, 진정한 복권의 길을 모색해 보고자 한다.

1) 국가론: 세계적 표준의 수용과 한국의 원형 제시

'한국적인' 것이란 무엇일까? 대답하기 쉽지 않은 질문이다. 한국의 보수주의를 정의할 때, 우리는 "무엇을 지킬 것인가?"라는 질문에 결코 답하기가 쉽지 않다. 발표자는 그것이 외부와 끊임없는 교류를 통해 세계적 표준을 수용하고 발전시키는 과정에서 나타나는 무언가가 아닐까 한다. 정도전이야말로 새로운 국가 조선을 설계하는 과정에서 세계적인 표준을 받아들이고, 새로운 국가의 정체성을 확립한 인물이다. 한반도인들이 세계와 고립되어 있었다면, 그것은 원시적인 것에 불과할 것이다.

정도전은 흔히 유학자, 신유학자로만 알려져 있지만, 법률, 병학, 음악 등 다양한 분야를 섭렵한 인물이었다. 그가 살았던 시대의 지식인들은 세계제국 몽골의 세례를 입었다. 신유학, 나아가 과거시험 자체가 제국에서 공인되어 발전된 것이었다.

〈자료 5〉 몽골제국의 지도와 1402년 조선에서 발간된 혼일강리역대국도지도(규장각 모사본)

고려는 몽골과 약 30년간의 항쟁 이후 강화조약을 맺었다. 이후 전개된 몽골제국의 정치적 간섭은 거의 1세기에 가까운 기간 동안 지속된다. 1271

년 쿠빌라이 칸忽必烈汗(1215~1294)은 몽골제국의 국호를 '대원大元'으로 개칭하고 대도大都(현재의 베이징 시)를 도읍으로 정했다. 그리고 1279년, 원 제국은 남송의 잔존 세력을 격파하고 동아시아의 패자로 군림한다. 이 시기에 고려의 충렬왕忠烈王(1236~1308)은 원나라 수도에 입조하여 쿠빌라이 칸의 딸인 제국대장공주와 혼인하였다. 이후 고려는 원나라의 부마국으로서 제국의 일원으로 편입되어 활약하게 된다. 이 시기 동안 원 제국은 천하질서와 같은 관념적인 부분으로부터 문화와 관습, 법과 제도, 주자성리학과 같은 학술에 이르기까지 많은 유산을 남겼다. 그리고 이러한 원 제국의 유산은 조선의 건국을 거쳐, 조선 초기의 국가 건설에 많은 영향을 끼쳤다.

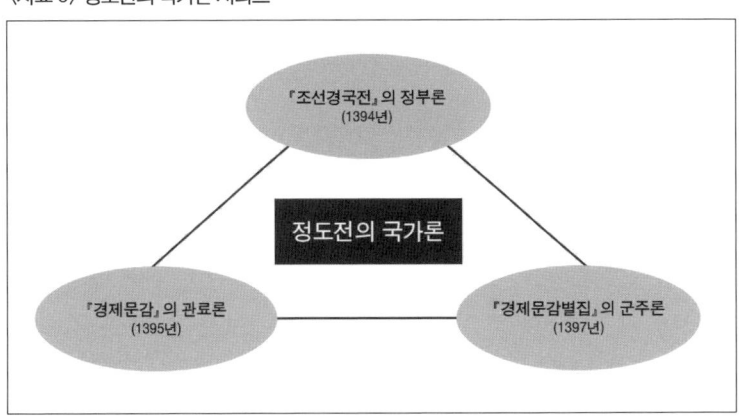

〈자료 6〉 정도전의 국가론 시리즈

그 선봉에는 정도전이 있다. 그는 조선의 창업군주 태조 이성계의 참모로서 세 권의 책을 통해 새로운 국가의 설계도를 제시하였다. 태조 3년(1394)의 『조선경국전朝鮮經國典』, 태조 4년(1395)의 『경제문감經濟文鑑』, 태조 6년(1397)의 『경제문감별집經濟文鑑別集』이 바로 그러한 청사진들이다. 세 권의 책은 각각 새로운 국가의 정부론, 관료론, 군주론을 제시한 것으로, 겨우 6년이라는 단기간에 완성되었다.

국가의 창업이라는 시대적 상황, 그리고 다양한 행정 분야에서 영향력을 발휘했던 고위 관료로서의 개인적인 여건을 고려해 본다면, 결코 쉽지 않은 작업이었을 것이다. 그럼에도 불구하고 정도전이 짧은 기간 동안 방대한 세 권의 서적을 완성할 수 있었던 비결은 몽골 제국의 유산을 활용할 수 있었기 때문이었다.

전근대와 근현대를 통틀어, 한국에서 정도전만큼 전문적이고 체계적인 정치서를 편찬한 인물은 드물다. 정도전은 마키아벨리, 홉스, 로크와 같은 서구 근대의 정치이론가들, 나아가 미국의 건국의 아버지들에 비견될 수 있는 인물이다. 그는 정치이론가로서 조선 건국 이후의 저작들 속에서 고려 후기의 세계화 과정에서 얻어진 다양한 정치적 자원들을 종합하여 새로운 국가론으로 집대성하였다. 그의 저작은 전통 동아시아의 정치적 자원들이 중국만의 전유물이 아니라는 점, 나아가 조선이 중국과 어떤 점을 공유하고 어떤 점을 차별화하고 있는지를 잘 보여준다.

2) 수도 한양의 설계

1865년 정도전 복권 당시, 대비 조씨는 다음과 같은 전교를 내린다.

> "법궁法宮의 전각殿閣들이 차례로 완성되었다. 정도전鄭道傳이 전각의 이름을 정하고 송축한 문구를 생각해보니, 천 년의 뛰어난 문장으로서 격세지감을 느끼지 않을 수 없다. 그리고 무학 국사無學國師가 그 당시 수고를 한 사실에 대해서는 국사國史나 야승野乘에 자주 보이는데, 나의 성

의를 표시하고 싶어도 할 곳이 없다. 봉화백奉化伯 정도전에게는 특별히 훈봉勳封을 회복시키고 시호諡號를 내리도록 하라. 그리고 해조로 하여금 봉사손奉祀孫의 이름을 물어서 건원릉 참봉健元陵參奉으로 의망하여 들이도록 하라."²⁵

앞서 언급했듯이, 정도전이 특별히 공식적으로 복권될 수 있었던 이유는 새로운 국가의 궁궐에 이름을 짓고, 거기에 정치적 이상을 부여했기 때문이었다. 『태조실록』 1395년 10월 7일에는 다음과 같은 기록이 있다.

> 판삼사사 정도전鄭道傳에게 분부하여 새 궁궐의 여러 전각의 이름을 짓게 하니, 정도전이 이름을 짓고 아울러 이름 지은 의의를 써서 올렸다. 새 궁궐을 경복궁景福宮이라 하고, 연침燕寢을 강녕전康寧殿이라 하고, 동쪽에 있는 소침小寢을 연생전延生殿이라 하고, 서쪽에 있는 소침小寢을 경성전慶成殿이라 하고, 연침燕寢의 남쪽을 사정전思政殿이라 하고, 또 그 남쪽을 근정전勤政殿이라 하고, 동루東樓를 융문루隆文樓라 하고, 서루西樓를 융무루隆武樓라 하고, 전문殿門을 근정문勤政門이라 하며, 남쪽에 있는 문[午門]을 정문正門이라 하였다.
>
> …
>
> 사정전思政殿에 대하여 말하였다. 천하의 이치는 생각하면 얻을 수 있고 생각하지 아니하면 잃어버리는 법입니다. 대개 임금은 한 몸으로써 높은 자리에 계시오나, 만인萬人의 백성은 슬기롭고 어리석고 어질고 불초不肖함이 섞여 있고, 만사萬事의 번다함은 옳고 그르고 이롭고 해됨이 섞여 있어서, 백성의 임금이 된 이가 만일에 깊이 생각하고 세밀하게 살

---

25 『고종실록』 고종 2년 9월 10일, "法宮殿閣 次第經始矣 永念鄭道傳定名頌祝之辭 千載之盛不覺曠感 且念無學之當時勤勞 屢見於國史野乘 而雖欲示意 無處可施矣 奉化伯 鄭道傳 特爲復勳贈諡 其祀孫 令該曹問名 健元陵參奉擬入."

피지 않으면, 어찌 일의 마땅함과 부당함을 구처區處하겠으며, 사람의 착하고 착하지 못함을 알아서 등용할 수 있겠습니까? 예로부터 임금이 된 자로서 누가 높고 영화로운 것을 바라고 위태로운 것을 싫어하지 않겠습니까마는, 사람답지 않은 사람을 가까이 하고 좋지 못한 일을 꾀하여서 화패禍敗에 이르게 되는 것은, 진실로 생각하지 않는 것에서 비롯된 것입니다. 『시경詩經』에 말하기를, '어찌 너를 생각지 않으랴마는 집이 멀다.' 하였는데, 공자孔子는 '생각함이 없는 것이다. 왜 멀다고 하리오.' 하였고, 『서경書經』에 말하기를, '생각하면 슬기롭고 슬기로우면 성인이 된다.' 했으니, 생각이란 것은 사람에게 있어서 그 쓰임이 지극한 것입니다. 이 전殿에서는 매일 아침 여기에서 정사를 보시고 만기萬機를 거듭 모아서 전하에게 모두 품달하면, 조칙詔勅을 내려 지휘하시매 더욱 생각하지 않을 수 없사오니, 신은 사정전思政殿이라 이름하옵기를 청합니다. …

이뿐만 아니라 정도전은 유교 이상국가의 이념과 철학을 철저하게 구현해, 수도 '한양漢陽'을 건설했다. 1396년 4월 19일 정도전은 한성부의 행정구획 정리와 구역의 명칭을 짓는 사업을 맡았다. 한성부를 동, 서, 남, 북, 중 5부로 나누고, 5부를 다시 수십 개의 행정구역으로 구획하고 이름을 정했다.[26] 구체적인 이름은 다음과 같다. 유교적 색채가 짙어 보인다.

동부 12방: 연희燕喜, 숭교崇敎, 천달泉達, 창선彰善, 건덕建德, 덕성德成, 서운瑞雲, 연화蓮花, 숭신崇信, 인창仁昌, 관덕觀德, 흥성興盛
남부 11방: 광통廣通, 호현好賢, 명례明禮, 태평太平, 훈도熏陶, 성명誠明, 낙선樂善, 정심貞心, 명철明哲, 성신誠身, 예성禮成
서부 11방: 영견永堅, 인달仁達, 적선積善, 여경餘慶, 인지仁智, 황화皇華, 취

---

[26] 한영우, 1999, 『왕조의 설계자 정도전』, 지식산업사, 78쪽.

현聚賢, 양생養生, 신화神化, 반석盤石, 반송盤松
북부 10방: 광화廣化, 양덕陽德, 가회嘉會, 안국安國, 관광觀光, 진정鎭定, 순화順化, 명통明通, 준수俊秀, 의통義通
중부 8방: 정선貞善, 경행慶幸, 관인寬仁, 수진壽進, 징청澄淸, 장통長通, 서린瑞麟, 견평堅平

나아가 정도전은 자신의 저작들 속에서 수도 한양에 있는 정부의 운영 방향을 제시했다. 정도전은 다양한 정법서와 백과사전류의 서적들을 활용했다. 예를 들어, 정도전은 『조선경국전』에서 원나라의 법전인 『경세대전經世大典』을 다음과 같이 참고했다.

〈자료 7〉 『경세대전』과 『조선경국전』의 구성 비교

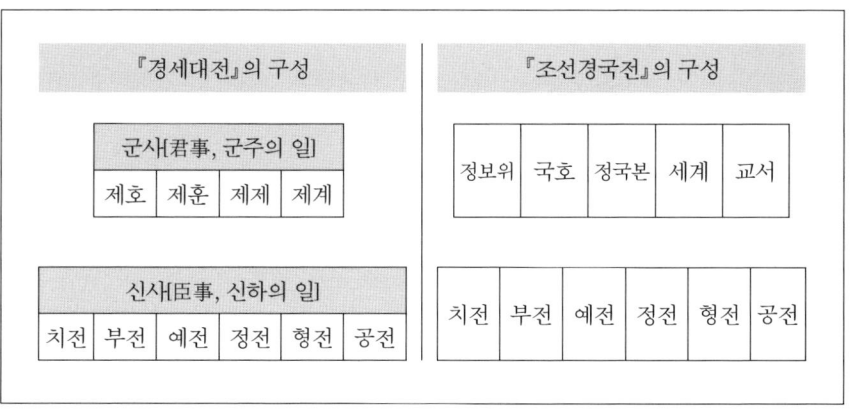

원나라의 『경세대전』은 군사君事(군주의 일), 신사臣事(신하의 일) 부분으로 구성되어 있다. 군사 편에서는 역대 원나라 제왕들의 이름, 말씀, 교서, 가계 등을 기록하고 있고, 신사 편에서는 육전으로 구성된 정부를 역대 제왕들이 어떻게 운영했는지 기술하고 있다. 정도전은 이러한 『경세대전』의 체제를 모방하여 『조선경국전』을 구성하였다.[27] 이를 통해 정도전은 『조선경국전』에서 태조 이성계가 새로운 국가를 어떻게 창업할 수 있었는지, 국호와 세자를 어떻게 정했는지, 앞으로 육전체제로 구성된 정부를 구체적으로 어떻게 운영할 것인지에 대해 서술했다.[28]

3) 권력론: 재상의 역할에 대한 강조

1436년(세종 18) 4월 12일 세종은 의정부서사제로 통치제도를 전환했다.

태종은 1414년(태종 14) 4월 17일 의정부서사제를 폐지하고 육조직계제를 시행한 바 있다. 그로부터 약 22년이 지난 시점에서 세종은 부왕 태종이 실시했던 육조직계제를 의정부서사제로 되돌렸다. 육조직계제는 의정부서사제보다 국왕 개인의 능력에 의존하는 통치제도이다. 육조의 정치적 현안들이 대신들을 거치지 않고 바로 임금에게 전달된다. 반면 의정부서사제는 중간에 의정부의 재상들을 거친다.

태종은 명나라의 통치제도를 모방해 육조직계제를 시행했다. 명나라의 태조 주원장은 재상제도를 폐지하고 육부의 관원들이 직접 황제에게 보고하여 일을 처리하도록 했다. 태종은 이를 본받아, 1414년(태종 14) 4월 17일 의정부의 모든 업무를 나눠서 육조에 분산시켰다. 대신 승추부, 후일의 승정원을 강화한다. 승정원은 왕명의 출납과 비서업무를 맡아 보는 기구다.

---

27 末松保和, 1951, "朝鮮經國典再考", 『和田博士還曆記念東洋史論叢』.

28 『삼봉집』권3 전(箋)에 실려 있는 "조선경국전을 바치면서 올리는 글(撰進朝鮮經國典箋)"에서 정도전이 『조선경국전』의 내용을 요약하고 있는 다음의 서술을 참조. "主上殿下 體天之德 保位以仁 定國號以繫民心 立儲副以隆邦本 世系著積累之慶 教書頒寬大之恩 謂治道責成於相臣 而貞賦實歸於公用 制禮作樂 以和神人 講武修兵 以正邦國 刑則詰姦而禁暴 工則謹度而課程."

국왕의 최측근 비서로서 승추부의 대언들은 각각 육조의 업무를 나누어 담당하여 각 부문의 행정실무를 태종에게 직접 보고했다. 태종은 대언을 육조 출신의 관료 중에서 발탁했고, 여기서 퇴임한 관료들을 다시 육조의 핵심관료로 기용하여 행정실무에 대한 장악력을 극대화했다.

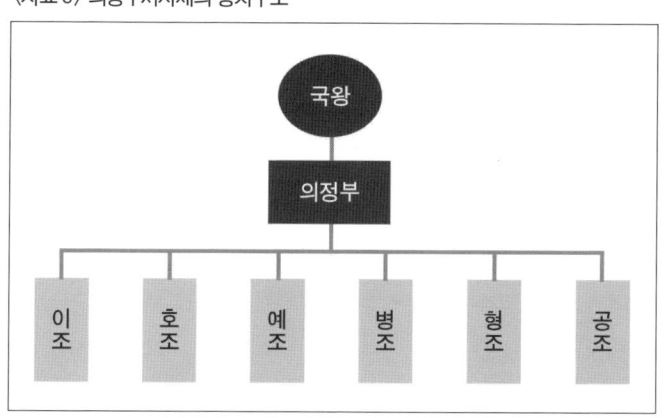

〈자료 8〉 의정부서사제의 통치구조

세종은 재위 18년째인 1436년에 들어, 부왕이 남긴 통치제도를 개혁한다. 태조시대로의 복귀이다. 세종이 표면적으로 내세우는 이유는 이 제도가 고대의 이상적인 정치에 합하는 통치제도라는 것이다. 그는 삼대三代, 즉 고대 중국의 이상 국가인 하나라, 은나라, 주나라를 거론하고 있다. 당시 위대한 통치자들은 백규百揆와 총재冢宰에게 모든 관원을 통솔하게 했는데, 재상에게 막대한 권한을 부여했던 모범적인 사례라는 것이다. 그러나 수천 년 전의 모델들을 언급한 것은 정당화의 수사에 가까울 것이다. 의정부는 당장 고려 말의 도평의사사라는 합의기구를 계승한 것이고, 도평의사사는 원나라 이후의 중서문하성이라는 재상부를 모델로 한 것이다. 이것은 태조시대 정도전의 기획으로 소급된다.

조선은 의정부서사제를 유지했고, 그 시작에는 정도전이 있다. 정도전은 재상의 역할을 강조한 것으로 알려져 있다. 그의 저작들 속에서의 재상이라는 말은 대부분 최고위 관리인 총재를 의미하는 용어로 사용된다. 예를 들어 정도전은 『조선경국전』 치전 재상연표를 통해 "시중에 대해서만 기록한다[獨書侍中]."고 말하고 있으며, 관료들의 역할을 기술하고 있는 『경제문감』의 저작에서도 최고위 재상인 총재를 서술하는데 많은 분량을 할애하고 있다. 정도전에 의하면 총재가 하는 역할은 다음과 같다.

> 안으로 모든 관사官司와, 밖으로 감사監司들이 각각 그 사유事由를 중서中書에 상달하면, 일이 큰 것은 군주에게 나아가 올려 성지聖旨를 받아 칙차勅劄를 내려 명을 펴서 지휘하고, 일이 작은 비장批狀(상급 관사에서 하급 관사에 답하는 공문)은 직접 본사本司와 본로本路의 본인에게 내린다. 그러므로 문서는 간결하고 빨라 일이 머물러 지체되는 것이 없다.[29]

총재의 임무는 큰일을 군주에게 상주하고, 작은 일은 직접 처리하는 것이다. "중서의 업무는 마땅히 맑아야 한다[中書之務當淸]."는 다음 항목의 세부적인 기술에서 볼 수 있듯이, "중서中書라는 곳은 왕의 정사가 나오고 천자가 재상과 함께 치도治道를 논하고 국가를 경륜하는 곳"으로서, "다른 소소한 작은 일들은 관계되는 곳이 아니다." 이 때문에 "옛날의 성인은 비록 일이 있어서 백관이 각기 혼잡해도, 중서의 업무는 분잡하게 하지 않았다."

---

29 『經濟文鑑』「相業」政事當出於中書, "內而百司 外而監司 各以其事由 一本作申 達於中書 事大則進呈取旨 降勅箚宣命指揮 事小則批狀直下本司本路本人 故文書簡徑 事無留滯矣."

정도전은 이뿐만 아니라 여타의 재상들, 그리고 간관, 위병, 감사, 수령 등에 이르기까지 다양한 관료들을 정치를 담당하는 중요한 정치행위자로 위치시켰다. 『경제문감』의 후서에서 정도전은 다음과 같이, 관료조직을 인체에 비유하고 있다.

> 임금은 원수元首이다. 재상은 임금을 위하여 가부를 결정하니 임금의 심복이며, 대간과 감사는 임금을 위하여 규찰糾察하니 임금의 이목耳目이다. 부府·위衛를 호위하는 것과 수령이 왕의 교화를 널리 전파하는 것은 임금의 조아爪牙(발톱과 어금니. 국가를 보필하는 신하의 비유)요 수족手足이 아닌가? 사람이 그 한 몸을 폐한다면 제대로 된 사람이 아니요, 국가가 그 한 관청을 폐한다면 제대로 된 국가가 아닐 것이다.[30]

재상, 대간과 감사, 위병과 수령은 모두 임금을 위해[爲君] 신체의 각 부분과 같이 기능을 담당하여 국가를 유지한다. 관직을 담당한 인물이 제대로 역할을 하지 못 한다면, 교체되어야만 할 것이다. 그러나 이러한 논리를 밀고 나가면, 군주 역시 '원수元首'로서 인체의 한 기관이기에 교체될 수도 있다.

정도전은 군주의 권한을 부정하지 않았다. 오히려 그의 저작은 폭력을 통해 탄생한 새로운 국가를 정당화하고 권력을 작동시키기 위해 쓰였다. 그러나 이것은 아이러니하게도 권력을 제한하는 논리로 연결될 수 있다.

---

[30] 『경제문감』 후서, "蓋君 原首也 宰相爲君可否 君之腹心也 臺諫監司爲君糾察 君之耳目也 府衛之捍衛 守令之承流宣化 非君之爪牙與手足乎 人而廢其一體則非人也 國而廢其一官則非國也."

참고문헌

『조선왕조실록』(태조, 태종, 세종, 선조, 연산군, 현종, 고종)
『삼봉집(三峰集)』,『경세대전서록(經世大典序錄)』

박영호, 2023, "삼봉 정도전 연구의 현황과 과제", 삼봉연구원·한국사상사학회 학술발표회 자료집.
송재혁, 2016, "정도전의 정치체제론: 서경의 정치이념과 왕권의 정상화", 고려대학교 박사학위 논문.
송재혁, 2022, "세종, 역사를 고치다: 세종 20년 신개(申槩)의 상소와 무인정변(戊寅政變)의 재구성",『한국정치연구』31(1).
스에마쓰 야스카즈(末松保和), 1942, "朝鮮經國典私考",『學叢』1.
스에마쓰 야스카즈(末松保和), 1951, "朝鮮經國典再考",『和田博士還曆記念東洋史論叢』.
아사미 린타로(淺見倫太郞), 1968,『조선법제사고(朝鮮法制史稿)』, 서울: 學文閣.
오용섭, 2011, "『삼봉집』의 간행과 편성",『서지학연구』48.
이종서, 2021, "조선초 정도전의 공적과 과오 규정",『역사와 현실』122.
정재훈, 2007, "정도전 연구의 회고와 새로운 사상사적 모색",『한국사상사학』28.
정지혜, 2009, "호암 문일평의 역사대중화 활동 연구", 동국대학교 교육대학원 석사학위 논문.
韓永愚, 1973,『鄭道傳思想의 硏究』, 서울: 서울大學校出版部.
한영우, 1983,『鄭道傳思想의 硏究』(개정판), 서울: 서울대학교출판부.
한영우, 1999,『왕조의 설계자 정도전』, 지식산업사.

국사편찬위원회『조선왕조실록』(http://sillok.history.go.kr)
동아디지털아카이브 (https://www.donga.com/archive/newslibrary)
조선 뉴스 라이브러리 100 (https://newslibrary.chosun.com)
한국고전종합DB 고전번역서『삼봉집(三峰集)』(http://db.itkc.or.kr)

2부

정도전의
현재화와
종로구의
비전

김영수/영남대학교
정호섭/고려대학교
박홍규/고려대학교

서울 종로구의 정체성과 비전
풍수지리적·역사문화적 정체성을 중심으로

김 영 수
영남대학교

이 글은 종로구의 정체성과 비전에 관련해 두 주제를 다루고자 한다: (1) 풍수지리적 정체성, (2) 역사문화적 정체성. 이를 검토하고, 이 정체성이 어떻게 비전으로 발전할 수 있는지, 종로구의 여러 헌장과 기관장의 구정 목표, 그리고 전통을 현대적으로 재해석함으로써 검토하고자 한다.

1. 예언된 땅 '서울-종로구': 명당에서 '헌법적 관습', '세계의 본'까지

「종로 구민 헌장」이 밝힌 종로구의 시원적 정체성은 "북악과 인왕의 정기를 이어받은 서울의 중심"[1]이다. 현대 지리학의 관점에서 보면, '북악과

---

[1] "종로 구민 헌장"(종로구청 홈페이지 https://www.jongno.go.kr/Main.do?menuId=1895&menuNo=1895).

인왕의 정기'란 인식의 오류이다. 산천에 무슨 정기精氣가 있겠는가? 하지만 한국인의 세계 인식에는 이런 형태의 암묵지暗默知(tacit knowledge)가 뿌리 깊이 존재한다. 그 암묵지가 풍수지리설이다.

〈자료 1〉 1990년 청와대에서 발견된 '천하제일복지' 각석刻石 (아시아경제 2022.05.20.)

서울은 일찍부터 한반도의 지정학에서 가장 중요한 지역이었다. 그 중요성은 자연지리적 관점뿐 아니라 풍수지리설에 의해 정당화되었다. 고려 숙종 원년(1096), 위위승동정衛尉丞同正 김위제는 "한강 북쪽에 왕업王業의 터를 잡으면 영원할 것이며, 온 천하가 와서 조공을 바칠 것이고, 왕족이 번창할 것이니, 실로 대단한 명당의 땅"이라고 주장했다. 이것이 역사서에 등장하는 최초의 남경 명당설이다. 그가 말한 한강 북쪽은 바로 삼각산 아래 조선왕조의 궁궐터로서, 지금은 종로구에 속한다.

남경 명당설의 근거는 신라말 도선국사道詵國師(827-898)의 『도선답산가道詵踏山歌』이다. 선종계 승려인 도선은 한국 풍수지리학의 비조로서, 전근대 지리학에서 절대적 권위를 가지고 있었다. 고려 시대에 풍수지리학은 단순한 지리학이 아니라 일종의 신비지神祕智(Gnosis, salvific knowledge)이자 제왕학이었다.

　김위제의 상소 이후, 남경은 한국 풍수지리설이 주장하는 최고 성지聖地로서 널리 인식되었다. 조선왕조는 이 주장을 적극 수용하여, 고려의 남경(조선 한양, 현 서울)에 도읍했다. 조선왕조의 건국자 이성계는 풍수지리설의 독실한 신자로서, 왕조의 정통성을 강화할 목적으로 남경 명당설을 실천으로 옮겼다. 이후 5백여 년간 서울은 왕조의 수도였다. 그 결과 '수도=서울'이란 의식이 오늘날 한국인의 '헌법적 관습'으로 인정되는 수준까지 뿌리내렸다.

　　우리 헌법전상으로는 '수도가 서울'이라는 명문의 조항이 존재하지 아니한다. 그러나 현재의 서울 지역이 수도인 것은 그 명칭상으로도 자명한 것으로서, 대한민국의 성립 이전부터 국민들이 이미 역사적, 전통적 사실로 의식적 혹은 무의식적으로 인식하고 있었으며, 대한민국의 건국에 즈음하여서도 국가의 기본구성에 관한 당연한 전제사실 내지 자명한 사실로서 아무런 의문도 제기될 수 없는 것이었다. 따라서 제헌헌법 등 우리 헌법제정의 시초부터 '서울에 수도(서울)를 둔다.'는 등의 동어반복적인 당연한 사실을 확인하는 헌법조항을 설치하는 것은 무의미하고 불필요한 것이었다. 서울이 바로 수도인 것은 국가생활의 오랜 전통과 관습에서 확고하게 형성된 자명한 사실 또는 전제된 사실로서 모든 국민이 우리나라의 국가구성에 관한 강제력 있는 법규범으로 인식하고 있는 것이다. … 서울이 수도라는 점은 우리의 제정헌법이 있기 전부터 전통적으로 존재하여 온 헌법적 관습이며, 우리 헌법조항에서 명문으로 밝힌 것은 아니지만 자명하고 헌법에 전제된 규범으로서, 관습헌법으로 성립된 불문헌법에 해당한다.[2]

풍수지리설에서 볼 때, 서울은 한반도의 중심이고, 종로구는 서울의 시원이다.³ 또한 장차 한국이 세계의 중심이 될 것을 예언한 '약속의 땅'이다. 「종로 구민 헌장」은 물론 제36대, 민선8기 정문헌 구청장의 취임사도 그런 취지를 담았다.

> 저는 종로구정의 새로운 비전으로 「미래문화의 산실産室, 세계의 본本이 되는 종로」를 제시하고자 합니다. … 종로가 우리나라 역사문화의 중심지라는 점은 누구나 다 아는 사실입니다. 우리 모두가 공감하는 이 분명한 역사와 전통을 토대로 미래지향적인 문화를 선도하는 새로운 종로를 만들어 가자는 것입니다. … 세계의 모범, 세계의 본本이 되는 종로를 만들어 가야 합니다. 오늘날 K-Pop, K-Drama는 세계의 본이 되어 세계 문화시장을 선도하고 있습니다. 이제 '종로 모델'을 세계의 본으로 키워야 합니다. … 세계 속의 무궁한 종로 발전을 위해, 종로 주민의 평안하고 윤택한 삶을 위해, 미래문화의 산실, 세계의 본이 되는 종로를 반드시 만들겠습니다.⁴

정 구청장은 첫째, 종로구의 정체성을 "우리나라 역사문화의 중심지"에서 찾고 있다. 둘째, '새로운 정체성(1)'로서 "미래지향적인 문화를 선도하는 새로운 종로"를 제시했다. 이를 통해 "과거, 현재, 그리고 미래가 한 데 어우러진 미래문화의 산실, 종로"를 만들자는 것이다. 셋째, '새로운 정체성(2)'로

---

2 헌법재판소, 「신행정수도의건설을위한특별조치법 위헌확인」[전원재판부 2004헌마554, 2004.10.21.].
3 세종로 네거리 동북에 도로원표가 있다. 전국 이정표는 이 도로원표를 기점으로 하고 있다.
4 제36대 종로구청장 정문헌 취임사(2022.7.1.).

서 "여타 도시는 물론 세계의 모범, 세계의 본本이 되는 종로"를 제시했다.

종로구의 정체성에 대한 정 구청장의 생각은 「종로 구민 헌장」에 기초해 '과거-현재-미래'로 시간적 확장을, '종로-한국-세계'로 공간적 확장을 제시한 것이다. 새로운 정체성은 비전이기도 하다. 요컨대 종로구에 내장된 역사문화를 살리고, 그를 바탕으로 현재·미래 문화를 창조하고, K-컬처K-culture처럼 세계문화의 본이 되는 '종로 모델'을 만들자는 것이다. 야심찬 비전이지만, 허황된 희망은 아니다. "오늘날 K-Pop, K-Drama는 세계의 본이 되어 세계 문화시장을 선도하고 있"기 때문이다. 그렇다면 "이제 '종로 모델'을 세계의 본으로 키"우는 것도 가능하다.

2. '서울-종로구'의 풍수지리적 정체성

1) 고려의 풍수지리설과 남경(서울-종로구) 명당설

서울은 지리상 한반도의 중심에 위치한다. 넓은 분지에 한강이 흐르고, 중국행 최단 해상항로와 연결된다. 근대 이전에는 중국과의 연결이 정치적으로나 경제적으로 매우 중요했다. 서울은 수도에 적합한 요건을 두루 갖췄다. 서울은 백제와 조선의 수도였고, 고려의 세 중심지인 삼경三京 중 하나인 남경南京이었다.

역사적으로 서울에 수도를 둔 것은 백제가 처음이다. 기원전 18년, 백제는 한강 변의 위례성에서 개국했다. 이후 475년 고구려 장수왕의 공격으로 함락될 때까지, 위례성은 500여 년간 백제의 수도였다. 지역적으로 풍납토성, 오늘날 송파구에 속한다.

종로구가 서울의 핵심지역이 된 것은 고려 때였다. 고려는 1067년(문종 21) 양주楊州에 남경을 설치했다. 이듬해 궁궐을 세운 곳이 한양, 지금의 종로구에 속한다. 백제의 풍납토성은 군사적 방어와 농경을 위한 최적지로서, 물리적 선택이었다. 하지만 고려의 남경은 이론적 선택이었다. 그 이론이 풍수지리설로서, 지리에 대한 추상적 인식이 등장한 것이다.

고려의 삼경은 풍수지리 사상의 산물이었다. 도선국사의 『도선기道詵記』는 삼경을 이렇게 기술하고 있다.

> 고려 땅에 삼경이 있다. 송악宋岳이 중경이 되고, 목멱양木覓壤은 남경이 되며, 평양이 서경이 된다. 왕이 11·12·1·2월에는 중경에 거하고, 3·4·5·6월에는 남경에 머물고, 7·8·9·10월에는 서경에 머물면 36국國이 조공朝貢하리라.[5]

이 설명을 보면, 먼저 한반도 전체에 대한 지리적 인식이 확립된 것을 알 수 있다. 또한 지리를 지덕地德의 관점에서 파악하고, 이를 다시 왕조의 존속과 번영이라는 정치적 관점과 연결시키고 있다. 풍수지리설에 따르면, 한반도의 지덕地德은 개경(개성), 서경(평양), 남경(서울)에 집중되어 있다. 그래서 고려왕조의 왕은 지덕의 위력을 받기 위해, 연중 4개월씩 차례대로 삼경에 머물러야 한다. 그러면 고려는 36개국으로부터 조공을 받는 천자국이 된다고 예언한다. 이 설명에는 지리, 지덕, 계절, 왕조, 조공, 천자, 예언 등 다양한 관념과 사상이 복합되어 있다. 요약하면 천문지리와 왕조정치라는 전근대의 과학과 정치학이 융합된 예언론이다.

---

[5] 『高麗史』 列傳 35, 金謂磾.

풍수지리설은 복합적 관념의 산물이다. 먼저 땅에 지력地力이 있고, 지력이 인간의 길흉화복을 결정한다는 이론이자 신앙이다. 인문지리학과 음양오행설이 융합되고, 인간의 운명론[圖讖說]이 덧붙여졌다. 결론적으로는 산수의 형세와 방위 등에 의존해 인간의 운명을 개선하려는 일종의 공리화복설이다. 초기에는 지형地形을 동식물의 모양에 비유해 이해하는 유물론적類物論的 견해에 머물렀다. 하지만 관념이 발달하면서 복잡한 형이상학으로 체계화되었다.

고려왕조의 국가 이데올로기는 불교이다. 하지만 풍수지리설도 불교만큼 강력한 이데올로기였다. 풍수지리설은 또한 불교와 결합되었다. 한국 풍수지리설의 비조가 승려 도선이다. 도선은 신라말 당에 유학하여 중국 밀교의 고승 일행一行의 지리법을 배워왔다고 한다.[6] 이 무렵 지방의 호족세력들에게 명당明堂은 정치적 정통성의 중요한 근거였다. 신라의 수도 경주는 불국토로서 정당화되었는데, 풍수지리설에 따르면 지방에도 경주에 필적하는 명당이 존재했다. 즉, 풍수지리설은 단순한 자연신앙을 넘어 심대한 정치적 힘을 발휘하는 정치 이데올로기였다.

태조 왕건도 풍수지리설의 진지한 신봉자였다.[7] 왕건은 유언「훈요십조訓要十條」제2조에서 다음과 같이 말했다.

---

[6] 서윤길은 "道詵 사상의 본질은 禪에 있었고, 그의 補備寺塔思想은 음양오행이나 도참이라기보다는 밀교에서 그 사상적 연원을 찾아야 한다"고 본다. 왜냐하면 밀교는 수행의 완성을 위해 택지(擇地)를 중시하고, 또 당시 선종에 대한 거부감을 해소하기 위해 사상 종합운동의 방법으로서 밀교를 선택했다고 보기 때문이다(서윤길, 1993, 『高麗密教思想史研究』, 서울: 불광출판부). 불교와 샤머니즘의 결합도 일반적이다. 불교 사찰의 칠성각이나 삼신각, 명부전이 그 사례이다.

[7] 한정수, 2019, "고려 태조 왕건과 풍수도참의 활용", 『한국사상사학』 63.

모든 사원은 다 도선이 산수의 순역順逆을 점쳐서 개창한 것이다. 도선이 「내가 점정占定한 외에 함부로 더 창건하면 지덕地德을 해쳐서 왕업이 길지 못할 것이다」라고 하였다. 짐은 후세의 국왕, 공후公侯, 후비后妃, 조신들이 각각 원당願堂이라 칭하고 혹 더 창건한다면, 크게 우환이 될 것이라 생각한다. 신라말에 사탑寺塔을 다투어 짓더니, 지덕을 쇠약하게 하여 망하기에 이르렀으니 경계하지 않을 수 있는가.[8]

이처럼 왕건은 신라 멸망의 원인을 '지덕地德'의 쇠퇴에서 찾았다. 풍수지리설이 국가의 흥망을 설명할 수 있는 핵심 이론이라고 생각한 것이다. 민심을 잃거나 폭정 때문에 나라가 망한다고 보는 김부식의 『삼국사기』와는 생각이 다르다.

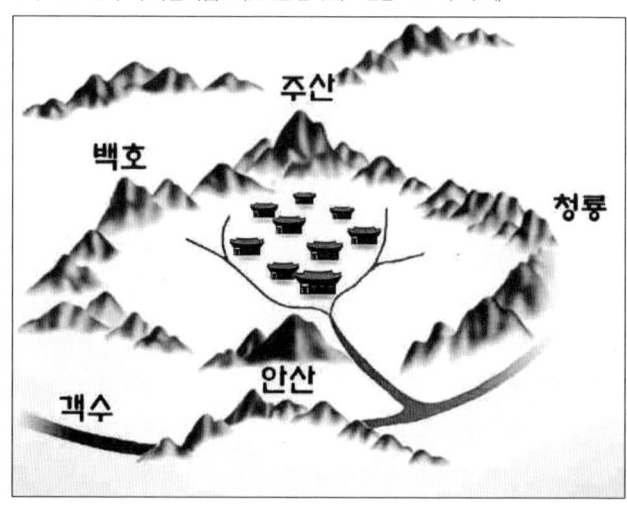

〈자료 2〉 풍수의 기본개념도 (김기훈 천지인, 조선일보 2021.04.03.)

---

8   『高麗史』世家, 太祖 26年 4月.

사탑이나 원당의 남설이 지덕이 쇠퇴한 원인이라는 견해도 독특하다. 이 견해는 이른바 도선의 비보사탑설神補寺塔說이다.

> 비보란 부족한 부분을 채운다는 의미로, 풍수에서 지기가 부족한 부분에 여러 조치를 취하여 취약한 부분을 없애거나 명당으로 만드는 일련의 방법을 말한다. … 도선은 국토에 대한 각종 비기秘記와 답산가踏山歌를 남기며 산천의 형세를 유기적으로 파악하여, 땅에 순역이 있고 강약이 있다고 보았다. 사람에게 병이 들면 그 혈맥血脈을 찾아 침을 놓고 뜸을 떠서 병을 고치는 것처럼, 산천에도 병이 들면 지정한 곳에 사원을 짓거나 불상, 탑, 부도 등을 세우면 병을 고칠 수 있다고 주장했다.[9]

고려왕조는 도선을 국가의 정신적 사표로 보았다. 그래서 그를 '지리국사地理國師'로 봉하고, 불교의 원효, 유교의 설총 및 최치원과 동렬에 놓았다. 그중에서도 도선은 고려 정치가들에 의해 가장 빈번히 거론된 인물이었다. 그의 저작으로 알려진 책들은 중요한 정치적 결정 때마다 자주 인용되었다.[10] 고려 지배층은 도선의 저작에 정통했고, 중요한 정치적 결정 때 판단 기준으로 사용했다.

고려왕조의 탄생을 설명하는 이론도 풍수지리설이다. 『고려사』는 태조 왕건의 세계世系에 대한 스토리로부터 시작된다. 여기서 왕건의 탄생과 건국을 예언한 게 바로 도선이었다.

---

[9] 비보사찰. 『위키실록사전』 https://dh.aks.ac.kr/sillokwiki 2024.10.10. 검색.

[10] 공민왕 16년, 주요한 정치가들이 모여 신돈을 제거하고자 했을 때도 그랬다: "『도선밀기(道詵密記)』에, 승(僧)도 아니요 속(俗)도 아닌 자가 정사를 문란케 하고 나라를 망친다는 말이 있는데, 반드시 이 사람이다. 장차 국가의 큰 환이 될 것이니, 마땅히 왕께 사뢰어 빨리 이를 제거해야 한다."(『高麗史』 列傳 45, 辛旽).

〈자료 3〉 도선국사 진영 (나무위키)

　　도선이 … 세조世祖(왕건의 아버지)의 새 저택을 보고, "메기장穄을 심어야 할 땅에다 어찌 삼麻을 심었는가"라고 말했다. … 세조가 … 함께 곡령에 올라가 산수의 맥을 추려보며, 위로는 천문을 보고 아래로는 시수時數를 살피어 말하기를, "이 지맥이 북방의 백두산 수모목간水母木幹으로부터 시작하여 마두명당馬頭明堂에 떨어졌는데, 그대는 또한 수명水命이니, 마땅히 수水의 대수大數를 따라 육육六六으로 지어 36구區로 하면, 천지의 대수에 부응하여 내년에는 반드시 귀한 아들을 낳을 것이니, 마땅히 왕건이라고 이름하라"고 하였다. 봉투를 만들어 그 표지에, "삼가 글월을 받들어 백 번 절하고, 미래에 삼한을 통합할 임금이신 대원군자大原君子에게 올리나이다"라고 썼다.[11]

11　『高麗史』世系, 作帝建.

고려왕조가 탄생하는 운명적 필연성은 이처럼 풍수지리설에 의해 정당화되었다. 왕건이 후삼국을 통일하고 왕조를 세운 것은 명당에서 태어났기 때문이라는 것이다. 그곳이 바로 백두산에서 발원하는 한반도의 지덕이 응결된 개경 마두명당이다. 송악산 아래 고려의 궁궐터 만월대가 그곳이다.

〈자료 4〉 개경성의 구조

도선은 제왕학에도 통달했다. 고려말 민지閔漬의 『본국편년강목本國編年綱目』에 따르면, 왕건이 17세가 되자 도선이 찾아와, "당신은 백육百六의 운에 응하여 천부天府의 명허名墟에 탄생하였으니, 삼계三季의 창생蒼生이 그대의 홍제弘濟를 기다립니다"라고 말했다. 왕건이 난세를 구하는 메시아라는 것이다. 도선은 왕건에게 군대를 통솔하고 진치는 법[出師置陣], 지리와 천시를 아는 법, 산천에 제사지내 그 도움에 감응하는 이치 등을 가르쳤다. 군사학과 신비지神秘知, 감응법을 전수한 것이다. 요컨대 풍수설은 고려왕조의 운명적 탄생을 장식하는 아우라로서, 고려왕조의 정치적·정신적 심연을 이루고 있었다.

2) 조선왕조의 풍수지리설과 한양(서울-종로구) 천도

도선의 저술로 전해지는 『답산가踏山歌』에 따르면 수도 개성의 지기는 약 100여 년 정도였다. 또 『도선기道詵記』에는 개국 160년 후 한양으로 천도한다고 하였다. 그래서 3대 정종定宗 때부터 이미 천도론이 나왔다. 묘청의 난은 천도론이 야기한 가장 극적인 정변이었다. 남경 천도론에 관해 『고려사』에 기술된 가장 상세한 논의는 숙종대 김위제金謂磾의 상소이다. 도선의 풍수지리학을 공부한 그의 남경 천도론은 이렇다.

> 신이 또한 「도선답산가」를 가만히 보니 이르기를, "송성松城이 쇠락한 뒤 어느 곳으로 향한 것인가. 삼동三冬에는 해 뜨는 평양이 있도다. 후대의 현사가 대정大井을 열매 한강의 어룡魚龍이 사해에 통하도다 … 송악산은 진한, 마한의 주主가 되나니, 아아 누구의 대에 시종됨을 알리요. 화근花根이 세열細劣하고 지엽枝葉이 그러하니 겨우 백년의 기약이라, 어찌 파괴하지 않으리오. 그 뒤에 새 화세花勢를 찾고자 하여 나가 양강陽江을 건너면 헛되이 왔다 갔다 할 뿐이네. 사해의 신어神魚가 한강漢江에 조회朝會하므로 나라가 태평하고 백성이 편안하여 태평성대를 이루리라."고 하였습니다. 그러므로 한강 북쪽에 왕업王業의 터를 잡으면 영원할 것이며, 온 천하가 와서 조공을 바칠 것이고, 왕족이 번창할 것이니, 실로 대단한 명당의 땅이라고 할 것입니다.[12]

---

12 『高麗史』列傳 35, 金謂磾.

김위제는 도선의 이 천도론이 "실로 사직 흥쇠에 관련되는 것"이라고 역설했다. 풍수지리설은 실제로 고려왕조의 창업과 수도를 예언했고, 그대로 실현되었다. 놀랍게도 조선왕조의 창업과 수도도 예언했다. 도선은 개경이 왕씨의 도읍지라면, 남경은 이씨의 도읍지라고 예언했다. 조선 태종대의 풍수학자 윤신달의 주장을 보자.

> 이 땅은 참서讖書로 고찰한다면, 왕씨王氏의 5백 년 뒤에 이씨李氏가 나온다는 곳입니다. 이 말은 이미 허망하지 않았으니, 그 책은 심히 믿을 만합니다. 이씨가 나오면, 삼각산 남쪽에 도읍을 만들고 반드시 북대로北大路를 막을 것이라는데, 지금 무악毋岳은 북쪽으로 대로大路가 있으니 그 참서讖書와 바로 합치합니다.[13]

그런데 도선의 참서가 지목한 곳은 현재의 조선 궁궐터가 아닌 무악毋岳, 지금의 연세대학교 일대이다. 그런데 도선이 현재의 경복궁터를 명당으로 보았다는 주장도 있다. 고려 숙종대의 일관日官 최사추崔思諏의 견해를 보자.

> '오직 삼각산 면악面嶽 남쪽의 산수 형세가 옛 문헌의 기록에 부합되오니 청컨대 삼각산 주룡의 중심 지점인 남향관에 그 지형대로 도읍을 건설하소서!'라고 하니 왕이 좋다고 하였다. … '남경을 새로 건설하는 데는 … 동으로는 대봉大峯까지, 남으로는 사리沙里까지, 서로는 기봉岐峯까지, 북으로는 면악面嶽까지를 경계로 삼으소서!'라고 하였다.[14]

---

13 『太宗實錄』太宗 4年 10月 4日.
14 『高麗史』世家, 肅宗 7年 3月.

면악은 지금의 북악산이다. 고려의 남경 행궁 터는 경복궁 향원지 서쪽 언덕으로 추정된다.[15] 어쨌든 고려왕조 개국 100년 뒤는 개경의 왕기가 쇠퇴하고, 왕조를 연장하려면 남경으로 천도해야 한다는 주장이 폭넓게 수용되었다. 천도는 어려웠기 때문에, 그 대안으로 행궁을 짓고 왕이 일정 기간 거주하거나, 왕을 대신해 어의나 태조의 영정을 봉안했다.

> 가을 7월 갑자 내시內侍 이백전李白全을 보내 어의御衣를 남경 가궐假闕에 봉안奉安하였다. 어떤 중이 도참圖讖에 의거해, "… 옛 양주楊州 땅에 만약 궁궐을 짓고 임금이 거처하시면 국운[國祚]이 가히 800년까지 연장될 것입니다."라고 하여, 이런 명령이 있었다.[16]

> 태조의 초상[神御]를 받들어 남경 새 궁궐로 옮겨 봉안하였다.[17]

조선 건국 후 태조 이성계도 풍수지리설에 따라 천도를 단행했다. 이성계는 1392년 7월 17일 즉위했다. 그런데 불과 한 달도 안 된 8월 13일, 한양 천도를 명했다. 대부분의 신하들은 천도를 꺼렸다. 하지만 이성계의 의지는 확고했다. 그는 "천도는 세가대족이 모두 꺼려서, 막으려고 한다. … 경들도 역시 하고 싶지 않을 것이다. 예로부터 역성혁명을 한 군주는 반드시 도읍을 바꾼다."고 역설했다.

그런데 천도지가 갑자기 계룡산으로 바뀌었다. 태실증고사 권중화權仲和

---

15 이종묵, 2006, 『조선의 문화공간1: 조선초기 - 태평성세와 그 균열』, 서울: 휴머니스트, 61쪽.
16 『高麗史』世家, 高宗 21년 7월.
17 『高麗史』世家, 高宗 22년 2월 19일.

는 태실을 조사하러 전국을 답사한 듯하다. 그런데 답사에서 돌아와 "전라도 진동현珍同縣에서 길지吉地를 살펴 찾았다."고 보고하고, '산수형세도'와 '계룡산도읍지도'를 바쳤다.[18] 그래서 갑자기 천도지가 바뀌었다. 도선의 풍수도참서는 남경이 이씨의 왕도라고 예언했지만, 이성계 자신은 이에 구애되지 않은 것이다.

그러나 경기도관찰사 하륜이 계룡산에 반대했다. 이때는 이미 10개월 여 공사가 진척된 후였으므로, 정치생명을 건 모험이었다.

> 도읍은 마땅히 나라의 중앙에 있어야 될 것이온데, 계룡산은 지대가 남쪽에 치우쳐서 동면·서면·북면과는 서로 멀리 떨어져 있습니다. 또 신이 일찍이 신의 아버지를 장사하면서 풍수 관계의 여러 서적을 대강 열람했사온데, 지금 듣건대 계룡산의 땅은, 산은 건방乾方에서 오고 물은 손방巽方에서 흘러간다 하오니, 이것은 송나라 호순신胡舜臣이 이른 바, '물이 장생長生을 파破하여 쇠패衰敗가 곧 닥치는 땅'이므로, 도읍을 건설하는 데는 적당하지 못합니다.[19]

그의 반대 이유는 두 가지였다. 첫째, 계룡산은 지리적으로 나라의 중앙이 아니고, 남쪽에 치우쳤다는 것이다. 둘째, 호순신胡舜臣의 풍수지리 이론상 흉지라는 것이다. 그래서 판문하부사 권중화, 판삼사사 정도전, 판중추원사 남재에게 하륜과 함께 고려왕조의 역대 사례를 구체적으로 검토하도록 했다. 하륜의 지적이 옳다는 결론이 났다. 그래서 이성계는 하륜에게 고려 서운관에 보관된 모든 비록秘錄 문서를 주고, 새 천도지를 물색토록 했다.

---

18 『太祖實錄』太祖 2년 1월 2일.
19 『太祖實錄』太祖 2년 12월 11일.

그러나 남경의 무악과 한양을 둘러싸고 의견이 엇갈려, 큰 혼란이 야기되었다. 그래서 이성계는 조정의 원로 좌시중 조준, 우시중 김사형에게 최종 선택을 당부했다.

> 서운관이 전조 말기에 송도의 지덕이 이미 쇠했다 하고 여러 번 상서하여 한양漢陽으로 도읍을 옮기자고 하였었다. 근래에는 계룡산이 도읍할 만한 땅이라고 하므로 민중을 동원하여 공사를 일으키고 백성들을 괴롭혔는데, 이제 또 여기가 도읍할 만한 곳이라 하여 와서 보니, 한우 등의 말이 좋지 못하다 하고, 도리어 송도 명당이 좋다고 하면서 서로 논쟁을 하여 국가를 속이니, 이것은 일찍이 징계하지 않은 까닭이다. 경 등이 서운관 관리로 하여금 각각 도읍될 만한 곳을 말해서 알리게 하라.[20]

하륜의 결론은 남경의 무악이었다.

> 우리나라 옛 도읍으로 국가를 오래 유지한 것은 계림과 평양뿐입니다. 무악의 국세局勢가 비록 낮고 좁다 하더라도, 계림과 평양에 비하여 궁궐의 터가 실로 넓고, 더구나 나라의 중앙에 있어 조운이 통하며, 안팎으로 둘러싸인 산과 물이 또한 증빙할 만하여, 우리나라 전현前賢의 비기秘記에 대부분 서로 부합되는 것입니다. 또 중국의 지리에 대한 제가諸家들의 산과 물이 안으로 모여든다는 설과도 서로 가까우므로, 전일 면대하여 물으실 때에 자세히 말씀드렸습니다. 삼가 생각하옵건대, 임금이 일어남에는 스스로 천명天命을 갖고 있는 것이나, 도읍을 정하는 일은 경솔하게 논의할 수 없는 것입니다. 만약 한때의 인심에 순응하여 민폐를 덜려면 송도에 그대로 있을 것이요, 전현의 말씀에 의하여 만세의 터전

---

20 『太祖實錄』太祖 3年 8月 1일.

을 세우려면 이보다 나은 곳이 없습니다."²¹

하지만 현지답사를 한 영삼사사 권중화, 좌시중 조준은 무악에 반대했다. 도읍지로서 땅이 좁다는 것이다. 하륜의 상소 다음날 이성계는 직접 신하들과 남경의 옛 궁궐터를 살피고, 산세를 관망했다. 이성계는 "이제 이곳의 형세를 보니, 왕도가 될 만한 곳이다. 더욱이 조운하는 배가 통하고 〈사방의〉 이수里數도 고르니, 백성들에게도 편리할 것이다."²²라고 최종 결론을 내렸다. 무학대사도 "여기는 사면이 높고 수려하며 중앙이 평평하니, 성을 쌓아 도읍을 정할 만하다."고 찬성했다. 이곳이 청와대와 조선 왕궁을 포함한 종로구 일대이다.

3) 유교의 풍수지리설 비판과 실용주의적 옹호: 정도전과 세종의 사례

한양 천도론에서 판삼사사 정도전의 견해는 특이하다. 그는 유교의 입장에서 풍수지리설을 비판했다. 그는 첫째, 풍수지리설은 '음양술수의 학설[陰陽術數之說]'인데, 모든 천도론이 이 학설에서 벗어나지 못했다고 비판했다. 둘째, 중국 역사를 고찰해 보면, "〈국가의〉 치란은 사람에게 있는 것이지 지리의 성쇠盛衰에 있는 것이 아님을 알 수 있다."고 주장했다. 셋째, 역대 중국 왕조들이 몇 개의 도읍지만 함께 이용한 것을 볼 때, 지리상 "제왕의 도읍한 곳은 자연히 정해 좋은 곳이 있고, 술수로 헤아려서 얻는 것이 아니다."라고 주장했다. 넷째, 이상의 관점에서 볼 때, 한반도 역대 왕조의 도읍

---

21 『太祖實錄』太祖 3년 8월 12일.
22 『太祖實錄』太祖 3年 8월 13일.

도 계림(경주), 완산(전주), 평양, 송경뿐이고, 그중 지리상 중앙인 곳은 송경뿐이라고 결론지었다. 다섯째, 개국 뒤 나라의 터전이 아직 허약하므로, 천시와 인사를 살피고 적시를 기다려 천도하는 것이 만전의 계책이라고 주장했다. 천도는 시기상조라는 것이다. 여섯째, 지금 천도론자들은 확신이 있는 게 아니라 단지 고인의 풍수지리설에 따른 것뿐이므로, 차라리 유학자를 믿는 게 낫다고 주장했다. 그의 최종 결론은 "인사를 다한 뒤 점을 쳐 결정하면 불길하지 않다[人事盡, 然後稽之卜筮, 動罔不吉]"는 것이었다.[23]

〈자료 5〉 한양도성과 무악도성의 비교
(지종학·박종민, "조선초 하륜의 무악산 궁궐터에 대한 풍수지리적 해석", 『동북아문화연구』 51, 2017, p. 8.)

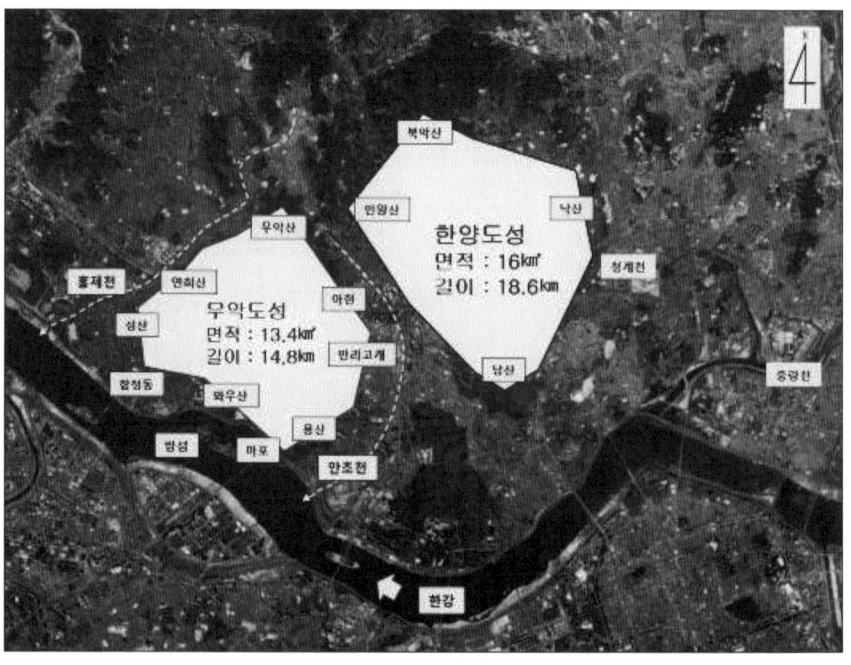

---
[23] 『太祖實錄』太祖 3년 8월 12일.

정도전의 인식은 기본적으로 『서경書經』에 기초한 것이자, 성리학의 기본적 입장이다. 불력佛力이나 지력地力을 빌려 개인이나 국가의 문제를 해결할 수 있다는 주장이나 이론을 일종의 술수로 보는 것이다. 주자는 맹자 이후 학문의 진정한 가르침이 사라졌다고 보았다. 그 결과 기송사장記誦詞章 유교, 이단허무적멸의 불교와 도교, 권모술수, 공명지설功名之說 같은 네 가지 나쁜 사조가 나타났다고 주장했다.[24] 정도전은 풍수지리설을 술수로 보았다. 성리학의 입장에 따르면, 문제에 대한 진정한 해결책은 술수보다 사람이 해야 할 일을 다하는 것이다. 하지만 인간의 한계도 인정한다. 그래서 인사를 다 하고도 의심이 있으면, 점을 쳐 결정한다는 것이다.

한양 천도론을 놓고, 정도전은 무학대사의 견해도 비판했다. 역대 야사와 소문을 모은 차천로의 『오산설림초고五山說林草藁』에 그 기록이 있다. 이성계가 무학대사에게 천도지를 묻자, 그는 "바로 한양을 점쳐 말하기를, '인왕산을 진산鎭山으로 삼고, 백악白岳과 남산을 청룡과 백호로 삼으시오.' 하였다." 지금의 동대문 방향으로 궁궐을 세우자는 것이다. 하지만 정도전은 "예로부터 '제왕은 모두 남면南面하고 다스렸다.'는 말은 들었어도 동향東向하였다는 말은 듣지 못하였다."고 반대했다. 현재의 경복궁처럼 궁궐은 남쪽을 향해야 한다는 것이다.[25] 남면은 유교의 입장이다.

정도전의 반대에 무학대사는 "내 말을 듣지 아니하면, 2백 년을 지나서 내 말을 생각할 것이다."라고 말했다. 동쪽으로부터의 사변, 즉 임진왜란을

---

[24] 朱熹,「大學章句序」.
[25] 야사에 따르면, 무학대사는 풍수에도 정통했다. 아버지 이자춘이 죽었을 때, 젊은 이성계는 나옹화상과 무학대사에게 좋은 장지를 부탁했다. 그들은 왕후가 탄생할 곳을 알려주었다. 무학대사는 이성계의 장지인 건원릉 터도 알려줬다(『五山說林草藁』).

예언한 것이다. 차천로는 유학자지만, 풍수지리설을 옹호하고 정도전을 비판했다.

『산수비기山水祕記』를 보면, "도읍을 선택하는 자가 만일 중의 말을 믿게 되면 약간 오래 갈 희망이 있고, 정가鄭哥 사람이 나와 시비를 하게 되면 5대를 가지 못하여 자리다툼의 화가 생기고, 2백 년이 못 가서 나라가 어지러워 흔들리는 난이 날 것이니 조심조심 하라." 고 하였는데, 『산수비기』는 바로 신라의 고승 의상대사義相大師가 지은 것으로, 8백 년 뒤의 일을 미리 알아 착착 들어맞혔으니, 어찌 성승聖僧이 아니겠는가. 이제 와서 보면, 『비기』에서 이른바 중이란 무학을 말함이요, 이른바 정가 사람이란 바로 정도전을 말함이다. 무학도 또한 우리나라 일을 불을 봄과 같이 밝게 알았으니, 또한 신승神僧이라 할 만하다.²⁶

풍수지리설과 유학의 세계관은 대립적이다. 그 투쟁은 고려대부터 존재했다. 고려 성종대의 유학자 최승로는 「시무28조時務二十八條」에서 풍수지리설을 비판했다. 그는 고려 정종定宗 만년의 정치가 서경 천도에 대한 집착 때문에 실패했다고 비판했다.

정종이 형제로서 대통을 이어 밤낮으로 부지런히 애써 다스림을 구하고, 혹은 촛불을 밝히고 신하를 인견하고, 혹은 식사를 늦추면서 모든 정사를 보살피니, 그 때문에 즉위 초는 사람들이 서로 경하하였습니다. 그러나 잘못 도참을 믿음에 이르러 도읍을 옮길 것을 결의하고, 또 천성이 강의하여 고집을 굽히지 않아, 함부로 징발하여 역사를 일으키고 인부를 노동시키니, 비록 임금의 뜻은 그러하였으나 군정群情이 복종하지 않아,

---

26 『五山說林草藁』.

원성이 이로 말미암아 일어나고 재앙이 메아리치듯 빨리 뒤따라 생겨서, 서경西京으로 천도도 하지 못하고 세상을 떠났으니, 진실로 통탄할 일입니다.[27]

최승로는 만약 왕이 천도보다 선정을 위해 노력했다면, "복은 구하지 않아도 스스로 이르고, 재앙은 기도하지 않아도 스스로 소멸할 것이니, 성수聖壽가 어찌 만년이나 가지 않으며 왕업王業이 어찌 백세에 그치겠습니까"라고 주장했다.[28]

풍수지리설과 유학의 투쟁은 정치적 충돌로까지 비화되었다. 그 극단적 사건이 묘청의 난이다. 묘청이 서경 천도를 주장하자, 유학자 김부식은 최승로와 같은 이유로 반대했다. 묘청의 난이 진압된 후 김부식은 『삼국사기』를 저술했다. 그 목적은 국가의 통치에서 풍수지리설 같은 술수의 학을 배척하고 선정善政의 중요성을 강조하려는 것이었다. 그러나 풍수지리설은 고려왕조 끝까지 강력한 영향력을 유지했다.

유교와 풍수지리설은 공존할 수 없는가? 세종대의 유교와 풍수지리설 논쟁을 보자. 이 논쟁은 지관地官 최양선이 세종 12년 태종의 헌릉獻陵, 15년 경복궁에 대한 풍수지리적 이견을 제시하면서 시작되었다. 그는 헌릉 고갯길에 사람이 다니는 것을 막고, 경복궁보다 승문원 자리가 명당이므로 이궐하자고 주장하였다. 이에 세종은 "무식한 나무꾼 말도 성인이 가려듣는데, 나무꾼보다는 양선이 나을 것"이라며, 왕이 직접 풍수지리설을 공부하겠다고 말했다.

---

[27] 『高麗史』列傳 6, 崔承老.
[28] 『高麗史』列傳 6, 崔承老.

지금 헌릉 내맥來脈의 길 막는 일에 있어서 이양달과 최양선 등이 각기 제가 옳다고 고집하여 분분하게 굴어 정하지 못하고 있다. 나 역시 그런 이치를 알지 못하기 때문에 그 시비를 결단하지 못하겠다. 장차 집현전의 유신들을 데리고 이양달과 함께 날마다 그 이치를 강론하겠다. 지리에 밝은 자를 널리 선택하여서 보고하게 하라.[29]

세종의 결정에 예조좌참판 권도가 반대했다. 공자와 주자가 풍수지리설을 언급한 적이 없고, 주자는 택지에 반대했다는 이유였다.

신은 풍수설이 누구에게서 나왔는지 알지 못하오나, 그 감응의 길흉이 과연 말한 바와 같습니다. 그리고 국가의 이해에 관계됨이 그렇게 중대하다면, 주공과 공자의 나라를 근심하고 세상을 걱정하는 지극한 마음으로써 어찌 한 마디도 이에 대한 언급이 없었겠습니까. 처음 이 학설을 시작한 자가 과연 주공이나 공자보다 나은 사람이겠습니까. 사마온공司馬溫公이나 주문공朱文公도 역시 큰 현인이온데, 장지葬地를 택한다는 말을 온공이 그 옳지 않음을 극력 논하였습니다. 문공도 역시 그렇게 여겼으니, 이것은 반드시 본 바가 있어서일 것입니다.[30]

권도의 결론은 크게 두 가지이다: (1) 당 태종의 말대로, '하늘 아래 사는 자는 오직 모름지기 몸을 바르게 하고 덕을 닦을 뿐이요, 그 밖의 헛된 일은 생각에 둘 것이 못 된다[居天下者, 唯須正身修德而已, 此外虛事, 不足在懷].' (2) 국가의 안정은 이런 잡술이 아니라, "육경六經을 높이시고 백가百家를 물리쳐서, 마음과 학술을 바르게 하고 간사함과 정대함을 분변"하게 하면 된다. 요컨

---

29 『世宗實錄』世宗 15년 7月 7日.
30 『世宗實錄』世宗 15년 7月 15日.

대 국가의 운명은 신비한 힘이 아니라 인간의 인격적 함양에 좌우될 뿐이라는 것이다.

성리학은 풍수학을 수용할 수 없다. 신비력이 아닌 인간의 수양과 덕만이 운명을 결정하며, 어떤 운명이 닥쳐도 참된 길을 가야 한다고 보기 때문이다. 풍수학은 정도가 아닌 길흉을 말할 뿐이다. 성리학이 볼 때, 그것은 '공리주의'일 뿐이며, 국가의 정신과 안위에 아무 도움이 되지 않는다.

권도의 비판에 대해 세종은 풍수지리학을 간접적으로 옹호했다: (1) 자신은 풍수학을 믿지 않는다. (2) 그러나 "지리의 서적을 가지고 믿을 것이 못 된다 함은 내가 수긍할 수 없다. 지리의 서적이 정통인 경서가 아니어서 간혹 허황하고 망령됨이 있지만 아주 버릴 수는 없는 것이다." "지리서에 이르기를, '본줄기 내룡[幹龍]에 자리 잡으면 곁가지 내룡[枝龍]이 끊어지고, 곁가지 내룡에 자리 잡으면 원기가 끊어진다.'고 하였는데, 이 말이 혹 그럴 듯하기도 하다." (3) 풍수학은 논리적 문제가 아니라 실제적 문제이다. "태종께서 일찍이 말씀하시기를, '지리를 쓰지 않는다면 몰라도, 만일 그것을 쓴다면 정밀히 하여야 한다.'"고 했다. (4) 오늘날 조선의 국가이념과 생활감정은 분리되어 있다. 일례로 죽은 좌의정 유정현은 왕실의 불교행사 중지를 청했지만, 그가 "임종할 때 부처에게 공양하고, 중에게 재 올리는 비용을 그 아들 유장柳璋에게 부탁하여 거의 5천여 섬이나 들였으므로, 사람들이 모두 비웃었다. 요새 조정에 들어와서는 귀신 제사를 금하자고 말하고, 집에 물러가서는 귀신 제사에 고혹한 자가 매우 많다."

세종은 조선의 이념 공간이 좀 더 개방적이어야 한다고 보았다. 성리학만 옳다는 배타적 '정통주의'를 넘어서려 했던 것이다. 그래서 풍수학은 수준이 낮고 오류가 있지만 일말의 진리를 가지고 있고, 또한 실제적 문제를 다루고 있다고 보았다. 그러므로 풍수학의 원리를 잘 이해하여 현실에서 적절히 사용하는 것이 필요하다고 생각했다. 따라서 "설사 집현전에서 풍수학을 강습하는 것은 그르다 할지라도, 풍수학을 강명하는 것이 어찌 유자儒者의 분수 밖의 일이라 할 것인가."[31]라고 주장했다.

4) 현대 '서울-종로구'의 풍수지리적 응용: 청계천 복원과 K-ecology

현대 지리학의 관점에서 볼 때, 풍수지리설에는 과학적 근거가 부족하다. 그러나 풍수지리설은 현대 한국 사회에서 여전히 강력하다. 현대 한국의 유력한 정치지도자들은 선조의 장지를 결정할 때, 대체로 풍수지리설에 따랐다. 풍수지리학자 김두규 우석대 교수가 든 일부 사례를 보자.

> 1995년 … 당시 국민회의 김대중 총재는 경기도 용인군 이동면에 '남북통일을 주도할 지도자가 나올 자리'에다가 아버지와 어머니 묘를 이장했다. 2년 후인 1997년 김대중 총재는 대통령으로 당선되었(다.) … 역대 대통령들의 풍수 관련 사안들을 챙겨보면 모두 풍수지리에서 자유롭지 못한 것도 사실이다. … 윤보선 대통령 조상 묘가 명당이라는 사실은 잘 알려져 있다. 다음은 윤대통령 부인 공덕귀 여사의 자서전 내용이다. "흉년이 들었던 어느 해 이야기다. 하루는 5대조 할아버지가 굶주림에 쓰러진 스님 한 분을 구해주었다. … 스님은 보은으로 산소 자리를 하나 물색해 주었다. 현재 윤대통령 선영이자, 윤대통령 무덤이 있는 바로 그 자리였다. 그러나 그 땅은 원래 사패지지로 나라에서 이순신 장군에게 하사한 곳이었다. 이순신 장군 가문의 땅이었다. 그리하여 윤보선 4대조는 그 아버지, 즉 윤보선 5대조 할아버지가 죽자 이순신 장군의 땅에 암장하

31　『世宗實錄』世宗 15年 7月 27日.

였다." … 전두환의 윗대 조상으로 기사관 벼슬을 지낸 전치원은 이 연못의 신비함을 보고 내천으로 터를 옮겼다. 따라서 전씨 문중뿐만 아니라 인근 사람들에게 못재는 일종의 성역과 같은 곳이다. … 전두환의 막내 삼촌인 전상희가 이서異書와 풍수에 능해 그곳에 썼다. 해방 후의 일이다. 처음에 밀장密葬을 하였다가 이장하였다.[32]

김두규 교수가 전두환 대통령의 고향에서 만난 전상석 노인은 "흙무더기 하나만 잘해 놓으면 먹고 산다. … 양반은 산비탈에 기어가서라도 벌초를 한데이."라고 말했다. 풍수지리설에 대한 기층 정서의 단적인 표현이다.

현대의 관점에서 풍수지리설을 재평가할 수 있는 부분은 생태학ecology이다. 생태학은 자연과학적 지리학과 달리 자연을 살아있는 생명체로 본다. 노르웨이 철학자 내스A. Naess의 근본생태주의deep ecology는 모든 생명체가 상호 연결된 평등한 존재biocentric equality이며, 인간도 자연의 한 부분으로 인식한다. 풍수지리설의 견해와 일치한다.

하지만 근본생태주의는 자연이 독자적 가치를 지녔고, 인간적 욕망의 대상이 되면 안 된다고 본다. 즉, 풍수지리설에서 발복發福이란 공리성을 빼야 한다. 풍수지리설이 현대에도 의미를 가지려면, 창조적 변화를 거쳐야 한다. 발복이 사익을 넘어 공익이 되면 좋을 것이다. 종로구에 있는 '청계천 살리기'는 좋은 사례이다.

청계천은 이름 그대로 맑은 하천이었다. 그러나 조선시대부터 이미 도시 오물로 뒤덮였다. 근대 이후 도시 빈민가가 형성되면서 상황이 악화되었다. 그래서 1976년 완전히 복개되고, 그 위에 청계고가도로가 들어섰다. 복개도

---

[32] 김두규, "심층르포: 대권과 풍수", 『신동아』 통권 493호, 2000.10.1.

로 아래의 청계천은 햇빛이 차단된 채 생명이 사라졌다.

2003~2005년에 걸쳐, 이명박 서울시장은 청계천을 복원했다. 처음 아이디어를 낸 것은 박경리 작가였다. 당시 30년 이상된 청계고가도로는 붕괴 위험이 있었다. 복개도로 아래에는 오염물질이 쌓여 메탄가스가 가득 차고 폭발 위험이 상존했다. 그래서 주한미군은 2001년부터 청계고가도로 이동을 금지했다.

<자료 6> 장마기 청계천 (1959.8.31.) (위키백과)

<자료 7> 복개된 청계천 (위키백과)

복원을 통해, 청계천은 맑은 물이 흐르는 아름다운 시민 휴식 공간으로 바뀌었다. 복원 당시 4종의 어종은 10년 뒤인 2014년 20종으로 늘었다. 또한 상습적 침수 지대였던 종로구는 600mm의 폭우에도 홍수가 발생하지 않았다. 2005~2015년까지 10년간, 복원된 청계천 누적 방문객 수가 1억 9천만 명에 달했다. 청계천 복원은 생태적 관심과 현대수리기술이 융합되어 만든 최고의 걸작으로 평가할 수 있다. 청계천 모델은 서울의 다른 지역은 물론 전국으로 확산되었다. 다른 나라에도 생태학적 상상력을 불어넣고 있다.

'청계천 복원'은 K-에콜로지K-ecology의 대표적 사례이자 세계적 모델로 생각된다. 새로운 종로구의 비전, 즉 "미래지향적인 문화를 선도하는 새로운 종로", "세계의 모범, 세계의 본本이 되는 종로"의 성공 사례이다. 종로구는 '청계천 복원'과 관련된 문헌과 유적을 보존하고, 연구를 심화하고, 기념 축제를 개최하고, 세계로 그 모델을 확산할 수 있다. 한반도 최고의 풍수지리 명소에서, 세계 최고의 생태 명소로 거듭날 수 있다.

〈자료 8〉 청계천 복원공사 (연합뉴스, 2015)

〈자료 9〉 복원된 청계천 (서울시, 2022)

3. 종로구의 역사문화적 정체성

종로구의 두 번째 정체성은 "전통문화의 종로",[33] "조상이 남긴 빛나는 얼과 문화 유산"[34]이다. 정문헌 구청장은 취임사에서 문화관광벨트에 대한 비전을 밝혔다.

> 첫째, '일자리 넘치는 문화종로'입니다. 평창동에서부터 청와대, 고궁, 송현동 이건희 미술관, 종묘, 그리고 동대문까지 잇는 거대 문화관광 벨

---

[33] 「종로구 공무원 헌장」(종로구 홈페이지 https://www.jongno.go.kr/Main.do?menuNo=1896).

[34] 「종로 구민 헌장」.

트를 구축하겠습니다. 자문 밖 창의예술마을을 비롯 인사동 전통문화거리, 대학로 공연예술까지 주민의 삶과 문화관광을 연결시키겠습니다. 나아가 문화와 관광을 일자리 창출의 주역으로, 종로의 신성장 동력으로 키우겠습니다.[35]

종로구는 서울은 물론 한국에서 역사문화적 유물이 가장 많은 지역이다. 그 규모는 물론 질에서도 압도적이다.

1) 왕실문화royal culture의 고귀함: 제왕학과 전통 의례儀禮

모든 국가의 최고급 문화는 왕실문화이다. 종로구에는 왕실건축으로 경복궁, 창덕궁, 경희궁, 종묘 등이 있다. 경복궁은 건축인 동시에 사상이기도 하다. 정도전이 그 사상의 기초자이다. 경복궁景福宮에 대한 정도전의 사상을 보자.

> 전하께서 즉위 3년이 되던 해, 한양에 도읍을 정하시고 먼저 종묘宗廟를 세운 다음 궁전을 건립했습니다. … '군자께서 만년 장수하시고 큰 복[景福] 받으시기를'이라는 시구를 인용하여, 새 궁전의 이름을 경복궁이라고 짓기를 청하였습니다. 여기에서 전하께서는 자손들과 더불어 만년이나 태평한 왕업을 누리게 될 것이며 사방의 백성들도 길이 보고 느끼는 바가 있을 것입니다. 그러나 『춘추春秋』에서 백성에게 부역시키는 것이나 토목 공사를 일으키는 일들을 몹시 삼가고 중난하게 여겼으니, 임금이 된 이가 백성만을 부려 스스로를 받들게 하는 것으로 능사를 삼아서

---

35 제36대 종로구청장 정문헌 취임사(2022.7.1.) (종로구 홈페이지 https://www.jongno.go.kr/Mayor.do?menuId=110397&menuNo=110397).

는 안 되오니, 한가로이 넓은 집에 있을 때는 한사寒士(가난한 선비)를 비호할 것을 생각하고, 서늘한 전각殿閣에 있으면 그 맑은 그늘을 나누어 줄 것을 생각해야 합니다. 그런 다음에야 만민萬民이 받듦에 저버림이 없을 것입니다.[36]

정도전은 경복궁의 뜻으로 왕의 큰 복, 그리고 애민, 인재 발탁, 선정을 주장하고 있다. 그는 왕의 큰 복을 기원하면서, 동시에 왕 홀로 복을 받으려는 것을 경계했다. 왕은 자신의 큰 복을 인재들, 백성들과 나눌 것을 생각해야 한다. 그래야 만백성이 왕을 받들어 버리지 않을 것이다.

근정전에 대한 설명은 더 구체적이다.

> 천하의 일이 부지런하면 다스려지고, 게으르면 황폐되는 것은 필연의 이치인 것입니다. 작은 일도 오히려 그러하거늘 하물며 정사의 큰 것이겠습니까? 『서경書經』에 이르기를, '근심이 없을 때 경계하여 법도를 잃지 말라.'고 하였으며, 또 이르기를, '안일과 욕심으로 나라를 가르치지 말고 삼가고 두려워하소서. 하루 이틀에도 기무幾務는 만 가지나 됩니다. 그리고 서관庶官을 비워두지 마소서. 하늘의 공工을 사람이 대신 처리하는 것입니다.'라고 했습니다. … 선유先儒가 말하기를, '아침에는 정사를 처리하고, 낮에는 어진 이를 방문하고, 저녁에는 조령朝令을 만들고, 밤에는 몸을 편히 쉰다.'고 말했는데 이것이 인군의 부지런한 것입니다. 또 이르기를, '어진 이 구하는 데는 부지런하고, 어진 이 임명하는 데는 빨라야 한다.'고 하였습니다.[37]

---

36 『三峯集』卷4「記」景福宮.
37 『三峯集』卷4「記」勤政殿・勤政門.

애민이나 선정은 마음의 상태이자 동시에 실천에 의해 실현되어야 한다. 정도전은 실천에서 가장 중요한 것을 근면이라고 보았다. 국정운영은 복잡다단하다. 근면이라는 기본 덕목 없이는 불가능하다. 구체적으로는 첫째, 관직을 비워두면 안 된다. 둘째, 왕의 하루 생활 스케줄은 계획적이고 일정해야 한다. 셋째, 인재를 구하는 데 최선을 다해야 한다.

이렇게 왕실 문화 중 제왕학 관련 분야를 특화할 수 있다. 세종이 숙독한 것으로 알려진 『대학연의大學衍義』, 『치평요람治平要覽』은 대표적 사례이다. 『대학연의』는 성리학의 대표적인 제왕학 저서이다. 고려대에는 당태종의 정치를 담은 『정관정요貞觀政要』가 대표적 제왕학이었다. 『치평요람』은 세종의 명에 의해 정인지가 편찬했으며, 한국과 중국의 역사를 다루고 있다. 한국과 중국의 제왕학을 종합한 저서로 평가된다. 세종은 어떤 목적을 가지고 이 저서를 편찬했는가.

〈자료 10〉 치평요람 (나무위키)

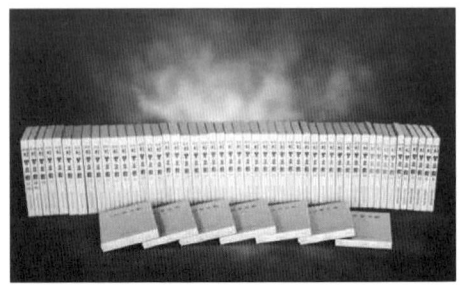

〈자료 11〉 대학연의 번역본

무릇 정치를 하려 하면 반드시 전대의 치란의 자취를 살펴봐야 하고, 그 자취를 보려 하면 오직 사책을 상고할 수밖에 없는데, 주대 이래 대대로 사책이 있어 분량이 호대浩大하므로 두루 상고할 수가 없다. 내가 송유宋儒가 만든 『자경편自警編』을 보니 가언嘉言과 선행善行을 절節로 나누

고 유類대로 엮어 간략하면서도 요긴하다. 옛사람이 만든 책을 그와 같이 즐겁게 볼 수 있도록 되어 있다. 일반 사람도 책을 널리 보기 어려운데, 하물며 인주가 만기의 여가에 어찌 박람할 수 있겠는가? 그러니 사책을 상고하여 선악의 권징할 만한 것을 뽑아 책으로 만들어, 내가 보는 데 편리하도록 하고, 후세 자손들에게 영원한 가르침이 되게 하라. 우리 동방에 나라가 선 지 유구하니, 그 흥망성쇠를 몰라서 된단 말인가. 아울러 편입하여 너무 복잡하지도 너무 간략하지도 않게 하라.[38]

그런데 세종의 정치를 고스란히 기록한『세종실록』자체가 위대한 제왕학 텍스트이다. 또한『조선왕조실록』은 세계 역사에서 가장 방대하고 뛰어난 정치적 도큐먼트이다. 정도전의『조선경국전朝鮮經國典』, 조선왕조의『경국대전經國大典』도 훌륭한 제왕학 텍스트이다. 세종학교나 실록학교를 만들어, K-리더십K-leadership을 연구하고 교육할 수 있을 것이다.

그리고『세종실록』은 국가의 예禮에 관한 방대한 기록을 싣고 있다. 조선은 예치의 나라였다. 천리天理의 실현이 현실에서는 예로 나타난다고 보았기 때문이다. 그래서 예는 개인의 행동에서부터 국가의 제도 전체를 총괄했다. 예의 개념과 실례는 전통 K-컬처K-culture의 정수이다. 그래서 태종, 세종대에 국가 의례의 정비가 정력적으로 추진되었고, 성종대에『국조오례의國朝五禮儀』를 완성했다.

한국의 현대 의례는 대체로 형식적인 것으로 떨어져, 의례가 갖춰야 할 아름다움과 경건함이 결여되어 있다. 결혼식, 장례식은 물론 입학식, 졸업식 등 각종 행사도 똑같은 문제를 겪고 있다. 국가 의전도 일정한 모델이

---

38 『治平要覽』序.

없다. 조선의 예를 깊이 탐구하고 재해석하면, 현대적인 의례를 창조할 수 있다. 이것은 선진국에 오른 한국의 개인과 사회, 국가 모두에 필요한 일이다.

〈자료 12〉 왕의 조회를 그린 〈정아조회지도正衙朝會之圖〉 (KOREAN HERITAGE)

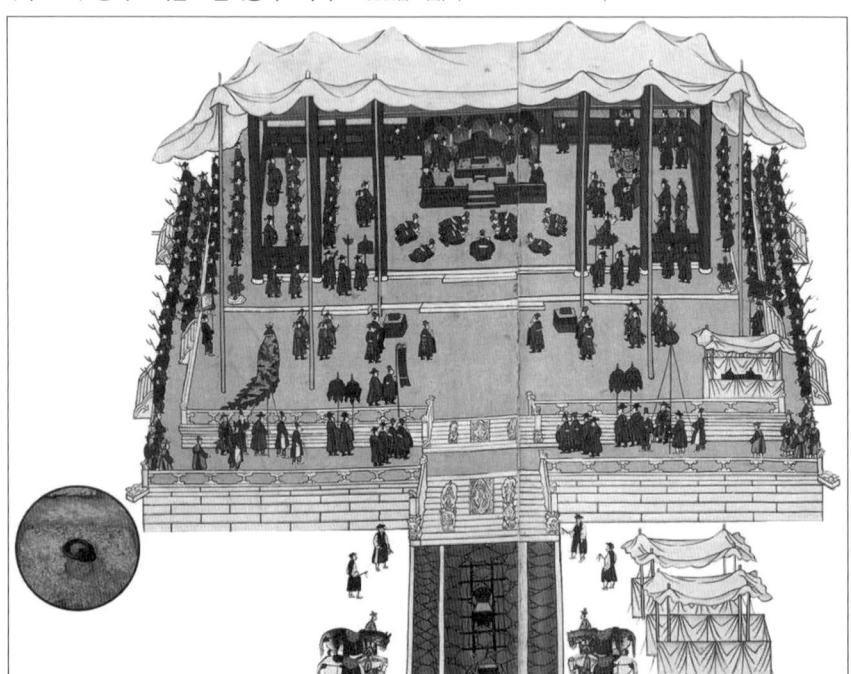

왕실문화에는 교육, 음악, 언어, 건강, 음식, 복식, 건축, 보건, 스포츠 등 모든 것이 포괄된다. 이것을 모두 하나씩 특화하여 전문적으로 연구하고, 현대적으로 재해석하여 일반화시키면, 큰 문화적 파워를 발휘할 것이다.

2) 선비문화Confucian scholar culture의 교양: 성균관

〈자료 13〉 겸재 정선의 '행단고슬杏壇鼓瑟' (왜관수도원 소장)

종로구에는 뛰어난 선비문화의 유산도 존재한다. 조선시대의 최고 교육기관인 성균관이 그것이다. 종로의 구목區木은 은행나무이다. 성균관의 상징도 은행나무이다. 성균관에는 500년 수령의 은행나무 두 그루가 있다. 조선 중종 때 성균관 대사성을 역임한 윤탁이 심었다고 한다. 일찍이 공자는 은행나무 아래에서 제자를 가르쳤다. 그래서 그곳을 행단杏壇으로 불렀다. 조선의 지방 향교에는 은행나무를 심었다. 일본 동경대학에도 수령이 오래된 은행나무가 많다. 동아시아 삼국은 전통적으로 교육기관에 은행나무를 심었다.

성균관은 교육기관이자 일종의 종교기관이었다. 그래서 건물이 전묘후학前廟後學으로 구성되었다. 건물의 앞은 유학의 성인을 모신 문묘文廟를 두었고, 뒤에는 교육에 필요한 강당과 재실을 설치했다. 성균관의 앞 공간은 공자, 정몽주 등 중국과 조선의 성현의 위패를 모신 제향 공간인 대성전이다. 유교의 사원寺院인 셈이다. 뒷 공간에는 강학을 위한 명륜당이 있다.

교육은 현대 한국인의 현실적 종교에 가깝다. 교육은 신성한 의무로 간주

된다. 2008년 대학 진학률은 84%에 달했다. 세계 최고의 대학 진학률이다. 국민의 문맹률은 0%에 가깝다. 6.25전쟁 전시에도 학교가 열렸다. GDP 100달러 이하의 최빈국 때도 부모들은 냉수를 마시면서도 자녀 교육에 힘썼다. 한국의 교육열이 이렇게 뜨거운 데는 역사적 뿌리가 있다. 조선은 교육의 나라였다.

〈자료 14〉 성균관 은행나무 (성균관대학교)

성리학에서 교육은 곧 국가의 존재이유였다. 성리학을 집성한 주자는 『대학장구大學章句』에서 스스로 "이 책을 위하여 일생을 바쳤다."고 말했다. 그 서문은 이렇게 시작된다.

> 대학은 옛 태학에서 사람을 가르치던 법이다. 무릇 하늘은 사람이 태어날 때부터 인의예지의 품성을 부여하지 않는 바가 없지만, 간혹 그 기질을 부여받은 것은 같지 못하다. 이러므로 모든 사람이 그 본성을 가진 것을 알아서 완전할 수는 없다. 한 사람이 총명하고 슬기로워 군자의 사

덕을 깨우쳐 능히 그 본성을 다할 수 있게 되면, 하늘이 반드시 그에게 천명을 주어 억조 백성의 군주와 스승이 되게 하여, 백성을 다스리고 교화하여 본성을 회복하게 한다.[39]

『대학』은 중국 고대의 대학인 태학太學의 텍스트이다. 그 가르침에 따르면, 하늘이 인간에게 완전한 품성을 부여했지만 기질이 낮아 알지 못하는 자가 있다. 이 때문에, 성인을 군주로 세워 백성을 통치하고 가르쳐 본성을 회복하게 했다고 한다. 즉, 정치의 궁극적 목적이 '본성의 회복(復性)'에 있고, 그 수단이 교육인 것이다.

주자에 따르면, 중국 역사의 황금시대인 삼대三代에는 모든 곳에 학교가 있고, 모든 사람이 배웠다.

> 하, 은, 주 삼대가 융성하여 그 법을 점차 정비한 연후에 왕궁과 도읍에서 백성의 마을에 이르기까지 학교가 없는 곳이 없었다. 사람이 태어나서 여덟 살이 되면 왕공에서 서인의 자제에 이르기까지 모두 소학에 들어가 물 뿌리며 쓸고, 응하고 대답하며, 나아가고 물러가는 절도를 가르치고, 예, 악, 궁사, 어, 서, 수의 학문을 가르쳤다. 열다섯 살이 되면, 천자가 될 원자와 중자에서부터 공경대부와 원사의 적자와 일반 백성 중 뛰어난 준재에 이르기까지 모두 태학에 들어가게 하였다. 이치를 터득하는 궁리와 정심, 수기와 백성을 다스리는 방법을 배웠으니, 이것 또한 학교에서 크고 작은 예절과 분별하는 바를 가르친 것이다.[40]

왕과 귀족, 서민의 자제들까지 모두 소학에 들어가 배웠다. 15세가 되면,

---

39 朱熹,「大學章句序」.
40 朱熹,「大學章句序」.

다음 천자가 될 원자와 다른 자식들, 귀족과 관리의 자제들, 그리고 백성 중 준재는 태학에 입학해 배웠다. 이처럼 완전한 교육을 실시한 결과 삼대의 이상사회가 도래했다는 게 주자의 결론이다.

> 당세에는 배우지 않은 사람이 없었고, 그것을 배우는 사람은 그러한 고유의 성품과 직분의 당위를 알고 각기 그 힘을 다하여 노력하지 않을 수 없었다. 이는 옛날 융성했던 시기에 위에서는 다스림이 융성하였고, 백성의 풍속이 아름다웠으니 후세에는 능히 이에 미치지 못하였다.[41]

조선에서 삼대의 태학 역할을 담당한 기관이 성균관이었다. 성균관의 '성成'은 '인재를 기른다成人材之未取', '균均'은 '풍속을 고르게 교화한다均風俗之不齊]'는 뜻이다. 인재의 양성과 미풍양속의 형성이 이 학교의 목적이었다. 조선왕조는 성균관을 필두로 전국에 학교를 설치했다. 이에 더해 지방 사림들은 사립학교인 서원書院을 세웠다. 이 학교들에서 조선왕조를 지탱한 숱한 지식인, 정치가들이 배출되었다.

현대 한국이 성취한 '한강의 기적'은 20세기 인류사의 기적으로 불린다. 1945년 해방을 맞이했을 때, 한국은 발전을 위한 자원이 거의 없었다. 하지만 이 불리한 조건 하에서, 한국은 단 두 세대 만에 산업화와 민주화를 달성하고 선진국 반열에 올랐다. 교육을 빼놓고 그 이유를 설명할 수 없다. 이 기적을 만든 역사문화적 유산은 교육에 있다. 그리고 성균관은 K-교육K-education의 역사문화적 오리진이자 심볼로 생각된다.

교육은 오늘날 저개발국의 발전에도 핵심적 요소다. 한국의 성공 사례는

---

[41] 朱熹,「大學章句序」.

세계 저발전국가에게 강력한 대안이다. 성균관을 통해 한국 교육의 역사문화적 유산을 조명하고, 세계의 보편적 모델로 키워가는 게 필요하다.

참고문헌

『高麗史』,『太祖實錄』,『太宗實錄』,『世宗實錄』,

『國朝五禮儀』(申叔舟),『踏山歌』(道詵),『大學衍義』(陳德秀),『道詵記』(道詵),『本國編年綱目』(閔漬),『三國史記』(金富軾),『貞觀政要』(吳兢),「大學章句序」(朱熹),『三峯集』(鄭道傳),『五山說林草藁』(車天輅),『治平要覽』(鄭麟趾)

김두규, 2000, "심층르포: 대권과 풍수",『신동아』통권 493호, 2000. 10. 1.
서윤길, 1993,『高麗密敎思想史硏究』, 서울: 불광출판부.
이종묵, 2006,『조선의 문화공간1: 조선 초기-태평성세와 그 균열』, 휴머니스트.
지종학·박종민, 2017, "조선초 하륜의 무악산 궁궐터에 대한 풍수지리적 해석",『동북아 문화연구』51.
한정수, 2019, "고려 태조 왕건과 풍수도참의 활용",『한국사상사학』제63집.
헌법재판소, 2004, "신행정수도의건설을위한특별조치법 위헌확인"[전원재판부 2004헌마554, 2004. 10. 21.].

종로구 홈페이지 -「종로 구민 헌장」
            -「종로구 공무원 헌장」
            - 정문헌, "제36대 종로구청장 정문헌 취임사"(2022.7.1.)

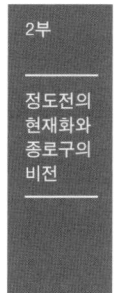

종로구 정도전 역사문화벨트 조성과 종로학

정 호 섭
고려대학교

1. 서론

각 지역의 역사, 문화, 지리 등에 관한 관심을 토대로 하여 현재 각 지자체에서는 해당 지역명을 앞에 붙여 '지명'학이라는 이름으로 부르고 있다. 서울학이 대표적이라 할 것이다. 우리나라에서도 오래되지 않았지만, 지역학은 지역마다 연구 진행 상태가 다르고 근래에 들어서서 연구하기 시작한 학문이라고 하겠다. 각 지역마다 '지명'학을 선언하고 활발한 활동을 계획하고 있지만, 구체적으로 어떠한 방식으로 지역학을 정립해야 할 것인지에 대한 충분한 고찰은 부족한 실정이다. 지역학은 지역발전의 한 토대로서 지역주민들에게 자신들의 정체성에 대한 자긍심을 부여하고 이를 토대로 미래의 가치를 창출해나갈 수 있는 원동력을 제공해 줄 수 있어야 한다.[1] 서울에서 구차원의 지역학을 연구하고 있는 성북구는 역사학을 비롯한 인문학이 지역사회와 결합하여 결과물을 만들어낸 대표적 사례이다. 성북구의 사례를 통해 확인할 수 있는 사실은 현재 지역사회는 수도권과 지방을 막론하고 변화의 중심에 있고, 지역민 스스로 어떠한 미래를 만들어갈지 골똘히 모색하고 있다는 점이다.[2]

종로학은 최근 종종 언급이 된 바는 있지만, 본격적인 연구가 수행되지는 않은 상태이다. 이러한 지역학과 함께 근래에 들어서 소위 '공공역사'가 주목받고 있기도 하다. '공공역사'라는 번역어가 다소 불명확한 점은 있지만, 대체로 역사학계와 전문 역사학자라는 범위를 넘어서 일반인이나 그 경계의 사람들이 참여하고 소통하는 다양한 역사 실천이라고 할 수 있다.[3] 20세기 후반부터 서구에서는 대학이나 박물관, 시민사회 등을 중심으로 이루어지고 있는 분야이다. 현재 서울지역에는 서울학이라는 광역의 지역학과 함께 성북구의 성북학이 자리잡고 있다. 성북구의 사례는 서울의 구단위 지역학의 가능성을 보여주고 있다. 지역사회는 역사 분야의 전문가는 물론 일반시민이 접촉하여 공동의 프로젝트를 실행할 수 있는 공공역사학의 유력한 현장임에 틀림없다.[4]

정치 1번지라 불리는 종로구는 종로구청 신청사 건립과 함께 구의 정체성을 재정립할 필요가 있다. 종로구 주변에 국내외 관광객이 많이 유입되고 있는 달라진 관광 환경에도 대응해야 한다. 종로구청 신청사 부지는 조선

---

[1] 김영일, 2012, "지역학으로서의 부산학과 시민의식", 『오토피아』 27.
[2] 정호섭·백외준, 2023, "역사 실천으로서의 공공역사와 지역학의 방향 -서울 성북구 사례를 중심으로-", 『한국사학보』 91.
[3] 마르틴 뤼케·이름가르트 췬도르프, 2020, 『공공역사란 무엇인가』, 정용숙 역, 서울: 푸른역사.
[4] 허영란, 2022, "공공역사로서의 구술사와 지역사", 『역사비평』 139.

초기는 정도전 집터로 알려져 있고, 이후에는 외사복시가 자리하고 있었던 곳이다. 종로구청 신청사 건립과 함께 사복시 유구 보전과 함께 조선왕조 한양의 설계자 정도전을 기념하는 공간이 마련될 필요성도 제기된다. 종로구청 일대는 조선시대에서 현대에까지 이르는 시기에 수많은 역사문화자원의 보고이다. 이를 활용한 콘텐츠 개발과 가치부여를 통해 종로구의 정체성을 재확립해 나가야 할 방안도 모색할 수도 있다. 본고에서는 종로구청 일대를 한정하여 '삼봉 정도전 역사문화벨트' 조성과 관련한 방안을 제시하고자 한다. 이를 토대로 하여 향후 지역학으로서의 종로학의 본격적인 연구를 제안하고자 한다.

2. 조선과 한양의 설계자 정도전과 그의 집터 전승

삼봉 정도전(1342~1398)은 고려 말기와 조선 전기에 살다 간 문인이며 학자이다. 1342년 고려 충혜왕 3년 정운경의 장남으로 출생하여 훗날 이성계와 함께 조선을 개창한 주역이면서 조선의 제도의 틀을 만든 사람이다. 민본 정치를 이념으로 조선경국전, 경제문감, 불씨잡변 등 조선의 정치, 경제, 사회, 외교의 구도를 설계하였던 것이다. 또한 현재의 서울인 새 도읍 한양을 설계하기도 하였다. 현재 서울의 기본 구조는 삼봉 정도전에 의한 것이라고 해도 무방할 정도이다. 그는 문무를 겸비했고, 성격이 호방해 혁명가적 소질을 지녔으며, 총민해 어려서부터 학문을 좋아하고 많은 서적을 읽었다고 한다. 개국 과정에서 자신의 위치를 한나라 장량張良에 비유하면서, 한고조漢高祖(劉邦)가 장량을 이용한 것이 아니라, 장량이 한고조를 이용했다고 하면서 실질적인 개국의 주역은 자신이라고 믿었다.

　정도전은 조선을 개국한 후 개경에서 한양으로 천도하는 과정을 비롯해 궁궐 자리와 방향을 정하였고, 도성 건설 공사도 그의 지휘로 이루어졌다. 한양은 멀리 북쪽에는 북한산北漢山, 남쪽에는 관악산冠岳山, 동쪽에는 수락산水洛山, 서쪽에는 덕양산德陽山의 외사산外四山으로 겹겹이 둘러 싸여 있다. 또한 내사산인 북악산, 인왕산, 목멱산, 타락산이 있다. 금강산에서 발원하는 북한강北漢江과 오대산에서 발원하는 남한강南漢江이 유유히 흐르면서 한강을 이루어 동쪽에서 서쪽으로 흘러 서해로 들어간다. 한성부는 천연의 요새지일 뿐만 아니라 수륙水陸교통이 편리하여 한 국가의 수도가 갖추어야 할 자연적인 조건을 모두 갖추고 있다. 정도전은 바로 이러한 입지인 한양을 새로운 도읍으로 정하였던 것이다.

　국왕이 거주하고 국가를 통치하는 궁궐인 경복궁은 북악산을 주산으로 넓은 지형에 지은 것이다. 궁의 전면으로 넓은 시가지가 전개되고 그 앞에 안산案山인 목멱산(남산)이 있으며 내수內水인 청계천과 외수外水인 한강이 흐르는 명당明堂 터이다. 궁의 왼쪽으로 종묘가 있고 궁의 오른쪽에 사직단이 자리 잡고 있는데, 이는 중국에서 고대부터 지켜져 오던 도성 건물배치의 기본형식인 좌묘우사左廟右社를 따른 것이다. 건물의 배치는 앞부분과 뒷부분으로 나눌 수 있는데, 앞부분에는 정전과 편전들이 놓이고 뒷부분에는 침전과 후원이 자리 잡고 있어 이른바 전조후침前朝後寢의 격식을 갖추고 있다. 궁의 이름은 시경 주아에 나오는 "이미 술에 취하고 이미 덕에 배부르니 군자만년 그대의 큰 복을 도우리라[旣醉以酒 旣飽以德 君子萬年 介爾景福]."에서 두 자를 따서 경복궁이라고 지었다. 새 왕조가 큰복을 누려 번영할 것이라는 의미를 담고 있으며, 도성의 북쪽에 있다고 하여 북궐이라고도 불렀다. 정도전은 경복궁의 이름과 근정전, 사정전, 교태전 등의 각 전각의 이름을 지었다. 종묘 동북쪽에는 공자를 비롯한 성현들을 모시는 문묘文廟와 학생들을 교육하는 성균관을 건설하였고, 궁궐 앞에는 의정부를 비롯하여 이조·호조·예조·형조·병조·공조 등 육조와 한성부 및 그 밖의 각 관서를 좌우로 건설하였다.

한양도성은 조선시대 수도였던 한양을 방어하기 위하여 쌓은 성곽이다. 백악산과 인왕산, 목멱산, 남산을 연결하여 쌓은 평산성이며, 둘레는 18,127m에 달한다. 1396년(태조 5) 축성을 시작하여 2년 뒤인 1398년에 완공하였다. 정도전은 흥인지문興仁之門·돈의문敦義門·숭례문崇禮門·숙청문肅清門(뒤에 숙정문[肅靜門]으로 고침) 4개의 대문大門과 혜화문惠化門·소의문昭義門·동소문東小門·창의문彰義門 4개의 소문小門을 건설하고 이름도 정하였다. 아울러 오늘날 세종로 1번지를 기점으로 동서남북으로 대로大路를 내고 도로의 좌우전후에는 민가를 건설하였으며, 5부五部 52방坊의 행정구역을 설정하고 5부 52방 이름도 지었다. 도성의 각종 상징물에 대한 의미도 역시 유교적 덕목이나 가치관을 담았다. 한양을 왕궁이 있는 도읍지로서의 의미뿐만 아니라 유교적 이상을 담은 곳으로 자리잡게 한 것이다.

〈한양 5부 52방〉
① 동부12방
연희방燕喜坊·숭교방崇教坊·천달방泉達坊·창선방彰善坊·건덕방建德坊·덕성방德成坊·서운방瑞雲坊·연화방蓮花坊·숭신방崇信坊·인창방仁昌坊·관덕방觀德坊·흥성방興盛坊
② 남부11방
광통방廣通坊·호현방好賢坊·명례방明禮坊·대평방大平坊·훈도방勳陶

坊·성명방誠明坊·낙선방樂善坊·정심방貞心坊·명철방明哲坊·성신방誠身坊·예성방禮成坊

③ 서부11방

영견방永堅坊·인달방仁達坊·적선방積善坊·여경방餘慶坊·인지방仁智坊·황화방皇華坊·취현방聚賢坊·양생방養生坊·반석방盤石坊·신화방神化坊·반송방盤松坊

④ 북부10방

광화방廣化坊·양덕방陽德坊·가회방嘉會坊·안국방安國坊·관광방觀光坊·진정방鎭定坊·순화방順化坊·명통방明通坊·준수방俊秀坊·의통방義通坊

⑤ 중부8방

정선방貞善坊·광행방廣幸坊·관인방寬仁坊·수진방壽進坊·징청방澄淸坊·장통방長通坊·서린방瑞麟坊·견평방堅平坊

한양의 모습은 19세기에 김정호가 제작한 수선전도에 잘 나타나 있다. 고려대 박물관 소장의 수선전도 목판은 1986년 3월 14일 보물로 지정되었다. 크기는 가로 67.5cm, 세로 82.5cm이고, 제작연대는 1824~1834년이다. 서울 북쪽의 북한산과 도봉산에서 남쪽의 한강에 이르는 지역을 종로거리가 동·서로 가로지르는 것으로 그렸으며, 20년대 초의 주요 도로와 시설, 궁궐·종묘宗廟·사직社稷·문묘文廟·학교·교량·산천성곽·누정樓亭·봉수烽燧·역원驛院·명승名勝 등에서 부部·방坊·동洞에 이르기까지 중요 지명 460여 개를 표기하고 있다.

〈자료 1〉 수선전도

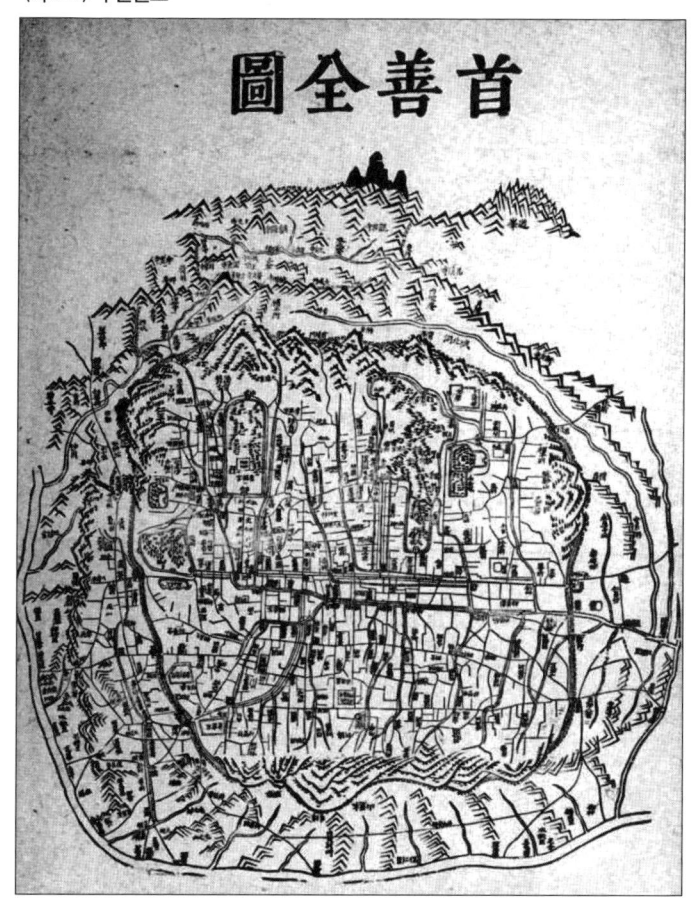

　정도전은 새로운 도읍으로 한양을 건설하고서 태조 7년(1398) 4월에 신도팔경시新都八景詩를 지어 임금에게 바치기도 하였다. 첫째, 기전畿甸의 산하山河, 둘째, 도성都城과 궁원宮苑, 셋째, 열서성공列署星拱, 넷째, 제방諸坊의 기포碁布, 다섯째, 동문東門의 교장敎場, 여섯째, 서강西江의 조박漕泊, 일곱째, 남도南渡의 행인行人, 여덟째, 북교北郊의 목마牧馬 등에 관한 내용을 시로 지은 것이다.

기전산하   畿甸山河
기름지고 걸도다 천리의 기전   沃饒畿甸千里
안팎의 산과 물은 백이로구려   表裏山河百二
덕교에다 형세마저 아울렀으니   德教得兼形勢
역년은 천세기를 기약하도다   歷年可卜千紀

도성궁원   都城宮苑
성은 높아 천길의 철옹이고   城高鐵甕千尋
구름 둘렀어라 봉래오색이   雲繞蓬萊五色
연년이 상원에는 앵화 가득하고   年年上苑鶯花
세세로 도성사람 놀며 즐기네   歲歲都人遊樂

열서성공   列署星拱
열서는 우뚝하게 서로 마주서서   列署岧嶢相向
마치 별이 북두칠성을 끼고 있는 듯   有如星拱北辰
새벽달에 한길 거리 물과 같으니   月曉官街如水
명가는 먼지하나 일지 않누나   鳴珂不動纖塵

제방기포   諸坊棊布
제택은 구름위로 우뚝이 솟고   第宅凌雲屹立
여염은 땅에 가득 서로 연달았네   閭閻撲地相連
아침과 저녁에 연화 잇달아   朝朝暮暮煙火
한 시대는 번화롭고 태평하다오   一代繁華晏然

동문교장   東門教場
북소리 두둥둥 땅을 흔들고   鐘鼓轟轟動地
깃발은 나풀나풀 공중에 이었네   旌旗旆旆連空
만마리 말 한결같이 굽을 맞추니   萬馬周旋如一

| 몰아서 전장에 나갈 만하다 | 驪之可以卽戎 |

서강조박	西江漕泊
사방물건 서강으로 폭주해오니	四方輻湊西江
거센 파도를 끌어가네	拖以龍驤萬斛
여보게 썩어가는 창고의 곡식 보소	請看紅腐千倉
정치란 의식의 풍족에 있네	爲政在於足食

남도행인	南渡行人
남도라 넘실넘실 물이 흐르나	南渡之水滔滔
사방의 나그네들 줄지어 오네	行人四至鑣鑣
늙은이 쉬고 젊은자 짐지고	老者休少者負
앞뒤로 호응하며 노래 부르네	謳歌前後相酬

북교목마	北郊牧馬
숫돌같이 평평한 북녘들 바라보니	瞻彼北郊如砥
봄이 와서 풀성하고 물맛도 다네	春來草茂泉甘
만마리 말 구름처럼 뭉쳐 있으니	萬馬雲屯鵲厲
목인은 서쪽남쪽 가리질 않네	牧人隨意西[5]

정도전은 이와 같이 조선과 한양의 설계자였다. 그렇지만 그의 권력은 오래가지 못하였다. 1398년(태조 7) 음력 8월에 명나라 태조 홍무제가 자신의 아들들을 변방으로 보낸 것을 인용하여 이방원은 전라도로, 이방번은 동북면으로 보내야 된다고 건의하여 태조의 승인을 얻었다. 그러나 이방원은 파견을 거부하고 민무구, 민무휼 등과 함께 정도전 제거를 기도하였다. 10월

---

5 『삼봉집』 제1권 육언절구 新都八景詩.

6일(음력 8월 26일) 정도전은 송현에 있던 남은의 첩의 집에서 남은, 심효생, 이직 등을 만나 술을 마셨다. 그가 남은의 첩의 집에서 술을 마신다는 정보를 입수한 이방원은 즉시 사병을 이끌고 남은의 첩의 집으로 향한다. 정도전은 신덕왕후 강씨소생인 이방석을 세자로 세운 일로 인해 이방원과 대립하게 되었다. 이에 앙심을 품은 이방원은 그가 한씨 소생의 모든 왕자들을 궁으로 불러들인 후, 신의왕후 소생의 왕자들을 죽일 계략을 세웠다고 누명을 씌워 정도전을 살해했다.

정도전과 한양의 관계는 삼봉재를 통해 살필 수 있다. 정도전의 호 삼봉은 서울의 삼각산 삼봉 혹은 단양의 도담삼봉에서 유래한 것이라는 다른 내용이 전해지고 있는데, 삼봉재를 통해 보면 서울의 삼각산 삼봉을 딴 것이 아닌가 생각된다. 『삼봉집』 제1권 '오언고시五言古詩' 편에 실려 있는 '삼봉三峰에 올라 경도京都의 옛 친구를 추억하며[登三峯憶京都故舊]'라는 1369년에 지은 시를 보면 삼봉은 서울의 삼각산을 가리키는 것으로 보인다.

> 단정하게 앉아 있다가 먼 그리움이 일어나 삼봉三峰 마루에 오르네
> 서북쪽으로 송악산을 바라보니 검은 구름 높게 무심히 떠 있네
> 그 아래 옛 친구가 있어 밤낮으로 서로 어울려 놀았네
> 날아가는 새는 구름 뚫고 들어가니 나의 그리움은 아득하고 멀기만 하네
> 지초芝草를 캐 보았자 한 줌도 아니 되니 저기 길가에 내버려 두네
> 한 번 다녀오는 것 어려운 일 아니지만 어째서 이다지 망설이게 되는지
> 도성과 궁궐 안이 아무리 즐거운 곳이라고 해도 깊고 그윽한 바윗골을 사랑하기 때문이네
> 계수나무 가지 움켜잡고 노래 부르며 한 세월 가도록 편안하고 한가롭게 지내네.[6]

이 시는 정도전이 삼봉三峰에 올라가 서북쪽으로 송악산을 바라보며 오랫동안 만나지 못했던 옛 친구를 추억하고 있는 내용이다. 따라서 서북쪽으로 개경의 송악산이 바라다 보이는 곳에 삼봉三峰이 자리하고 있다는 사실을 짐작해 볼 수 있다.

또한 삼봉재는 1382년경 정도전이 글을 읽고 가르쳤던 곳이다. 삼봉집 8권 부록 사실事實 편에서는 삼각산 아래 삼봉재三峯齋라 이름 붙인 거처에서 그가 글을 가르치자 많은 사람들이 배우러 왔다고 기록하고 있다.

> 정사년(1377) 7월, 예例에 따라 고향으로 옮기고, 또 4년이 지난 뒤에 서울 밖에서는 마음대로 살게 허가되었다. 그래서 삼각산三角山 밑에 집을 짓고 글을 가르치니, 배우러 오는 사람이 많았다.
>
> 공이 삼봉재三峯齋에서 글을 가르치니 사방에서 배우러 오는 사람이 많았다. 그때에 같은 고향 사람으로 재상宰相이 된 자가 공을 미워하여 그의 서재를 헐어버려, 공은 제생諸生들을 거느리고 부평부사富平府使 정의鄭義를 찾아가서 부평부 남촌南村에 자리를 잡았는데, 재상 왕모王某가 그곳에 별장을 짓겠다고 서재를 헐어버렸다. 공은 할 수 없이 김포金浦로 옮겼다.[7]

삼봉재가 구체적으로 삼각산 어디에 있었는지는 불분명하다. 삼봉재는 정도전을 미워한 재상에 의해 없어진 듯하다. 그런데 한양으로 수도를 옮긴 다음 해의 일인 1395년에 지은 〈邀諸道觀察使于三峯齋尙州牧使亦在席上 乙亥 / 각도 관찰사를 삼봉재에 초청하였는데, 상주목사도 좌상에 있었다.

---

6   『삼봉집』제1권 오언고시(五言古詩) 登三峯憶京都故舊.
7   『삼봉집』제8권 부록(附錄) 사실(事實).

을해)라는 시에 삼봉재가 제목에 다시 등장한다. 이 시에 따르면 각도의 관찰사를 삼봉재에 초청하여 거문고와 노랫소리를 들으며 술을 마셨다고 한다.[8] 이 기록을 보면 정도전이 1395년 이전 어느 시점에 없어졌던 삼봉재를 다시 세운 것으로 볼 수 있을지, 아니면 한양에 거처하던 집을 삼봉재로 다시 명명하였는지는 명확하게 알 수는 없다.

이와 함께 살펴볼 것은 조선 개국 후에 정도전이 살았던 집터이다. 기록에 의하면 정도전의 집은 처음에 지금의 청와대 부근에 있었던 것으로 보인다. 지금의 청와대 본관과 칠궁 뒤쪽 백악산 기슭에는 큰 바위가 있었다. 그 바위를 대은암이라 불렀다. 이 곳에 처음 정도전의 집이 있었다고 한다. 어숙권의 『패관잡기』에는 백악산 기슭에 남곤이 집을 짓고 박은과 이행이 함께 자주 모여 놀았는데, 남곤이 승지로 바빠 만날 수 없게 되자 박은이 장난으로 바위를 대은이라 하고 시내를 만리라 하였다. 조선후기 서직수(1735~1822)가 지은 「대은암기」에도 그 내력이 자세하게 기록되어 있다.

> 북악산 기슭에는 대은암이 있다. 옛날 정도전이 그곳에 처음으로 집을 지어 살았고, 그 뒤 남곤이 살면서 지정止亭이라는 자호를 썼다. 읍취헌 박은이 남곤을 찾아왔다가 만나지 못하고 시냇가 바위에 대은암 만리뢰大隱巖 萬里瀨라 써 놓았는데, 그 글씨 그대로 새기자 동네 이름이 되었다.[9]

---

[8] 임금님이 외방을 근심하시와(君王憂外寄) 영호들만 골라서 임명하였오(分命皆豪英) 절 잡으니 풍채도 좋으려니와(杖節重風采) 거문고를 울리며 찬송 노래 부르네(鳴琴興頌聲) 무엇으로 성상의 덕을 펼 건고(何以宣上德) 요령은 백성 편히 살리는 그 일(要當安民生) 잔을 들고 원대하기 축원하면서(擧杯祝遠大) 이별의 정 못내 역거워하네(更奈離別情).

[9] 서직수 대은암기.

박은과 남곤 등은 모두 조선 중기 때의 사람인데, 남곤이 승정원의 도승지로 아침 일찍 경복궁으로 출근하고, 밤이 늦어서야 퇴청하여 집으로 돌아와 만나기 어려웠다. 이를 안타깝게 여긴 박은은 남곤을 조롱하며 그의 집 뒤에 있는 바위를 대은암이라 하였고, 집 앞을 흐르는 물줄기를 만리뢰라 묘사하였다. 남곤이 속세에 살면서도 친구를 만날 수 없을 정도로 바쁜 삶을 사는 모습을 보고 대은이라 표현한 것이다. 대은은 속세에 살면서도 마음만은 은둔한 것과 같은 자세로 사는 사람을 의미하는 말이고, 만리뢰는 1만리나 떨어져 있는 시냇물이라는 의미이다. 집 앞에 있는 시내가 마치 멀리 떨어진 것처럼 볼 기회가 없을 만큼 바쁜 일상을 조롱하면서 지은 것이라 하겠다.

〈자료 2〉 겸재 정선의 대은암도

이처럼 남곤의 집이 대은암 부근에 있었는데, 이곳 일대에는 제일 먼저 이곳에 산 사람이 정도전이라고 한다.[10] 위의 서직수의 「대은암기」에는 정도전이 대은암 아래에 처음으로 집을 짓고 살았다고 기록되어 있는 것이다. 이 기록이 어느 정도 신뢰할 수 있을지는 의문이긴 하지만, 기록에 따른다면 조선 개국 이후 정도전은 대은암 일대에 집을 소유하고 있었던 것으로 볼 수 있다. 한양 천도 직후 정도전은 대은암 일대에 살다가 경복궁이 완성되고 난 후에 지금의 종로구 수송동 일대로 이사한 것으로 보인다.

정도전이 이사한 집은 종로구 수송동 종로구청 부근에 있었다. 종로구청 민원실 입구 오른편 길가에 자그마한 표지석 하나가 있었는데, 표지석에는 '정도전 집터 조선 개국공신 삼봉 전도전이 살던 집터, 후일 사복시, 제용감이 이 자리에 들어섰고 일제 때에는 수송국민학교가 들어섰었다'고 적혀있다. 정도전의 집터가 있는 종로구청 앞거리가 삼봉로다. 한때 나라를 흔들던 권세가였지만 지금은 자신의 호를 딴 거리 이름만 남았다. 삼봉로는 주한미국대사관과 KT광화문빌딩 사이 길이다. 현재 삼봉로를 걸었을 때 삼봉 정도전의 자취를 찾기는 어렵다. 다만 목은 선생 영당이 있어 이색을 통해 정도전을 기억할 수 있는 정도이다.

정도전 집터와 관련된 기록은 정도전 생존 당시의 기록에서는 확인하기 어렵고, 후대의 기록에서만 확인할 수 있다. 후대의 기록들에 대한 신빙성이 어느 정도인지는 명확하지 않다. 먼저 이수광(1563~1628)의 지봉유설에는 정도전의 집이 수진방에 있었다고 전한다. 지봉유설은 광해군 6년(1614)에

---

10 이상배, 2023, "조선시대 경복궁 후원의 모습은 어떠했나", 『청와대, 파란 기와집 역사 이야기』, 서울역사편찬원.

이수광이 편찬한, 조선시대의 백과사전인 유서類書이다.

> 국초 향사享祀의 악장樂章과 경성 안팎의 방명은 모두 정도전이 찬정한 것이다. 정도전은 수진방에 있다 주살 당하였는데 사람들은 이를 예언이 이루어진 것이라 생각한다. 아마도 진進과 진盡이 동음이기 때문일 것이다. 지금은 수중방壽重坊이라 고쳐 칭한다.[11]

발해고를 지은 유득공(1748~1807)의 또 다른 저작인 고운당필기에도 정도전 집터와 관련한 기록이 보인다. 고운당필기는 우리의 문학·예술·역사·지리·풍속·언어 등의 문화 전반을 다룬 잡록이다.

> 세상에 전하기를 제용감이 있는 자리는 국초의 공신 봉화백奉化伯 정도전鄭道傳의 옛 집터라고 한다. 정도전은 풍수에 밝았는데, 으쓱거리며 "우리 집안 대대로 곳간에는 포화布貨가 가득하고 마구간에는 말 4,000필이 매어있을 테니 그만하면 족하다."라고 했으나 끝내 죄를 받아 죽었다. 그의 곳간 터는 제용감이 되고 마구간 터는 사복시가 되었으니, 감여堪輿(풍수)에 미혹된 자는 이것을 거울로 삼을 수 있을 것이다. 지금 제용감 뜰에는 큰 버드나무와 큰 홰나무 대여섯 그루가 있고, 또 네모난 연못이 있는데 온통 연꽃을 심어 놓아 꽃이 몹시 성대하며 다른 여러 관청에 비해 조용한 곳으로 불린다.[12]

고운당필기에 따르면 정도전의 곳간 터는 제용감이 되고, 마구간 터는 사복시가 되었다고 전하고 있다. 제용감 뜰에 네모난 연못이 있다고 했는데,

---

11 『지봉유설』 권17 잡사부(雜事部) 징응(徵應).
12 『고운당필기』 제4권 제용감.

어쩌면 정도전 집터에 있었던 연못이었을지도 모를 일이다. 정도전의 마구간에는 말 4,000필이 매어 있을 정도였다고 한다. 말 4,000필은 논어 계씨季氏 편에 나오는 내용이다.[13] 정도전이 실제로 말 4,000마리를 길렀다기보다는 많은 말을 가질 정도로 권력과 부를 가졌다는 상징적인 표현이라고 하겠다.

또 다른 기록인 한경지략에도 다음과 같은 내용이 전하고 있다. 한경지략은 유득공의 아들인 유본예(1777~1842)의 저작으로 추정되고 있는데, 저자는 수헌거사로 기록되어 있다. 아버지의 영향을 많이 받아 순조 때 규장각 검서관이 되었고, 한경지략은 한양에 대한 정보를 담고 있다. 즉 한성부의 역사를 간략하게 서술한 부지府誌로 궁궐, 궐내각사에서 시전까지 다루고 있는 것이다.

  지봉유설을 살피니 "경성 내외의 49방명은 모두 정도전이 찬정하였다. 그러나 정도전이 수진방에 있을 때 주살 당하였으므로 사람 들은 참언(예언)이 이루어진 것이라 여겼으니 '진進'과 '진盡'이 동음인 까닭이다." 라고 하였다. 세상에 전하기를 정도전의 집은 수진방에 있었는데 지금의 중학은 서당 자리이고, 지금의 제용감은 안채 자리이며, 지금의 사복시는 마구간 터라고 한다. 아마도 정도전이 지세를 잘 보아서 말 4,000마리를 매어둘 수 있는 땅을 차지한 것이라고 한다.[14]

---

13 齊景公有馬千駟 死之日民無德而稱焉. 伯夷叔齊, 餓于首陽之下, 民到于今稱之. 其斯之謂與(제나라 경공은 말 4,000필을 소유했지만 죽는 날에 사람들이 덕이 있다고 칭송하는 일이 없었고, 백이와 숙제는 수양산 아래서 굶주렸으나 사람들이 지금에 이르도록 칭송하고 있다).
14 『한경지략』 제2권 각동 수진방.

유본예의 한경지략에는 중학은 정도전 집의 서당 자리이고, 제용감은 안채 자리이며, 사복시는 마구간 터라고 한다는 기록이 있다. 고운당필기와 차이가 나는 점은 제용감 자리가 곳간 자리인지, 안채 자리인지에 관한 것이다. 조선 건국 당시 정도전 집의 구조는 명확하게 알 수는 없으나, 안채, 곳간, 마구간, 서당 등을 갖춘 대규모의 터였을 것으로 보인다. 현재 종로구청 일대 주변이 모두 정도전 집터였을 개연성이 있다. 당시 정도전 집은 엄청난 넓이의 대규모 저택이었을 것으로 보이는데, 북쪽으로 경복궁을 마주하고, 서쪽으로는 삼청동에서 내려오는 개천을 끼고 집이 있었으며 조선의 주요 핵심 관청과 매우 가까운 거리였을 것으로 짐작된다. 동쪽과 남쪽의 경계가 어디까지인지는 확인할 길이 없으나, 사복시와 제용감을 고려하면 동쪽과 남쪽으로도 상당한 부지를 차지하고 있었을 개연성이 높다. 규모로 보면 의정부, 이조, 한성부, 호조 등 관청을 몇 개 합친 정도의 규모로 대저택이었을 것으로 보인다. 물론 위의 기록들이 대부분 후대의 기록이고 세간의 이야기를 기록한 것이라 어느 정도 신뢰할 수 있을지는 미지수이지만, 조선 후기에 기억되어 오면서 전승된 내용들이 조금씩 다르게 기록된 것이라 할 수 있다.

정도전 집터 자리는 현재 종로구청을 비롯한 여러 시설이 들어서 있는데, 최근 종로구청 부지 발굴 결과 사복시와 관련한 유구가 확인되었다. 이와 관련하여 당시 외사복시 건물의 구조를 알 수 있는 그림으로 숙천제아도가 있다. 한필교(1807~1878)가 몸담았던 관청의 모습을 그림으로 그린 숙천제아도의 한 장면이 사복시와 관련된 것이다. 발굴조사 결과 열청헌과 동고, 서고 등의 건물지와 마장 유구가 확인되었다. 정도전 사후 정도전 집터의 마구간은 외사복시로 활용되었던 것이다.

〈자료 3〉 숙천제아도

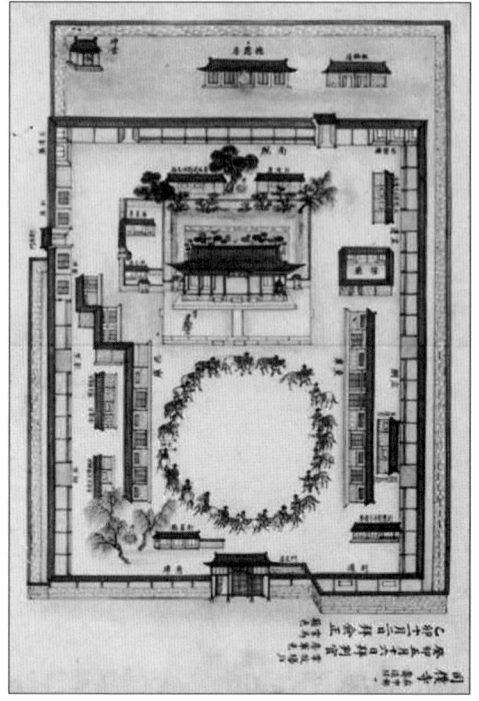

한편 정도전이 최후를 맞은 곳으로 전하고 있는 남은 첩의 집도 송현 부근에 있었다. 태조실록의 다음 기록이 이를 보여준다.

숙번이 대답하였다. "간당奸黨이 모인 장소에 이르러 군사로써 포위하고 불을 질러 밖으로 나오는 사람은 문득 죽이는 것이 좋겠습니다." 밤이 이경二更인데, 송현松峴을 지나다가 숙번이 말을 달려 고하였다. "이것이 소동小洞이니 곧 남은 첩의 집입니다." 정안군이 말을 멈추고 먼저 보졸步卒과 소근小斤 등 10인으로 하여금 그 집을 포위하게 하니, 안장 갖춘 말 두서너 필이 그 문 밖에 있고, 노복奴僕은 모두 잠들었는데, 정도전과 남은 등은 등불을 밝히고 모여 앉아 웃으면서 이야기하고 있었다. 소근 등이 지게문을 엿보고 들어가지 않았는데, 갑자기 화살 세 개가 잇달아 지붕 기와에 떨어져서 소리가 났다. 소근 등이 도로 동구洞口로 나와서 화살이 어디서 왔는가를 물으니, 숙번이 말하였다. "내가 쏜 화살이다." 소근 등으로 하여금 도로 들어가 그 집을 포위하고 그 이웃집 세 곳에 불을 지르게 하니, 정도전 등은 모두 도망하여 숨었으나, 심효생·이근李懃·장지화 등은 모두 살해를 당하였다. 도전이 도망하여 그 이웃의 전 판사 判事 민부閔富의 집으로 들어가니, 민부가 아뢰었다. "배가 불룩한 사람이 내 집에 들어왔습니다." 정안군은 그 사람이 도전인 줄을 알고 이에 소근 등 4인을 시켜 잡게 하였더니, 도전이 침실寢室 안에 숨어 있는지라, 소근 등이 그를 꾸짖어 밖으로 나오게 하니, 도전이 자그마한 칼을 가지고 걸음을 걷지 못하고 엉금엉금 기어서 나왔다. 소근 등이 꾸짖어 칼을 버리게 하니, 도전이 칼을 던지고 문 밖에 나와서 말하였다. "청하건대 죽이지 마시오. 한마디 말하고 죽겠습니다." 소근 등이 끌어내어 정안군의 말 앞으로 가니, 도전이 말하였다. "예전에 공公이 이미 나를 살렸으니 지금도 또한 살려 주소서." 예전이란 것은 임신년을 가리킨 것이다. 정안군이 말하였다. "네가 조선의 봉화백奉化伯이 되었는데도 도리어 부족不足하게 여기느냐? 어떻게 악한 짓을 한 것이 이 지경에 이를 수 있느냐?" 이에 그를 목 베게 하였다. [15]

정도전은 남은의 첩집에서 심효생, 이근, 장지화 등과 함께 이방원 일파에 의해 살해되었다. 당시 정도전에 대해 배가 불룩하게 나온 모습으로 표현하고 있다. 아마 50대였던 정도전은 살이 찌고 배가 나온 모습이었을 것으로 보인다. 정도전의 죽음과 관련하여 혹자는 정도전의 시 〈자조自嘲〉를 두고 정도전이 8월 26일 밤에 지은 절명시라고 하기도 한다.

---

15   『태조실록』14권, 태조 7년 8월 26일 1번째 기사.

양심 보존과 내면 성찰에 온힘 다하여	操存省察兩加功
성현이 책속에 남긴 뜻을 저버리지 않고	不負聖賢黃卷中
삼십년 동안 부지런히 학문을 했건만	三十年來勤苦業
송정에서 한번 취해 허사가 되었도다	松亭一醉竟成空[16]

하지만 〈삼봉집〉의 편제로 보면 이 시는 1383년 가을 동북면 도지휘사 이성계의 함주군막에 가기 전에 지은 것으로 볼 수 있다. 아마도 마지막 구절의 송정을 남은의 송현정이라고 오인해서 이 시를 절명시로 간주하게 된 듯하다. 이 시는 정도전이 바깥의 명예에 연연하지 않았던 심경을 드러내 준다. 그러나 그의 행보는 이 시와는 정반대의 것이었다.

정도전은 조선왕조와 한양의 설계자였고, 성리학 이념에 기초한 중앙집권적 관료제 국가인 조선왕조 성립에 공헌을 하였다. 그의 개혁운동이나 그에 수반된 왕조건국은 단순한 정치적 실천운동으로서만 의미가 있는 것이 아니라, 그것을 이론적으로 뒷받침하고 제도로서 정착시켜 사상·제도 상으로 조선의 기초를 놓았다는 점에서 중요한 의미가 있다. 하지만, 정도전은 개국 후 얼마 되지 않아 이방원 일파에 의해 제거되었다.

3. 종로구청 일대 역사문화벨트 조성과 종로학 제안

종로구청 일대는 조선 건국부터 현대까지 많은 역사문화유산이 산재해 있다. 과거와 현재, 전통과 현대가 공존하는 공간이기도 하다. 종로구청 주변 일원은 세종대로에 위치한 의정부와 육조, 경복궁과 광화문 뿐만 아니라

---

[16] 『삼봉집』 제2권 자조(自嘲).

중학동, 수송동 등 일대에 정도전 집터를 비롯하여 사복시터, 제용감터, 중학터, 사포서터 등이 위치해 있다. 도시의 발달에 따라 현재는 대부분 표지석만 있다. 조선후기의 지도에는 이러한 여러 관청의 모습이 명확하게 확인되고 있는데, 최근 의정부와 육조, 사복시, 시전 등에 대한 발굴조사를 통해 그 실체에 조금씩 접근하고 있다.

〈자료 4〉 한양도 부분 (1760년대)

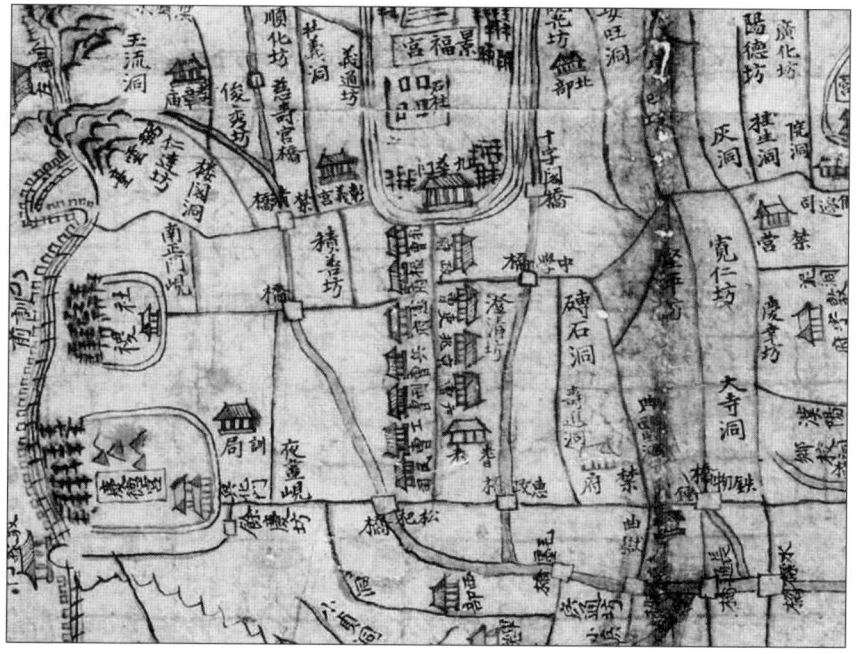

문헌 및 지도 등의 역사자료와 실제 발굴조사 결과를 통해 원형복원이 이루어진다면 더할 나위 없겠지만, 도시의 발달에 따라 원형복원은 매우 어려운 실정이다. 그렇기 때문에 과거의 시설과 현재의 모습이 공존하도록 하는 방안을 마련하는 것이 필요하다.

〈자료 5〉 수선전도 부분 (19세기 중반)

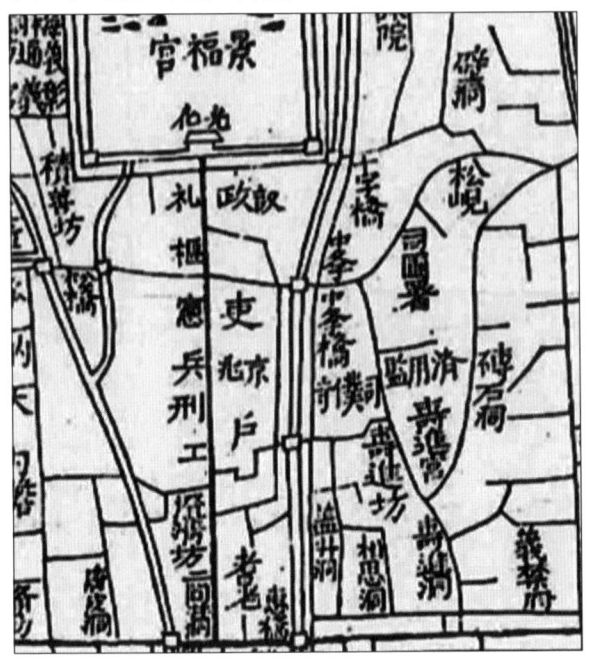

　현재 이 지역 일대는 종로구청 신청사가 들어설 예정인데, 종로구청 신청사를 중심으로 하여 많은 유적들이 존재하고 있는 것이다. 세종대로에 위치한 의정부와 육조뿐만 아니라 한성부, 기로소, 사헌부 등이 존재하였고, 종로구청 주변에는 사복시터, 중학당터, 제용감터, 사포서터, 정도전집터, 시전터, 의금부터, 용동궁터, 수진궁터, 숙명여학교터, 대한매일신보 창간사옥터, 보성사터, 보성학교터, 신흥대학터, 수진측량학교터, 도화서터, 전의감터, 민영환 집터, 수송국민학교터, 우정총국, 목은 이색 영당, 조계사, 김교헌 집터, 독립협회 창립총회터, 피마골 등이 자리하고 있다. 아울러 주변에 광화문광장이 있고, 세종충무공이야기전시관, 대한민국역사박물관, 국립고궁박물관 등 문화시설이 자리하고 있다.

〈표 1〉 종로구청 일대 역사문화유산

유산성격	역사문화유산	비고
조선시대 관청 및 정도전 관련	1. 의정부터	백관의 통솔과 서정을 총괄 / 역사유적 광장 조성
	2. 이조터	문선, 훈봉, 고과 등 관장 / 표지석
	3. 한성부터	수도 한양을 관할하는 관청 / 표지석
	4. 호조터	호구, 공부, 전량, 식화에 관한 일을 관장 / 표지석
	5. 기로소터	연로한 고위관료의 친목과 예우 관장 / 표지석
	6. 중학당터	4부학당의 하나 / 표지석, 정도전 관련
	7. 사복시터	여마, 구목 및 목장에 관한 일을 관장 / 표지석, 정도전 관련
	8. 제용감터	왕실 의복이나 식품 등을 관장 / 표지석, 정도전 관련
	9. 사포서터	왕실 소유의 원포와 채소재배 등 관장 / 표지석
	10. 용동궁터	조선 왕실 별궁, 왕실의 내탕의 담당 / 표지석
	11. 수진궁터	후사가 없이 죽은 왕의 자녀 및 후궁 등의 제사를 관리 / 표지석
	12. 전의감터	궁중에서 쓰는 의약의 공급과 임금이 하사하는 의약에 관한 일을 관장 / 표지석
	13. 도화서터	그림 그리는 일을 관장 / 표지석
	14. 시전터	상설 점포 / 표지석
	15. 의금부터	죄인 심문을 담당한 특별사법 관청 / 표지석
	16. 정도전집터	정도전의 저택자리 / 표지석, 정도전 관련
	17. 우정총국	우체 업무를 담당하던 관청 / 기념관
	18. 경복궁과 광화문	조선의 궁궐과 정문 / 정도전 관련
	19. 동녕위궁	순조 명온공주와 김현근의 궁

기타 유산 및 문화시설	1. 목은 이색 영당	정도전의 스승인 이색 초상을 모신 곳
	2. 화가 고희동	수송동에서 활동한 근대 화가, 한국최초로 서양화를 도입 / 표지석
	3. 수진측량학교	유길준이 수진궁을 빌려 측량전문교육기관을 세웠던 곳 / 표지석
	4. 청진공원	종로홍보관, 시전행랑, 청진가옥
	5. 수송공원	표지석 다수
	6. 각황사터	조계사의 전신인 종교시설/ 현 조계사
	7. 송현	정도전이 최후를 맞은 남은의 첩 집이 있던 곳
	8. 독립협회 창립총회터	한말구국운동 단체 독립협회 창립총회 터
	9. 대한민국역사박물관	이조터 자리에 위치한 대한민국 역사 전시
	10. 세종충무공이야기전시관	세종로 지하에 위치한 세종과 이순신 전시
	11. 국립고궁박물관	경복궁내에 위치한 조선 왕실 관련 전시
	12. 불교중앙박물관	조계사경내 불교 관련 전시
	13. 종로구청 신청사(예정)	사복시 유구, 정도전 기념공간(예정)
	14. 피마골	말을 피해 다니는 서민들이 고관의 행차를 피해 다니던 길로 작은 가게가 모여 있던 길
항일민족 운동 관련	1. 민영환집터	원래는 김조순의 집이었다가 민겸호의 집이었음. 을사늑약에 항거 자결한 민영환의 집터 / 표지석
	2. 보성사터	3.1독립선언서를 인쇄한 곳 / 표지석
	3. 이종일 동상	보성사 사장, 독립선언서에 서명한 민족대표 33인 중 한 사람 / 표지석, 동상
	4. 대한매일신보 창간사옥터	영국인 베델을 발행인 겸 편집인으로, 양기탁을 총무로 하여 창간 / 표지석
	5. 김교헌 집터	대종교 제2대 교주. 항일운동

교육구국 관련	1. 숙명여학교터	고종의 귀비인 엄비의 지원으로 명신여학교 설립후 숙명여학교로 명칭 변경, 숙명여고 숙명여대 관련 / 표지석
	2. 신흥대학터	신흥무관학교의 건학이념 계승, 경희대 관련 / 표지석
	3. 보성학교터	이용익이 설립한 보성학교, 보성전문 관련 / 표지석
	4. 중동학교터	1909년 설립한 중동학교 옛터 / 표지석
민주화운동 관련	1. 수송초등학교	국민학생 故전한승군 419 유공자 관련
	2. 광화문 광장	민주화운동의 중심

종로구청 일대에 분포하고 있는 문화유산은 조선시대를 대표하는 관청에서부터 항일민족운동과 관련되는 것과 근현대 교육구국과 관련되기도 하며, 현대 민주화운동과도 연관되기도 한다.

이러한 역사문화유산 가운데 정도전과 관련된 유산을 살펴보자. 의정부는 정도전이 만든 것은 아니지만, 정도전은 재상 중심의 정치를 통해 조선을 통치하기를 원했다. 의정부터는 조선시대 최고 행정기관인 의정부가 있던 자리로 최근 발굴조사 후에 역사유적광장으로 조성되어 개장되었다. 의정부터는 역사·학술적 가치를 인정받아 2020년 국가 지정 유산 '사적'으로 지정됐다. 의정부지 역사유적광장에서 조선 시대 국정의 중심지였던 의정부 건물 5동(정본당, 협선당, 석획당, 내행랑, 정자)과 기타 주요 시설(연지, 우물)의 흔적을 확인할 수 있다. 또 뒤쪽 정원(후원[後園]) 영역인 연지와 정자 인근에 조성된 정원과 산책로 등 녹지 쉼터에서 역사의 숨결을 느끼며 휴식을 취할 수 있게 되었다.

〈자료 6〉 종로구청 일대 역사문화유산 1

〈자료 7〉 종로구청 일대 역사문화유산 2

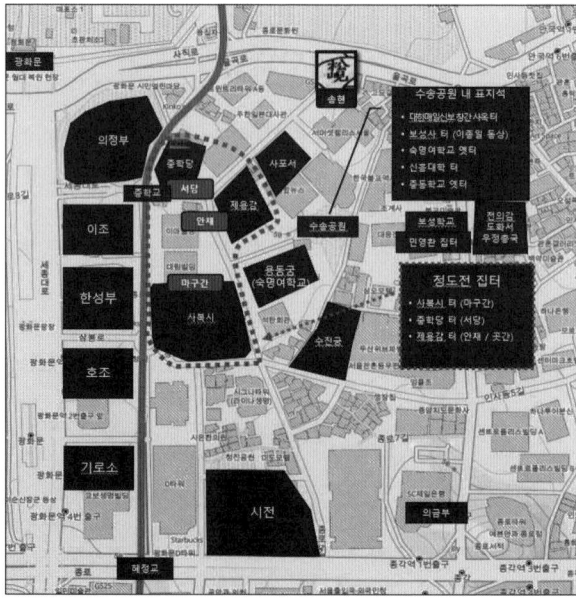

사복시터는 조선시대 궁중에서 사용하던 수레, 말, 마구, 목장을 맡아보던 관청의 터로 현재 종로구청 신청사가 들어설 예정이다. 종로구청 신청사 지하에는 사복시 유구가 보존된다. 이순신도 사복시 주부를 지낸 바 있었다. 일제강점기 사복시터는 경찰부 기마경찰대가 됐다. 그리고 해방 후, 서울시 경찰기마대로 편제되기도 하였다. 종로구청 신청사 지하에는 사복시터 발굴조사 후의 유구가 보존될 예정이다. 종로구청 신청사 건립의 의미를 사복시 유구 보존만으로 한정하기는 부족하기 때문에 원래 정도전 집터였던 만큼 정도전을 기념하는 공간도 동시에 마련될 필요성이 있을 것이다. 지하 1층 유적전시관을 정도전 기념공간과 외사복시를 동시에 보여주는 공간으로 활용하여 삼봉 정도전의 민본, 위민 사상과 한양 설계의 의미를 되새겨볼 필요가 있다.

제용감터는 조선시대 궁중의 모시, 마포 등 옷감의 직조와 의복의 제조·공급을 담당하던 관청의 터로 정도전 집터의 일부였다고 한다. 중학당터는 북부 관광방北部 觀光坊에 있던 조선시대 한성 4부학당의 하나인 중학당 터로 중학당도 역시 정도전의 집터 일부였다고 한다.

목은 이색 영당은 이색의 초상을 안치한 곳으로 이색은 정도전의 스승이기도 하였다. 정도전의 부친 정운경鄭云敬이 목은의 부친 가정稼亭 이곡과 친하게 지낸 인연으로 정도전이 목은 이색의 문하에서 수학하였다. 이색 영당이 후에 이곳에 자리잡게 된 것을 보면 우연이라고 하기보다는 뭔가 사제지간이라는 인연의 끈이 닿아있는 듯하다. 목은집에는 이색이 정도전과 연관하여 지은 여러 편의 시가 전하고 있다. 그 중에서 대표적인 시 한 수를 옮기면 다음과 같다.

참소 걱정해 처음에 자리 옮기더니	憂讒初避地
조용함 좋아해 마침내 기심 잊었네	愛靜遂忘機
낭서엔 곧은 말 할 사람이 없으나	郞署無司直
천도의 근원엔 홀로 묘처 발명했네	天原獨發微
세상 인정은 예전처럼 각박커니와	世情依舊薄
우리 도는 이제 와서 그릇되었구려	吾道至今非
후일에 우리가 서로 종유할 곳은	他日相從處
참선하는 방이나 낚시터일 거로세	禪窓與釣磯[17]

대학자였던 목은 이색의 영정은 여러 점이 전하고 있고, 영당이 서울 이외에도 여러 곳에 있다. 반면 정도전의 영정은 전하지 않아 한국화가 권오창이 그린 표준영정만이 있다. 제 1차 왕자의 난으로 죽임을 당하고 1865년이 되어서야 복권되었다.

항일 민족운동과 관련해서는 조계사에 있던 민영환집터와 김교헌집터 그리고 보성사터가 있다. 민영환 집터는 원래 민영환이 일본의 을사늑약 체결에 항거해 자결 순국할 당시 살던 곳이었다. 대종교지도자였던 김교헌의 집도 이곳 부근에 있었는데, 김교헌은 대한독립선언서에 제일 먼저 서명하고 주도하였고, 만주지역 항일무장투쟁을 하였고, 역사연구를 통해 민족주체사관을 정립한 인물이다. 보성사는 1910년 말에 천도교 계통의 인쇄소로 3.1운동 동시 2만 장의 독립선언서를 인쇄한 곳이기도 하다. 당시 보성사 사장이었던 이종일은 1919년 2월 27일 이곳에서 독립선언서를 인쇄하여 자신의 집으로 운반한 뒤, 다음날 전국 각지에 배포함으로써 독립운동의 발판

---

17 『목은시고』 제14권 有懷鄭道傳.

을 마련하였다. 보성사는 30평 2층 기와 벽돌집으로 보성학교 구내에 있었으며, 보성사의 소유주이기도 했던 천도교 교주 의암 손병희의 특명으로 육당 최남선이 초안을 집필하고 민족대표 33인이 서명한 독립선언서를 넘겨받아 1919년 2월 27일 밤에 3만 5천 매를 인쇄하였다. 일본 측의 형사에게 발각되는 위기도 있었으나 족보책이라고 위장하여 위기를 넘겼다. 3월 1일에는 윤익선과 이종린, 이종일, 김홍규 등이 지하신문인 조선 독립신문 1만 부를 계속 발행하였다. 일경은 보성사를 즉각 폐쇄하였으며, 1919년 6월 28일 밤에는 불을 질러 태워버린 이후 터만 남아 오늘에 전하고 있다. 이종일 동상은 수송공원에 위치해 있다. 이 밖에 대한매일신보 창간사옥터도 이 부근에 있었는데, 대한매일신보는 1904년 7월 18일 박동(현 수송동)에서 영국인 신문기자 배델을 발행인 겸 편집인으로, 양기탁을 총무로 하여 창간되었는데, 박은식·신채호 등이 논설위원으로 참여하였다. 대한매일신보는 비밀결사 신민회의 기관지 역할까지 담당하면서, 의병을 비롯한 항일투쟁에 대한 사실 보도와 일제 침략을 비판하고 국민들의 애국심을 고취하는 논설을 통해 민족언론으로서 자리매김을 하였으나 후에 국권피탈이 되면서 조선총독부의 기관지로 전락하였다.

교육구국활동과 관련해서는 숙명여학교터, 신흥대학터, 보성학교터, 중동학교터 등이 있다. 1906년 고종의 귀비인 엄비의 지원으로 용동궁에 명신여학교가 설립되고 이후 숙명여학교로 이름이 바뀌었다. 1909년에는 중동중학교가 터 일부를 사용하였다. 신흥대학은 독립군 양성기관이었던 신흥무관학교의 건학이념 계승과 인재양성을 위해 1945년에 설립하였으나, 한국전쟁과 재정형편이 어려워지자, 재단을 조영식이 인수하여 현재의 경희대학교가 되었다. 보성학교는 1906년 8월 이용익이 창립하였고, 1910년 12

월 천도교회의 손병희가 경영권을 인수하였으며, 1913년 12월 6일 사립 보성학교로 교명을 변경하였다.

　민주화운동과 관련해서는 광화문 광장과 수송국민학교터가 있다. 광화문 광장은 명실상부한 대한민국의 역사와 문화를 대표하는 상징적인 장소이다. 과거와 현대를 연결하는 문화공간이자 과거 민주화운동의 중심지이기도 하였다. 광화문 광장은 대한민국의 자유와 민주주의를 상징하는 중요한 장소인 것이다. 또한 4.19혁명과 관련하여 당시 수송국민학교 6학년이던 전한승은 1960년 4월 19일 수업을 마치고 귀가 중에 얼굴과 머리에 직격탄을 맞고 쓰러져 바로 수도의대병원으로 후송됐으나 숨을 거두었다. 이 사건은 당시 국민학생 의거의 시발점이 됐다. 수송국민학교 4~6 고학년 학생들이 1~3 저학년은 학교에 있게 하고 4월 26일 시위에 참여하였던 것이다. 故 전한승은 1963년 4.19 유공자가 되고 4.19묘역에 이장되었다. 이 사건과 관련하여 수송국민학교 4학년 강명희가 쓴 4.19혁명 추모시 「나는 알아요」가 있다.

　　아... 슬퍼요
　　아침 하늘이 밝아 오며는 달음박질 소리가 들려옵니다
　　저녁놀이 사라질 때면 탕탕탕탕 총소리가 들려옵니다
　　아침 하늘과 저녁놀은 오빠와 언니들의 피로 물들었어요
　　오빠와 언니들은 책가방을 안고서 왜 총에 맞았나요
　　도둑질을 했나요 강도질을 했나요
　　무슨 나쁜 짓을 했기에 점심도 안 먹고 저녁도 안 먹고 말없이 쓰러졌나요
　　자꾸만 자꾸만 눈물이 납니다
　　잊을 수 없는 4월 19일 학교에서 파하는 길에 총알은 날아오고 피는 길을
　　　덮는데

외로이 남은 책가방 무겁기도 하더군요
나는 알아요 우리는 알아요 엄마 아빠 아무 말 안 해도 오빠 언니들이 왜
　　피를 흘렸는지를
오빠와 언니들이 배우다 남은 학교에서 배우다 남은 책상에서
우리는 오빠와 언니들의 뒤를 따르렵니다.

　이처럼 종로구청 일대는 조선시대에서 현대에 이르기까지 수많은 이야기를 담고 있는 공간이다. 세종대로 뿐만 아니라 광화문역, 안국역, 종각역 등과 연계하여 종로구 핵심적 콘텐츠를 가진 공간인 것이다. 조선시대 주요 관청 뿐만 아니라 정도전의 집터이기도 하였고, 항일민족운동과 교육구국의 요람이기도 하였으며, 현대 민주화운동의 상징적 공간이기도 한 것이다. 이곳에서 수많은 역사적인 인물들이 활동하였다. 그렇기 때문에 종로가 대한민국과 서울의 심장으로 다시 태어나기 위한 비전을 갖고 종로구의 정체성을 재확립하기 위해서는 이곳의 역사문화유산과 관련한 전략이 수반되어야 한다. 그 전략은 한양의 설계자 정도전의 꿈과 유산을 계승하는 것, 이 일대를 역사문화벨트로 조성하는 것, 종로구의 미래 비전과 결합한 가치를 창출하는 것 등이다.

　첫 번째로 정도전의 꿈과 유산을 계승하는 것은 종로구청이 정도전 집터에 자리잡고 있기 때문이기도 하지만, 한양의 설계자인 정도전의 꿈과 유산을 종로구가 발전적으로 계승할 필요성이 있기 때문이다. 그러기 위해서는 종로구청 신청사에 사복시 보존과 함께 삼봉 기념 전시 공간을 마련할 필요가 있는데, 정도전 기념공간이면서 외사복시 유구를 보존한 공간이어야 한다. 정도전 관련 역사, 정치 등에 대한 연구와 대중교육을 실시하고, 정

도전 집터 및 주변 장소를 고증하여 역사문화콘텐츠를 개발해야 할 것이다. 아울러 삼봉 선양 사업을 기획하고 작은 도서관 삼봉서랑을 재개관해야 할 것이다.

두 번째로는 이 지역 일대를 역사문화벨트로 조성하는 것이다. 종로구청을 중심으로 한 세종대로와 광화문역, 종각역, 안국역을 연계한 역사문화벨트를 조성하여 지역연계 관광 체험 프로그램을 개발하여야 한다. 주변 역사문화자원에 대한 체계적이고 전문적인 조사를 통해 지역의 역사, 인물, 문학, 예술, 건축 등에 대한 자료를 확보하여야 한다. 종로구청 일대 역사문화유산과 관련있는 인물만 해도 정도전을 비롯하여 이색, 이순신, 혜경궁 홍씨, 김옥균, 유길준, 민영환, 김교헌, 한용운, 양기탁, 손병희, 이종일, 고희동, 서재필 등이 직접적으로 거론될 수 있을 정도이다. 이를 기반으로 하여 역사문화자원과 연계한 탐방로를 마련하고, 기존 관광루트와 연계할 수 있는 탐방앱을 개발할 필요가 있다.

세 번째로는 종로구의 미래 비전과 결합한 가치를 창출해 나가는 것이다. 정도전의 민본, 위민 사상을 계승한 창조와 혁신의 종로구 이미지를 창출해야 한다. 조선시대부터 현대에 이르기까지 정치 1번지로서의 위상을 강화하고, 항일민족운동과 교육구국을 연계해 가치를 함양시켜야 한다. 민주화운동과 연계한 민주주의 가치를 제고하고, 지역학으로서의 종로학의 토대를 마련해야 한다. 종로학의 토대가 마련되면, 민관학 연계를 통한 종로아카이브를 구축하고, K-컬쳐 1번지로 종로 관광의 글로벌 홍보가 이루어져야 한다. 종로구청이 단순히 행정만이 아닌 시민들이 관광하고 교육을 받는 공간으로서의 역할도 도모할 수 있을 것이다.

<표 2> 종로구 정도전 역사문화벨트 조성의 비전과 전략

비전	종로, 대한민국과 서울의 심장으로 다시 태어나다		
전략	정도전의 꿈과 유산 계승	역사문화벨트 조성	종로구의 미래 비전과 결합한 가치 창출
추진사업	1. 정도전 집터 및 주변 장소 고증 2. 정도전 관련 역사, 정치, 사상 등 연구와 대중교육 3. 정도전 관련 역사문화콘텐츠 개발 4. 종로구청 신청사에 삼봉 기념 공간 조성 (사복시터 보존과 함께 추진) 5. 작은도서관 삼봉서랑 재개관 6. 삼봉 선양 사업 기획	1. 종로구청을 중심으로 한 광화문역-종각역-안국역 연계 역사문화벨트 조성 2. 역사문화자원 조사 (역사, 인물, 문학, 예술, 건축 등) 3. 지역연계 관광 체험 프로그램 개발 4. 정도전 집터 주변 역사문화자원 연계 탐방로 마련 5. 기존 관광루트와 연계한 역사문화벨트 탐방앱 개발	1. 정도전의 민본, 위민사상을 계승한 창조와 혁신의 종로구 이미지 창출 2. 조선-현대에 이르는 정치 1번지 위상 강화 3. 항일민족운동과 교육구국을 연계한 가치 함양 4. 민주화운동과 연계한 민주주의 가치 제고 5. 지역학으로서 종로학 토대 마련 6. 민관학 연계 종로마을 아카이브 구축 7. K-컬쳐 1번지로 종로 관광의 글로벌 홍보 8. 종로구청이 행정, 관광, 교육의 복합공간으로 역할 도모

지역학은 해당 지역의 인문·사회·경제·문화 등 여러 분야를 종합적으로 분석·고찰하여 지역의 특성과 정체성을 발굴하며 나아가 지역을 더 나은 삶의 공간으로 만들어 나가는데 기여하는 학문이다. 지역학 연구는 1990년대 후반 본격적인 지방자치제도의 시행으로, 지역의 문화적·역사적 특수성과 정체성에 대한 인식이 확산되고, 자료 발굴과 수집 및 연구가 병행되

면서 학문적 영역으로 확산되어 왔다. 현재는 민간이나 대학 내 연구소 안에 머물러 있던 지역학이 지자체의 공식적인 지역학 전담 기관 설립의 단계로 진전되었고, 광역ㆍ시ㆍ도는 물론 기초지자체에서도 지역학 연구 기관들이 설립되어 가는 추세이다. 그동안 중앙에 집중되어 상대적으로 쇠퇴되어 왔던 지역의 문화정체성과 자산 등이 소멸될 위기에 처해있는 상황을 개선할 대안이 바로 지역학이다. 지역의 회복과 재생을 위해서라도 역사적으로 축적되어 형성되어 온 지역의 생활문화양식, 문화자산 및 경관을 기록ㆍ보전하고 전승할 필요성이 있다. 유ㆍ무형의 지역문화자산은 지역을 회복하거나 새롭게 재창출해내는 중요한 요소이자 동력이기 때문이다.

위에서 제안한 정도전 역사문화벨트 조성은 종로학의 토대로서 수행하는 하나의 프로젝트라고 볼 수 있다. 지역학으로서의 종로학은 종로가 가진 많은 역사문화자원을 토대로 하여 다양한 콘텐츠 개발과 가치부여를 통해 종로구의 정체성을 재정립시킬 수 있다. 종로학은 종로구의 역사와 문화를 포함한 지역민의 삶의 조건을 결정하는 여러 요소들을 다각도로 분석ㆍ탐구하는 지적 활동이다. 이를 통해 종로학은 지역민의 정체성과 문화적 자부심을 형성하는 데 도움을 주고 나아가 지역 내 화합과 발전 동력을 확보한다. 아울러 종로학은 시시각각 변화하는 도시 환경 속에서 지역민들과 소통하면서 만들어가는 배움과 실험의 장이기도 하다. 대한민국의 중심은 서울시이며, 서울의 근간은 종로구이다. 대한민국의 역사적 맥락을 함께한 종로구의 정체성은 대한민국 혹은 서울시와 중첩되어 그 고유의 정체성이 정립되기가 상대적으로 어려운 부분이 있다. 그렇기 때문에 보다 종로의 정체성이 분명하게 자리잡아야 할 필요성이 있는 것이다.

종로학 연구를 통한 일차적 성과는 스토리텔링과 도서 발간 방식을 통해 구체적인 형태를 갖게 되며 이러한 텍스트는 다양한 양식의 문화콘텐츠로 변용되기도 한다. 지역의 시대별, 장소별, 주제별 원천자료를 발굴하여 이를 자원화하며 데이터베이스 구축 기반을 마련하고, 각 자원별 연관 관계와 맥락을 규명하고 스토리텔링을 시도함으로써 일반 대중들도 지역의 역사적·문화적 성격을 쉽게 이해할 수 있는 자료를 제공해야 한다. 아울러 역사문화자원의 적합한 활용 방안과 이에 기초한 도시관리 계획의 방향성을 도출해 나가야 한다. 단지 자료의 수집과 정리에 그치는 것이 아니라 자료의 맥락화와 스토리텔링은 물론 실제적 활용 방안의 도출까지 아우르는 것이 되어야 하는 것이다. 향후 지역에 대한 조사와 연구를 통해 지역학 글쓰기를 수행하면서 종로학 도서를 발간해 나가야 한다. 또한 지역 기록 활동을 통해 역사문화자원의 범주를 확장하고 지역 기록을 생산·수집하면서 종로학 연구 기반을 확대해야 할 것이다. 아울러 정기적인 종로학 학술회의를 통해 연구의 폭을 넓히고 여러 분과학문 간의 대화를 시도해야 할 필요가 있다.

4. 맺음말

지금까지 종로구청 일대의 정도전 집터를 중심으로 한 조선시대에서 근현대에 이르기까지의 역사문화유산에 대해 살펴보고, 이를 활용한 종로구의 비전과 전략, 그리고 향후 추진사업에 대해 제시하였다. 향후 종로학 연구를 통해 종로구의 정체성을 재확립하고, 대한민국과 서울의 심장으로서의 종로구의 재탄생이 이루어져야 한다. 이를 위해서는 종로학의 토대를 마련할 필요가 있음과 그 종로학과 관련한 하나의 프로젝트로서 종로구청 일대 역사문화벨트 조성을 제안하였다. 이러한 사업의 결과 종로구는 조선시대에서 현대에 이르는 역사와 문화의 복합공간으로 종로구 전체가 관광지화 될 것이다. 걷고 싶은 관광명소로 탈바꿈되고, 스토리가 있는 역사문화의 도시 이미지를 창출하여 종로구의 가치와 품격을 높일 수 있을 것이다. 아울러 다양한 상업시설이 활성화되는 계기도 마련될 것이다.

일정한 지역의 지리나 역사, 문화 따위를 종합적으로 연구하는 학문이 지역학이다. 지역학으로서의 종로학을 통해서 지역 역사문화자료의 수집과 연구를 통한 문화자원화와 스토리텔링을 통해 다양한 지역문화콘텐츠를 제작할 수 있고, 종로구 일대를 걷고 싶은 관광지로 만들 수 있다. 무엇보다 역사문화자원 분류의 기준을 인문학적 관점에서 재정의함으로써 그 범주를 대폭 확장할 수 있고, 이를 통해 지역을 더 넓은 시야에서 바라볼 수 있다. 또한 종로학을 통해 그 결과를 지역 개발 계획에 적용할 수 있고 종로학 연구의 성과를 일반 시민과 지역사회와 공유하고 결합해 만들어갈 수 있다. 향후 종로학의 방향성은 종로 지역에 대한 연구 수행과 성과물을 공유하는 것이 우선이다. 이것이 실현된다면 다음 단계는 시민, 지자체, 학계를 연결하여 지역의 현안 문제를 다루는 공론 네트워크와 소통의 창구를 만들고 거버넌스를 구축하는 것이다.

참고문헌

『三峯集』, 『牧隱詩藁』, 『太祖實錄』, 『芝峯類說』,
『稗官雜記』, 『古芸堂筆記』, 『漢京識略』, 「大隱巖記」

김영일, 2012, "지역학으로서의 부산학과 시민의식", 『오토피아』 27.
마르틴 뤼케·이름가르트 췬도르프, 2020, 『공공역사란 무엇인가』, 정용숙 역, 서울: 푸른역사.
허영란, 2022, "공공역사로서의 구술사와 지역사", 『역사비평』 139.
정호섭·백외준, 2023, "역사 실천으로서의 공공역사와 지역학의 방향 -서울 성북구 사례를 중심으로-", 『한국사학보』 91.
이상배, 2023, "조선시대 경복궁 후원의 모습은 어떠했나", 『청와대, 파란 기와집 역사 이야기』, 서울: 서울역사편찬원.

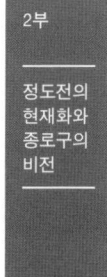

정치 1번지의 부활
한국정치학교 설립

박 홍 규
고려대학교

1. 들어가며

1394년 정도전이 건설한 종로는 630년에 걸쳐 조선에서 대한민국으로 이어지며 역사·문화·정치가 어우러진 장소였다. 기대하건대 지금부터 펼쳐져 갈 통일 한국의 미래는 종로가 그 심장이 되어 발전의 원동력을 제공할 것이다.

그런데 지난 6월 16일 연합뉴스와의 인터뷰 기사에서 정문헌 종로구청장은 종로구의 미래에 대한 포부와 구상을 밝히면서 "정치 1번지가 문화 1번지로"라는 표현을 하여, 마치 종로의 대표적 상징성이 정치에서 문화로 이동한 듯한 인상을 남겼다. "종로는 대한민국의 오늘을 이끈 명실상부한 대한민국 모든 분야의 1번지죠.", "정치는 물론 교육과 문화에서도 종로는 대한민국 1번지였다"며 구청장은 종로의 상징성을 강조했지만, 이어서 "청와대 개방을 계기로 평창·부암동-청와대-고궁-송현동-인사동-종묘-대학로로 이어지는 문화관광 자산들이 하나로 이어지며 종로가 문화 1번지로서 정체성이 더 큰 의미를 갖게 되었다."고 말했다.[1]

이러한 구청장의 인식은 근년에 들어 종로가 정치 1번지의 상징성을 보여주지 못하고 있다는 사실과 중첩된다. 그러나 발표자는 종로가 정치 1번지라는 상징성을 소홀히 해서는 안 된다고 생각한다. 종로는 정치·역사·문화 세 분야가 솥발같이 벌려서 우뚝 서야 한다. 왜냐하면 정치가 빠진 종로는 온전한 종로일 수 없고, 그렇게 되면 종로의 건설자인 정도전의 뜻과 꿈에서 멀어지는 것이며, 다가올 통일 한국의 심장으로서의 종로가 갖는 위상을 버리는 것이기 때문이다.

발표자는 면면히 이어져 내려온 정치 1번지의 위상을 부활시켜야 한다고 주장한다. 이 발표에서는 정도전의 뜻과 꿈을 되새겨보면서, 그로부터 정치 1번지의 위상을 부활시키기 위한 방책으로 한국정치학교 설립을 제시하고자 한다.

2. 종로는 왜 정치 1번지인가?[2]

정치 1번지라는 용어는 언제 등장했을까? 옛 신문을 뒤져봐도 1960년대

---

[1] 연합뉴스 2024.06.16.(https://www.yna.co.kr/view/AKR20240614104700004?input=1195m). 동아일보와의 인터뷰에서는 "종로를 '정치 1번지'에서 '문화 1번지'로 만들겠습니다"라고 말했다. 농아일보 2022.10.28.(https://www.donga.com/news/article/all/20221028/116194505/1).

[2] 이 절의 내용은 중앙일보 2020.02.11.(https://www.joongang.co.kr/article/23702779); 한국일보 2020.02.12.(https://www.hankookilbo.com/News/Read/202002111710368456); 중앙일보 2024.03.19.(https://www.joongang.co.kr/article/25236178)에서 인용한 것임.

까지는 그 표현을 찾을 수 없다고 한다. 그러다가 1971년 5·25총선(제8대)을 앞두고 한 신문이 5월 7일자 판세 분석 기사에서 서울을 "전국의 관심 일번지", 그중에서도 종로를 "서울의 서울 같은 곳. 전국의 가장 까다로운 유권자를 포용하고 있는 수도 서울에서도 가장 의식 수준이 높은 유권자들이 모여 있는 전국 제일번구"라고 소개했다.

이어서 정확하게 '정치 일번지'라는 표현이 등장하는 건 1973년 2·27총선(제9대)을 앞두고서다. 중앙일보는 2월 23일 자 〈총선 앞으로 4일, 표의 흐름〉이라는 제목의 기사에서 "종로·중구는 정치 일번지답게 …"라고 썼다. 다른 신문도 26일 자에서 "정치 일번지의 고래 싸움 종로·중구"라고 표현했다. 당시는 종로구와 중구를 묶어 지칭했다. 2·27총선은 소선거구제에서 2인 중선거구제로 바뀐 첫 선거였다. 서울 종로구와 중구는 한데 묶여 서울 '제1선거구'가 되었다. 그러다가 1988년 제13대 총선부터 소선거구제로 환원된다. 이후 정치 일번지라는 수식어는 대개 종로 쪽에 붙었다.

종로는 왜 정치 1번지로 꼽힐까? 우선 대한민국 정부와 중앙선거관리위원회가 서울 종로구를 '1번'으로 매기고 있다. 각종 행정 통계 및 선거 투개표 현황 발표는 서울 종로부터 시작된다. 나아가 종로에는 청와대·국무총리 공관·정부 서울청사 등 대한민국의 정치적 하드웨어의 중심이 자리 잡고 있다. 이것은 종로가 조선시대부터 정치·행정의 중심지였다는 전통으로부터 이어지는 자연스러운 모습이다. 종로의 사회·정치적 기점은 지금부터 630년 전인 1394년으로 거슬러 올라가는데, 조선이 건국되고 2년이 지나 한양이 건설되면서 정치의 중심인 왕궁·육조 등의 행정 기관, 상업의 중심인 시전이 설치된 곳이 바로 종로였던 것이다.

해방 이후 대한민국의 수도가 서울로 이어지면서 종로에는 청와대·국무총리 공관·정부 서울청사 등 정치적 하드웨어는 물론 중구까지 넓혀보면 서울시청과 한국은행이 있고, 명동·남대문시장이 활기를 띠고 있었다. 경제개발을 상징하는 재벌기업 본사와 주요 언론사들도 여럿 있었다. 강남 아파트들보다 종부세를 훨씬 더 많이 내는 사람들은 평창동에 살고, 신흥 전문직들은 교남동 신축 아파트에 모여 있었다. 이러한 사회·경제적 중심지라는 기반 위에 정치 1번지로서의 위상을 갖게 되었다.

그러나 이상과 같은 기반이나 여건보다 더 본질적인 이유는 걸출한 정치가들이 종로에서 등장해 활동했기 때문이다. 제헌의회 때부터 종로 지역구는 거물급 정치가들을 연달아 배출했다. 제1공화국 종로 출신 국회의원들 중에선 장면·박순천·윤보선 등이 눈에 띈다. 이후 종로에선 많은 인물들이 배출됐고, 종로 지역구 출신 정치가인 윤보선·노무현·이명박 3명이나 대통령으로 당선되었다. 그야말로 종로는 걸출한 정치가의 산실이었다. 따라서 대권후보나 대권을 꿈꾸는 정치가라면 누구라도 출마해서 당선되고 싶어 하는 지역의 상징이 되었다. 그야말로 대한민국의 정치 1번지라는 표현에 어울리는 곳이 종로다.

그러나 지금은 종로가 예전만 못하다는 이야기가 많다. 구름 인파가 운집하는 합동연설회의 시대가 사라진 지 오래다. 유진오·이민우의 사자후가 정국 풍향계를 바꾸던 박정희와 전두환의 철권 시대도 아니다. 경제적·문화적 권위는 한강 남쪽으로 넘어간 지 오래다. 최근 대통령 집무실이 용산으로 옮겨가면서 정치적 중요도가 떨어졌다.

그렇다고 종로를 대체하는 정치 1번지가 있는가 하면 그렇지도 않다. 한때 종로의 정치 1번지 위상에 위협을 가한 곳도 있었다. 지금도 심심찮게 '신 정치 1번지' 소리가 나오는 서울 강남이다. 1980년대 중반부터 1990년대 초반까지 강남구는 민심을 선도했다.

강남 개발의 효과가 나타나던 1980년대 중반부터 강남의 정치적 위상은 달라졌다. 중선거구제였던 1985년 2·12총선(12대)에서 민정당 후보를 떨어뜨리고 신민당·민한당 후보를 동반 당선시켰다. 소선거구제로 회귀한 이후인 13·14대 총선에서도 강남에선 여와 야가 균형을 이뤘다. '학력과 경제력 등 유권자 수준이 다르다'는 평가도 뒤따랐다.

그렇게 되니 민정계 정당·YS계 정당·DJ계 정당 모두 에이스를 출전시켜 총력을 다했다. 선거전을 보는 재미도 있었다. 황병태·홍사덕 등이 강남에서 주목받은 정치인들이다. 하지만 3당 합당으로 보수와 중도(보수)가 손을 잡자 그쪽 진영의 텃밭이 돼버렸다. '누가 나가도' 뻔한 지역이 되어버리면서 전략적 가치도 떨어졌다.

분명히 이제는 종로가 지난날의 정치 1번지로서의 무게감 있는 의미를 상실한 건 사실이다. 그럼에도 불구하고 종로의 레거시를 등에 업고 2020년 4·15 총선(21대)에서 황교안 자유한국당 대표와 이낙연 전 국무총리가 맞붙었다. 그리고 언론은 정치 1번지 종로의 승부를 "4·15 총선의 판세를 좌우할 매치업"이라고 표현했다.

2024년 22대 총선에서도 정치 1번지라는 표현은 사용되었다. "여전히 종로는 '정치 1번지'로 불릴 만큼 상징성이 있다. 그런 종로의 구도는 3자 대결로 짜여졌다. 감사원장 출신의 현역 최재형 국민의힘 후보와 노무현 전 대통령의 사위인 곽상언 더불어민주당 후보, 여기에 민주당에서 정치를 시작했지만 개혁신당에 합류한 금태섭 후보가 도전장을 냈다." 그렇지만 이런 기사가 무색하게 왠지 정치 1번지는 상투어로 껍질만 남고 형해화되어 버린 듯하다.

2022년 6·1지방선거에서 당선되고 취임한지 몇 달 지나지 않은 정문헌

구청장이 동아일보와의 인터뷰에서 "종로를 '정치 1번지'에서 '문화 1번지'로 만들겠습니다"라고 말했을 때, 아마도 그는 이러한 종로의 정치적 현실에 바탕을 두고 더 이상 기존의 정치 1번지의 위상으로 유지·부활시키기 어렵다고 판단한 것이 아닌가 추측해 본다.

하지만 여전히 종로는 종로다. 효순·미선 추모 집회, 광우병 반대 촛불집회, 박근혜 탄핵 촛불집회 같이 21세기 들어 시작된 촛불집회의 무대도 광화문 광장이었다. 태극기로 시작된 광화문 보수 집회는 2019년 10월 조국 규탄 집회에선 무시하지 못할 확장성도 보였다. 지금도 광화문 일대는 정치적 열기로 뜨겁게 달아올라 있다.

종로의 대통령 지지율과 정당 지지율도 전국 평균 및 서울 평균과 그리 다르지 않다. 시대의 선도자 역할에선 물러났지만, 아직도 그 누구의 텃밭이 아닌 종로는 여전히 민심과 정서의 풍향계로 리트머스 시험지 역할을 맡고 있다. 종로에선 진보도 어색하지 않고 보수도 어색하지 않다.

따라서 종로의 정치적 상징성을 뒷전으로 물리는 것이 대한민국의 전통과 현재 그리고 미래를 위해 바람직하지 않다고 발표자는 생각한다. 종로의 정치적 상징성을 부활시켜야 한다고 주장한다. 이 발표에서는 해방 이후 한국정치사 전반으로 시야를 확대하여 부활의 방향을 모색해보고자 한다.

3. 한국 정치의 시대 구분과 종로의 사명

지금 많은 사람들이 대한민국의 정치 상황을 우려하고 있다. 윤석열 대통령의 지지율이 20%를 뚫고 더 내려갈 수 있다는 전망도 나오는 상황에서 한

동훈 당대표와의 '독대' 갈등·분쟁은 기가 찰 노릇이다. 대통령의 임기가 이제 막 반환점을 도는 시점에서 친윤·비윤·반윤으로 이루어진 국민의힘 내부에서 또다시 친윤이 분열하여 친한이 형성되었고, 급기야 친윤과 친한의 전선이 점차 선명해지는 모습이다.

이러한 보수진영이 분열하는 모습은 조선 시대에 있었던 붕당정치의 분열적 모습과 흡사해 보인다. 최초로 선조 8년(1575) 동인과 서인으로 분당했고, 정국을 주도하던 동인은 선조 24년(1591) 다시 남인과 북인으로 분당했다. 이후 정권을 장악한 북인은 광해군대에 이르는 시기에 분열을 거듭했다. 세자인 광해군 지지파인 대북과 어린 영창대군 지지파인 소북으로 분열하다가, 선조 말기에 대북은 육북과 골북으로, 소북은 청북과 탁북으로 또 분열했다. 이 과정은 결국 선조의 후계를 둘러싼 권력투쟁이었다. 이 투쟁은 서인의 반정으로 막을 내리고 북인은 몰락하게 된다.

한편 진보진영은 일견 이재명 당대표를 중심으로 일극체제를 갖추었다고 말하지만 그 내부도 보수진영 못지않게 분열되어 있다. 계기만 생기면 바로 분열적 양상을 드러낸다. 한 예로 이재명 당대표의 사법심판이 다가오면서, 임종석 전 비서실장의 통일 관련 발언으로 진보진영에서 분열적 모습이 보이고 있다. 대북관의 차이는 권력투쟁과 맞물리면서 진보진영의 분열을 가속화할 것으로 예상된다.

지금의 이러한 한국정치 모습을 해방 이후 '붕당정치사'의 흐름 속에서 설명해보자. 여기서 제시하는 시기 구분은 엄밀한 학술적 내용이라기보다는 한국정치사를 보는 일종의 조감도라고 할 수 있다.

〈자료 1〉 해방 이후 붕당정치사 조감도

1948	1980	1998	2008	2017	2022	2027
북인						
남인	동인					
이승만, 박정희	전두환 (노-김)	이명박-박근혜			윤석열	
	서인					
		김대중-노무현		문재인		
보수1	진보1	보수2	진보2	보수2-1	보수3 or 진보3	
한국정치1.0		한국정치2.0		한국정치3.0		
창조의 시대 건국, 산업화, 민주화		에피고넨의 시대 민주주의 역설, 초권력주의		디지털혁명 시대		
붕당정치 전사前史		붕당정치　(팬덤정치)		탈脫붕당정치		
		친이/친박	친문· 비문/반문	친윤/비윤/반윤 → 친한의 분열 친명/비명/반명 조국혁신당, 개혁신당, 새로운미래		

해방된 한반도는 분열했다. 1948년 북쪽에서는 김일성이 북조선인민공화국을 수립하여 북인 정권이 탄생했고, 남쪽에서는 이승만이 대한민국을 수립하여 남인 정권이 탄생했다. 이것이 남북 분당이다. 탄생 이후 북인 정권은 지금까지 3대를 거치면서 이어져 오고 있는 반면, 남인 정권은 동인과 서인으로 분열한다.

그 분열은 1980년 광주에서 발생한 '사건'이 계기가 되었다. 남북 대결에서 승기를 잡은 남인 정권은 박정희 대통령 시해로 위기를 맞이했으나, 광주 사건 촉발과 뒤이은 전두환 대통령의 집권으로 정권을 유지했다. 이후 남인 정권이 이어지다 김대중 대통령이 집권하면서 1998년 마침내 서인 정권이 탄생하게 된다. 서인 정권의 토대가 1980년의 광주사건으로 만들어졌다는 점에서 그 시점을 동서 분당의 기점으로 상정한다. 여기까지는 붕당정치의 전사前史에 해당한다. 한국정치에서 붕당정치가 본격적으로 시작하는 것은 2008년 이명박 대통령이 집권하면서부터다. 이후 친이·친박, 친문·비문·반문, 친명·비명·반명, 친윤·비윤·반윤으로 분열하면서 동인과 서인이 교차하며 정권을 이어갔다.

이승만 정권에서 노무현 정권까지는 건국, 산업화, 민주화로 이어지는 한국정치의 창조적 시대였다. 이에 비해 이명박 정권에서 윤석열 정권까지는 창조적 모습은 찾기 어렵고 앞선 시대의 향수에 기대거나 흉내 내는 에피고넨(후계자, 모방자)의 시대다. 창조의 시대가 한국정치 1.0이라면 아류가 판을 치는 에피고넨의 시대를 한국정치 2.0이라 부른다. 작금의 붕당정치는 팬덤정치와 맞물려 만개했다. 앞에서 언급한 '독대' 갈등·분쟁은 만개한 붕당정치의 전형적인 모습이다.

민주화 이후 전개된 한국정치 2.0을 몇 가지 개념을 가지고 설명할 수 있다. 첫째, '민주주의의 역설'이다. 민주화 이후 한국정치에서 큰 정치가가 보이지 않는다. 1.0시대를 주름잡았던 걸출한 정치적 리더십을 보기 어렵다. 민주화 이후 정치가의 모습이 점차 왜소화되어가는 현상을 '민주주의의 역설'이라고 하겠다. 수數(무리)의 정치, 진영 정치, 사법의존 정치, 참모 정치, 멘토 정치 속에서 정치가의 판단능력과 변론능력을 찾아보기 어렵게 되었다. 박근혜·문재인 정권에서는 권력자 본인의 정치적 육성을 들을 수 없으니 권력의 소재를 알 수 없었다. 급기야 팬덤 정치가 팽배해지면서 정치가가 표출하는 언행에서 정치적 진실성과 신중함은 사라지고 정치가가 팬덤의 지배를 받는 상황이 되어버렸다.[3]

둘째, '초권력주의ultra power politics'다. 권력 추구가 정치의 본질이라고 하지만 거기에는 당연히 법적·윤리적 차원에서 여러 제한이 있기 마련이다. 그러나 거리낌 없이 아무런 제한 없이 맹목적으로 권력을 추구하는 상태에 이른 한국정치를 초권력주의라고 하겠다. '권력 메시아주의' 혹은 'of the power, by the power, for the power'라고도 할 수 있겠다. '별 장사'를 하는 사람이 정치적 권위자가 되어 마치 권력의 조련사인 듯 행세하며 에피고넨 시대의 향유자가 되고, 뭇 정치가들은 '별의 순간'을 찾아 떠도는 형국이다. 이런 상황에서 어찌 큰 정치가를 기대할 수 있겠는가.

이제 이 발표의 본래 주제로 돌아가 보자. 한국정치 1.0의 창조 시대는 걸출한 정치가들이 등장하여 한국정치를 리드해갔다. 그 시대에 종로는 정치 1번지로서 화려한 위상을 보여줬다. 그러나 창조의 시대가 지나고 에피고넨의 시대에 접어들면서 전반적으로 정치가들이 왜소해지면서 자연스럽게 종로에 등장하는 정치가도 예전만 못하게 되고, 그 결과 종로는 정치 1번지로서의 지난날의 무게감 있는 의미를 상실하게 되었다.

그렇다면 왜 민주주의의 역설적 현상이 발생하고 초권력주의가 만연하게 되었을까? 근본적 원인은 정치적 인재를 양성하지 않았기 때문이다. 다시 말해 정치가를 양성하는 시스템이 형성되지 못했기 때문이다.

현재 한국에는 정치가의 자질 문제를 소리 높여 말하는 사람이 많다. 그 문제는 정치가를 양성하는 시스템이 부재한 상태에 기인한다. 사회화 과정에서 청소년에게 정치가를 위한 기초 교육을 하지 않는다. 대학입시 제도에 매몰된 초·중고 과정에서 정치가 또는 민주시민 양성 교육이 부재하다. 대학의 정치외교학과에서조차 정치가 양성과는 무관한 커리큘럼이 사용되고

---

3   팬덤 정치에 관해서는 박상훈, 『혐오하는 민주주의』(후마니타스, 2023)를 참조.

있다. 정치가로 진입하는 경로가 제대로 열려져 있지 않은 상태에서 정당은 인재를 양성하는 것이 아니라 소모품처럼 소비하고 있을 뿐이다. 지자체 의원의 능력을 향상시킬 교육 시스템이 부재하고, 산발적으로 존재하는 각종 시민강좌는 유효성을 담보하지 못하고 있다. 국가도 정당도 민간에서도 정치가를 양성하지 않는다. 사회 각 분야에서 사다리를 통해 성장해온 사람들이 어느 순간 정치가로 진입하여 붕당정치 속으로 흘러들어가 소모되고 있다.

해방 이후 대한민국 발전의 원동력은 교육과 훈련을 통한 사람의 '탁월성'에 있었다. 모든 분야에서 국가의 역량을 집중하여 인재를 양성했고 민간에서도 자발적으로 교육에 몰입했다. 그러나 유독 정치 영역만은 인재 양성과 분리되어 교육의 장에서 사라져 버렸다. 권위주의 정권은 대학의 학과 설립에서 정치학과를 기피하고 행정학과를 선호했으며, 부모들은 자기 자식이 정치학과를 지망하는 것을 말렸다. 민주화가 이루어진 후에도 이런 사정은 마찬가지였다. 그리고 마침내 거대 정당 스스로 대선 후보도 만들지 못하고 대통령까지도 소모품으로 전락되는 상황이 벌어졌다. 이러한 상태는 오늘날 대한민국의 국격과 위상에 부합하지 않으며, 이로 인한 막대한 정치 비용은 국가발전에 장애가 되고 있다.

더 이상 정치 영역에서 인재 양성을 방치해서는 안 된다. 그렇다면 어디서부터, 누가 시작할 것인가? 종로구가 정치가 양성의 산실이 되어야 한다. 정치교육의 본산이 되어서 정치 1번지의 위상을 부활시켜야 한다. 그리하여 붕당정치를 종결시키고 한국정치 3.0의 시대를 열어야 하는 것이 '종로의 사명'이다. 이 사명을 실행할 수 있는 방안을 종로의 건설자인 정도전에게서 찾아보자.

4. 종로의 건설자 정도전과 정치가 교육·양성[4]

1394년 한양을 건설하여 통치의 하드웨어를 마련한 정도전은 같은 해 조선의 최초 법전인 『조선경국전』을 저술하여 중앙집권적 국가운영 체제를 확립하기 위한 법체계를 수립했다. 비유하자면 통치의 소프트웨어를 마련한 것이다.

『조선경국전』에서 정도전은 『주례』를 모델로 하여 군주의 통치행위를 여섯 분야로 분류하여 법제화했다. 이를 육전체제라고 한다. 원래 『주례』의 육전은 천관天官·지관地官·춘관春官·하관夏官·추관秋官·동관冬官의 여섯 개로 나뉘는 관직 체제인데, 『조선경국전』에서 정도전은 치전治典·부전賦典·예전禮典·정전政典·헌전憲典·공전工典으로 구성했다. 이러한 『조선경국전』에서 제시된 제도론은 이후 『경국대전』의 편찬으로 이어져 조선왕조의 법전으로 확립된다. 여기서 주목해야 할 점은 정도전이 『조선경국전』에서 제도론에만 머무르지 않았다는 사실이다.

국가를 구성하는 여섯 부분의 제도와 그 운영원칙을 논한 『조선경국전』의 곳곳에서 정도전은 그 제도를 운영하는 관리자에 관해서 논하고 있다. 우선 「부전」(재정과 조세 분야를 다룸)의 총서에서는 "토지가 있고 인민이 있은 뒤에 부賦를 얻을 수 있고, 덕德이 있은 뒤에 그 부를 보존할 수 있는 것이다. … 신은 덕으로써 부전의 근본을 삼는다"고 하여 운영관리자의 덕성을 강조하고 있다. 또한 「부전」의 곳곳에 운영자에 대한 논의가 나타난다.

---

[4] 이 절은 박홍규, "정도전 사상과 현대 한국정치: 정치가 양성을 중심으로"(『한국학논집』 47, 2012)에서 요약한 것임.

"그러나 올바른 관리를 얻지 못하여 일을 처리하는 과정에 조금이라도 마땅함을 잃게 된다면 폐해가 생기게 되니, 유의하지 않을 수 없다."

"이렇게 하자면 역시 이를 관장하는 데 올바른 사람을 얻어서, 이 제도를 거듭 밝혀 거행하는 데 달려 있는 것이다."

정도전은 제도만 갖추면 왕조가 저절로 다스려진다고 생각하지 않았다. 전형적인 주자주의자朱子主義者였던 정도전은 제도를 운영하는 인간의 중요성을 『조선경국전』에서 반복해서 강조하고 있다. 「헌전」에서는 다음과 같이 말한다.

"법 자체만으로는 좋아지는 것이 아니고 오직 그것을 운용하는 사람을 제대로 얻는 데 달려 있는 것이다. … 반드시 조심스럽게 구휼하는 인자스러움과 밝고 신중한 덕을 갖춘 다음에라야 그 좋은 법을 시행할 수 있을 것이다."

「정전」에서도 정치가에 대한 정도전의 관심이 표출되고 있다.

"다만 훌륭한 관리를 얻지 못한 까닭으로 … 이러한 폐단은 사람에게 있는 것이지, 법 자체에 있는 것은 아니다."

이상과 같이 조선왕조의 제도를 제시하고 있는 『조선경국전』에서 운영자에 관한 지적이 등장하고 있지만, 정도전이 운영자인 치자의 문제(관직을 중심으로 그 직분과 운영원리)를 본격적으로 다룬 것은 『경제문감』(1395)과 『경제문감별집』(1397)에서다.

1395년에 저술된 『경제문감』은 『조선경국전』의 보유편에 해당한다. 『조선경국전』이 국정 전반의 방향을 제시한 종합적인 대전大典의 성격을 지녔다면, 『경제문감』은 그 가운데서 「치전」에 해당하는 권력구조 혹은 관료제도의 문제를 보완한 것이라고 할 수 있다. 『경제문감』에서는 재상으로부터 시작하여 대관·간관·위병·감사·주목·군태수·현령의 차례로 관료체계의 주요 부분을 다루고 있다. 그러나 여기서 주목하고 싶은 것은 정도전의 저술 목적이다. 그것은 책의 제목에서 확인할 수 있다.

'경제문감經濟文鑑'이란 '경세제민經世濟民을 추구하는 자에게 문장으로 귀감을 제시한다' 혹은 '경세제민에 필요한 경계의 문장'이라는 뜻이다. 『조선경국전』을 통해 제시된 정통왕조의 법제를 운영하는 자를 위한 경계서警戒書란 의미이다. 이 책에는 각 관제의 연혁과 기능에 대해서 서술되어 있으며 또한 각 관제의 관료가 수행해야 하는 규범적인 주장이 피력되어 있다. 1395년 『경제문감』 저술 후 1397년에 저술된 군주만을 다룬 내용인 『경제문감별집』 또한 군주를 위한 경계서의 성격을 가지고 있다. 이렇듯 정도전은 제도뿐만 아니라 그 제도를 운영하는 정치가에 관해 지대한 관심을 기울인 경세가였다.

제도의 운영자인 정치가에 대한 정도전의 관심은 정치가의 양성과 충원으로 이어졌다. "천하 국가를 다스리는 요체는 인재를 등용하는 데 있을 뿐"이라고 단언한 정도전은 『조선경국전』 「치전」에서 인재의 양성과 충원에 관해 고대의 이상 시대의 모습을 제시한다.

> "옛날에는 인재를 등용하는 이가 인재 양성을 평소부터 해 오고, 인재 선택을 매우 정밀하게 했다. 그래서 입관入官하는 길이 좁고 재임하는 기

간이 길었다. 인재 양성을 평소부터 해 온 때문에 인재가 제대로 양성되었고, 인재 선택을 매우 정밀하게 해서 입관하는 길이 좁았기 때문에 요행을 바라고 함부로 덤벼드는 마음을 먹지 못했으며, 재임하는 기간이 길기 때문에 현능한 사람이 재주를 제대로 발휘해서 일의 공적이 이루어졌던 것이다."

그러나 후세에 이르러 자격을 갖추지 못하는 자들이 관작을 구하게 되었고, 관작을 주는 자도 제대로 실행하지 못했다. 이러한 폐단은 고려 말기에도 고스란히 드러났다. 따라서 조선건국을 통해 정도전은 전 왕조의 폐단을 극복하고 고대의 이상 시대를 실현하고자 했다.

정도전은 건국 직후 인재 양성과 충원에 관한 시설과 제도를 정비했다. 그 내용은 『조선경국전』「예전」에 자세하게 설명되어 있다. 먼저 인재를 양성할 학교가 설립되었다.

"(전반부)학교는 교화의 근본이다. 여기에서 인륜을 밝히고, 여기에서 인재를 양성한다. 삼대三代 이전에는 학교 제도가 크게 갖추어졌었고, 진秦·한漢 이후로도 학교 제도가 비록 순수하지는 못했으나 학교를 중히 여기지 않음이 없었으니, 일대의 정치 득실이 학교의 흥패에 좌우되었다. 조선의 중앙에 성균관을 설치하여 공경·대부의 자제 및 백성 가운데서 준수한 자를 가르치고, 부학 교수部學教授를 두어 동유童幼를 가르치며, 또 이 제도를 확대하여 주·부·군·현에도 모두 향학鄕學(향교)을 설치하고 교수와 생도를 두었다. (후반부)병률兵律·서산書算·의약醫藥·상역象譯(통역) 등도 역시 이상과 같이 교수를 두고 때에 맞추어 가르치고 있으니, 그 교육이 또한 지극하다."

국가 정치의 성패를 학교가 결정한다고 본 정도전은 학교를 두 종류로 구분했다. 오늘날 식으로 보자면, 전반부에서 말하는 학교가 정치교육을 하는 정치학교였고, 후반부에서 말한 학교는 기술 교육을 하는 기술 전문학교라고 할 수 있겠다. 물론 중심은 정치학교다. 이렇게 정비된 학교에서 양성된 인재를 등용하는 과거제도 또한 정비되었다. 정도전은 과거제도 역시 주나라를 이상시했다.

"과거제도는 그 유래가 이미 오래다. 주나라 때에는 대사도大司徒가 육덕六德·육행六行·육예六藝로써 만민을 가르쳤는데, 그중에서 현능한 사람을 빈례賓禮로 천거하고서 이를 선사選士라 했고, 태학太學에 천거하고서 이를 준사俊士라 했으며, 사마司馬에 천거하고서 이를 진사進士라 했다. 그리고 평론이 정한 뒤에 관작을 맡기고, 관작을 맡긴 뒤에 작위를 주며, 작위가 정한 뒤에 녹을 주었다. 인재를 교양함이 매우 철저했고, 인재를 선택함이 매우 정밀했으며, 인재를 등용함이 매우 신중했던 것이다. 그러므로 성주成周 시대의 융성한 인재[人才之盛]와 아름다운 정치[政治之美]는 후세에서 능히 미칠 바가 아니었다."

"융성한 인재와 아름다운 정치"는 정도전이 지향하는 비전이자 꿈이었다. 이를 위해 정도전은 과거제도를 정비하는 데 그치지 않고 자신이 직접 과거시험을 주재하여 새로운 인재를 등용했다.

정치가를 위한 교육은 관료인 신하들에게만 한정된 것이 아니다. 최고통치자인 군주에게도 요청되었다. 경연經筵이 바로 그것이다. 이성계의 즉위와 함께 경연관을 설치하여 고문을 갖추었고, 인군이 만세의 법을 세우는 데 필요한 책인 『대학』과 진서산眞西山이 『대학』의 뜻을 확대하여 제왕이 정치를 하는 순서와 학문을 하는 근본을 밝힌 『대학연의大學衍義』가 텍스트로 사용되었다.

군주와 세자는 물론 재상을 필두로 한 관료 그리고 관료를 지향하는 자들을 포괄하는 정치가 양성과 충원의 체계가 정도전의 구상에 의해 정립되었다. 비록 정도전이 무인정변으로 자신의 뜻과 꿈을 온전히 이루지는 못했지만, 그가 구상하고 골격을 갖춘 위업은 태종을 포함한 역대 왕들이 계승하여 조선은 정통왕조로서 확립되었고 이후 500여 년간 장기 지속했다.

5. 한국정치학교 설립 기획

무인정변 이후 부정된 정도전의 위업이 복권되는 데는 기나긴 복권의 여정이 있었다. 그 여정에 크게 보아 세 번의 변곡점이 있다고 생각한다. 첫 번째는 조선 말기 고종 때 이루어진 신원 회복이다. 두 번째는 1970년대 이후 이루어진 학문적 복권이다. 학계에서 무인정변 이후 왜곡되고 가려져온 정도전의 진실을 찾아내는 작업이 이루어졌다. 이제 세 번째 변곡점을 맞이하고 있다.

2027년 말을 예정으로 정도전의 집터에 종로구청의 신축 사업이 진행되고 있다. 앞의 두 번과는 다른 차원의 진정한 복권이 이루어져야 할 것이다. 이번에는 과거 회고적 복권이 아니라 미래지향적 복권을 기대해본다. 구청사 신축을 계기로 정도전의 뜻과 꿈을 종로구의 사명과 비전으로, 더 나아가 미래 대한민국의 비전으로 연결하는 것이다. 발표자는 "융성한 인재 아름다운 정치"라는 정도전의 뜻과 꿈을 계승하여 한국정치학교(취지로 본다면

'삼봉정치학교'라고 해도 좋을 것임) 설립을 기획한다.

　근년 정치학교의 필요성을 말하는 사람이 늘어났고, 실제 몇몇 정치학교가 만들어져 운영되고 있다. 다양한 차원에서 다양한 방식으로 정치학교가 논의되고 만들어지는 것은 바람직하다.

　발표자는 한국정치를 중추정치와 토대정치로 구분한다. 총선과 대선이 중추정치에 해당한다면 지방정치·시민정치·청소년정치가 토대정치에 해당한다. 한국정치의 상황은 중추정치에만 관심과 자원이 집중되고 토대정치는 소홀이 취급되거나 방치되었다. 이렇게 토대정치와 중추정치가 단절된 상태에서는 아무리 중추정치 중심의 발전 방안을 시도한다고 해도 성과를 얻기 어렵다. 정치교육도 마찬가지다. 따라서 한국정치 발전을 위해서는 토대정치를 튼튼히 해야 한다.

　비유하자면, 유소년 축구단을 생각해볼 수 있다. 과거에 비해 한국축구의 실력이 향상되어 국가대표급 경기에서는 상당한 수준의 경기력을 보여주고 있다. 이렇게 한국축구가 발전한 데는 여러 요인이 있지만, 무엇보다 중요한 요인은 유소년 축구단에서 찾을 수 있다. 가능성을 잠재한 유소년을 발굴하여 교육시키고, 그중에서 탁월한 인재를 해외 유수 축구팀에 유학을 보내 성장시킨 것이 결정적인 요인이었다. 축구에서의 교육이란 단순히 이론학습을 통해 이루어지는 것이 아니다. 실천 중심적 교육을 통해 체득되어야 하는 교육이다. 정치교육 역시 마찬가지다. 토대정치를 중심으로 중·장기적인 관점에서 정치적 인재를 양성해야 한다. 그리고 결국에는 토대정치와 중추정치가 연계되는 시스템을 구축해야 한다.

　정치가 양성 모델을 구축하는 핵심은 현재 파편적으로 존재하는 3개의 토대정치 영역을 체계화하는 것이다. 첫째, 청소년 정치교육의 모델을 만들어, 방과 후·방학 중 프로그램을 운영한다. 둘째, 전사회·전국가적으로 확산될 수 있는 시민교육 모델을 수립한다. 셋째, 지방의원을 대상으로 하는 교육 시스템을 구축한다.

먼저 청소년정치 영역이다. 청소년 시기부터 사회화 과정의 일환으로 정치교육을 실행하여 지식으로써가 아닌 실천을 통해 정치의 원리와 작동 기제를 체득한다. 이렇게 성장한 청소년이 주체적인 시민으로 의식하고 활동할 수 있게 된다. 나아가 그러한 시민 중에 일부가 지방자치단체의 의원으로 진출한다. 일반 시민을 위한 정치교육과 자치단체 의원을 위한 정치교육도 필요하지만, 3개의 영역 중에서 가장 기본이 되는 것이 청소년정치 영역이다. 여기서부터 시작하지 않는다면, 시민정치도, 지방정치도 발전할 수 없을 것이고, 결국 중추정치의 발전도 기대하기 어려울 것이다.

그러나 청소년 정치교육하면 당장 떠오르는 생각이 지금의 대학입시가 존재하는 한 공교육에서 정치교육을 도입하는 것은 어렵다는 점이다. 게다가 교사의 정치적 중립이 엄격히 요구되는 상황에서 학생들에게 정치교육을 한다는 것은 애초에 성립하지 않는다는 반론이 예상된다.

그렇기 때문에 우선은 방과 후 프로그램과 방학 중 프로그램을 운영할 것이다. 이것만으로도 적지 않은 성과를 기대할 수 있다. 나아가 언젠가 공교육 내로 편입될 정치교육을 위한 준비작업을 하는 것이다. 아무것도 하지 않는 것은 무책임한 일이다.

시민정치 영역에서는 파편적으로 흩어져 있는 다양한 시민교육의 장에 정치교육을 도입한다. 각급 지방자치단체의 강좌를 개선하여 활용하고, 민간단체가 운영하는 각종 교육에 시민정치 교육을 확대하는 것이다.

가장 열악한 상황이 지방정치 영역이다. 지방의원은 이미 정치가의 길로 들어선 사람들이다. 그러나 그들이 일반 시민으로부터 정치의 세계로 진입하는 데는 아무런 제약 장치가 없다. 이준석 전 국민의힘 대표가 지방선거에 출마할 공직 후보자를 대상으로 일종의 자격시험을 도입하는 방안을 제시할 정도로 지방의원이 정치가로서 갖추어야 할 자격조차 검증되지 못하고 있다. 지방정치의 수준을 높이기 위해 그들의 자질과 능력을 고양시키는 교육 시스템이 절실하다. 지방의원이 되기 위해, 그리고 되고 나서도 지속적인 교육을 통해 정치가로 성장하여 그들이 중추정치로 진출하는 것이 제대로 된 정치를 위한 유일한 길이다. 대부분의 선진국 정치는 토대정치와 중추정치의 연계 시스템이 잘 작동한다.

이상과 같은 토대정치 교육을 위해서는 표준 교재와 커리큘럼이 필요하다. 강사 개인의 편차를 줄이고 교육의 균질성을 보장하는 것은 교재다. 현존하는 대학의 정치학 교재를 그대로 사용할 수 없다. 대학에서 사용하는 교재는 학문을 위한 교재이고 연구자를 위한 교재이지 정치가 양성을 위한 교재라고 보기 어렵다. 애초에 대학에는 정치가 교육을 위한 커리큘럼도 없다. 따라서 대학의 정치외교학과와 구별되는 실천적 정치교육을 위한 교재와 커리큘럼을 개발해야 한다.

한국정치학교를 설립하는 데 세 가지 원칙을 설정한다. 중립성(비당파성), 공정성, 국민참여성이다. 팬덤정치와 진영정치, 발제자의 개념으로 얘기하자면 붕당정치가 판을 치는 한국정치에서 정치학교가 중립성을 유지하지 못하면 존립할 수 없다. 정치학교는 강사에게도 학생에게도 공정성을 유지해야 한다. 사적 이해관계가 개입된다면 정치학교는 존립할 수 없다. 한국정치학교는 국민과 함께 국민이 주체가 되어 정치 변화를 이루겠다는 명분으로 설립하는 만큼, 국민과 함께 설립하고 국민과 함께 운영하는 학교이어야 한다. 따라서 한국정치학교는 특정 대학의 인프라를 사용하거나 특정 기업의 후원에 전적으로 의지하는 운영이 되어서는 안 된다. 초기 설립과 운영 비용은 국민펀드 방식을 채택한다. 그밖에 희망 성금이나 지원금도 지속적 운영을 위해 필요하다.

다음은 한국정치학교의 주요 사업이다.

첫째, 교육 프로그램을 운영한다. 지방정치 코스는 수익형 위탁교육을 실시한다. 시민정치 코스는 지방자치단체 및 민간단체와 협약하여 시민강좌를 운영한다. 기존의 시민강좌와는 달리 참여형 공론정치 모델을 수립하여 경청하고, 토론하고, 합의하는 정치교육을 실행한다. 청소년정치 코스는 민간 기업과의 협약을 통해 청소년정치학교를 운영하기도 한다.

둘째, 저술 출판 및 연구프로젝트를 실행한다. 앞서 설명한 교재와 커리큘럼 개발을 위한 사업이다. 지방정치 교재, 청소년정치 교재, 시민강좌 교재 시리즈 등을 개발한다. 더불어 그러한 교재를 만들기 위한 연구프로젝트를 진행한다.

셋째, 정치학교TV를 운영한다. 한국정치학교는 온라인 강좌, 유튜브 채널, EBS연계 강좌 등 다양한 방식을 도입하여 지리적 거리에 장애를 받지 않고 교육이 가능하도록 한다.

중장기적 관점에서 설립하는 한국정치학교는 설립 이후 단계적으로 사업을 진행할 것이다. 초기 3년은 교재와 커리큘럼 개발에 집중하면서, 시범교육 프로그램을 운영하며 교재와 커리큘럼의 완성도를 높여갈 것이다. 이 단계에서는 국민펀딩으로 모금한 초기 재원으로 운영한다. 초기 3년이 지나면 중장기적 수익사업으로 전환하여 지방의원 위탁 교육, 민주시민 교육, 교재 판매 수익을 통해 운영의 자립도를 높이면서 일정 시점에서는 국민펀

드를 환원한다.

　초기 재원은 주로 교재와 커리큘럼을 개발하는 전문연구인력의 인건비로 사용될 것이다. 강사진은 한국정치학회의 현역 및 정년퇴임 교수 그리고 전현직 정치가들이 활용된다. 지방자치단체의 협조 하에 강의실, 사무실, 연구실, 스튜디오 등에는 재원을 들이지 않는 방법을 모색한다.

　한국정치학교는 독립법인으로 설립한다. 한국정치학교와 한국정치학회의 관계 설정은 추후 논의하며 최선의 방식을 모색한다.

　설립 일정은 2024년에 설립준비위원회를 구성하고, 2025년에 1단계 개교를 목표로 한다. 지방자치단체의 협조를 통해 학교 인프라 확보가 필요하다. 이후 2단계로 확대 개편한다.

6. 나가며

　정문헌 구청장은 〈들어가며〉에서 언급한 지난 6월 16일 연합뉴스와의 인터뷰 기사에서 "아울러 신청사 건립과 관련해서는 '2027년 12월 준공을 목표로 공정을 진행 중'이며 종로의 정체성을 담고 역사와 문화예술이 공존하는 청사를 만들 계획이다."라고 말했다.

　발표자는 신청사 건립에 '역사'와 '문화'와 더불어 '정치'도 담아야 한다고 주장한다. 종로구 신청사는 2단계 한국정치학교가 들어서야 할 최적의 장소가 될 것이다. "융성한 인재 아름다운 정치"를 교훈으로 하여, 구관九館을 설치하려고 한다. 조선왕조와 대한민국을 대표하는 정치가의 이름을 담은 삼봉관·세종관·충무관·정조관·김구관·이승만관·박정희관·김대중관·

노무현관이 강의실·자료실·연구실·사무실 등으로 사용될 것이다.

구관은 대한민국 정치가 양성의 산실이 되어 거기서 양성된 인재가 '큰 정치가'로 성장하여 종로를 정치 1번지로 부활시킬 것을 기대해본다. 종로구 신청사가 시대적 사명에 부응하여 한국정치 3.0 시대를 여는 심장이 될 것으로 확신한다.[5]

---

[5] 이 글은 2024년 10월 18일에 개회된 학술회의에서 발표되었다. 그로부터 채 두 달이 지나지 않은 12월 3일 윤석열 대통령이 주도한 비상계엄 사태가 발생했다. 그것이 한국정치사에 미친 부정적 영향은 심대하다. 더 이상 정치가의 교육·양성을 위한 한국정치학교 설립은 미룰 수 없는 시대적 과제임이 분명하다.

참고문헌

『朝鮮經國典』,『經濟文鑑』,『經濟文鑑別集』,『大學衍義』

박홍규, 2012, "정도전 사상과 현대 한국정치: 정치가 양성을 중심으로",『한국학논집』 47.

박상훈, 2023,『혐오하는 민주주의』, 서울: 후마니타스.

동아일보 2022.10.28. (https://www.donga.com/news/article/all/ 20221028/116194505/1).

연합뉴스 2024.06.16. (https://www.yna.co.kr/view/AKR20240614104700004?input=1195m).

중앙일보 2020.02.11. (https://www.joongang.co.kr/article/23702779).

중앙일보 2024.03.19. (https://www.joongang.co.kr/article/25236178).

한국일보 2020.02.12. (https://www.hankookilbo.com/News/Read/202002111710368456).

3부

종합토론

〈사회〉
장현근/용인대학교

〈발표〉
부남철/영산대학교
이상민/연세대학교
송재혁/고려대학교
김영수/영남대학교
정호섭/고려대학교
박홍규/고려대학교

〈토론〉
최연식/연세대학교
김순남/고려대학교
김　현/연세대학교
강성봉/한성대학교
김범수/서울대학교
김주형/서울대학교

〈청중〉
1, 2, 3

〈일시〉 2024년 10월 18일(금) 오후 4시~5시 30분
〈장소〉 국립고궁박물관 별관 강당

〈사회〉 **장현근**
중국문화대학교 대학원 동양정치사상 석사
중국문화대학교 대학원 동양정치사상 박사
현 용인대학교 중국학과 교수

· 대표 논저
『중국정치사상사』(역서)
『관념의 변천사: 중국의 정치사상』

〈토론〉 **최연식**
연세대학교 대학원 정치학과 정치학 석사
연세대학교 대학원 정치학과 정치학 박사
현 연세대학교 정치외교학과 교수

· 대표 논저
『창업과 수성의 정치사상』
『조선의 지식계보학』
『조선 지식인의 국가경영법』

김순남
고려대학교 대학원 문학 석사
고려대학교 대학원 문학 박사
현 고려대학교 문화유산융합학부 교수

· 대표 논저
『세조, 폭군과 명군 사이』
『조선초기 체찰사제 연구』

김 현
연세대학교 대학원 정치학과 정치학 석사
연세대학교 대학원 정치학과 정치학 박사
현 연세대학교 디지털사회과학센터 연구교수

· 대표 논저
"유길준의 '자유주의적' 문명국 구상의 재검토"
"개화파의 전제군주권 제한 시도(1894-1898)"

강성봉
성균관대학교 대학원 사학과 한국고대사 석사
성균관대학교 대학원 사학과 한국고대사 박사수료
현 한성대학교 역사콘텐츠트랙 겸임교수,
　성북문화원 사무국장

· 대표 논저
『우리 마을을 기록합니다-지역 아카이브 이론에서 사례까지-』
『현장 사례로 보는 기록관리』(한국기록관리학회 엮음)

김범수
서울대학교 대학원 외교학과 석사
시카고대학교 대학원 정치학과 박사
현 서울대학교 자유전공학부 교수

· 대표 논저
『한국 사회에서 공정이란 무엇인가』
『평화학이란 무엇인가: 계보와 쟁점』

김주형
서울대학교 대학원 정치학 석사
인디애나대학교 대학원 정치학 박사
현 서울대학교 정치외교학부 부교수

· 대표 논저
"민주적 혁신의 정치이론"
"급진민주주의: 재점화를 위한 시론"

사회	장현근 용인대학교	토론	최연식 연세대학교
			김순남 고려대학교
발표	부남철 영산대학교		김 현 연세대학교
	이상민 연세대학교		강성봉 한성대학교
	송재혁 고려대학교		김범수 서울대학교
	김영수 영남대학교		김주형 서울대학교
	정호섭 고려대학교		
	박홍규 고려대학교	청중	1, 2, 3

장현근 — 사회자, 용인대학교

　토론은 각 발표자에 대해서 토론자분들께서 7분 이내로 요약해서 이야기를 해주시고, 논문의 발표자들께서는 3분 이내로 간략하게 답변을 해주시는 방식으로 하겠습니다. 그리고 발표자와 토론자들의 발표가 끝나고 나면 청중 여러분들의 질문도 받도록 하겠습니다.

　첫 번째 발표는 〈정도전의 꿈과 정치〉를 주제로 한 부남철 영산대학교 교수님의 발표였습니다. 여기에 대해서 여말선초의 전공자이신 연세대학교 최연식 교수님께서 토론을 해주시겠습니다.

최 연 식 ──────────────────── 토론자, 연세대학교

안녕하십니까? 연세대학교 최연식이라고 합니다.

부남철 선생님은 발표문에서 삼봉을 성리학자라고 이야기하셨습니다. 성리학이 무엇인가에 대해서는 여러 가지 견해가 있을 수 있겠지만, 저는 '삼봉의 학문적 경향을 성리학에만 가둘 수는 없지 않을까?'라고 생각합니다. 삼봉은 성리학에 국한되지 않는 훨씬 더 폭넓은 시야를 가지고 있었고, 또 다양한 현실적·실용적 관점도 가지고 있었기 때문입니다. 토론문의 마지막 부분에도 써놓은 것과 같이 삼봉은 병법, 병서에도 많은 관심을 기울였고, 한양 도성을 설계하기도 했습니다. 이런 부분은 우리가 알고 있는 교조적 성리학하고는 거리가 있고, '다른 차원에서도 접근할 수 있지 않을까'라는 생각이 들게 합니다. 그래서 삼봉의 학문 세계를 지금보다 열린 자세로 접근하자는 것이 제가 첫 번째로 드리고 싶은 말씀입니다.

두 번째로 말씀드리고 싶은 점은 삼봉이 학자로서뿐만 아니라 현실 정치가로서도 중요한 문제 의식을 가지고 있었다는 것입니다. 삼봉에게 조선의 비전이라는 것은 고려의 경험에 대한 반성으로부터 시작되는 것이라고 생각됩니다. 고려의 경험에 대한 반성이란 크게 보면 3가지 차원에서 말씀드릴 수 있겠습니다. 첫 번째는 고려가 안고 있던 정치적인 문제점, 두 번째는 경제적인 문제점, 그리고 세 번째는 종교적, 즉 정신 세계의 문제라는 차원인데, 삼봉은 이러한 3가지 문제에 대해서 치열하게 고민을 했던 것 같습니다.

첫 번째, 정치적인 문제, 그 중에서도 가장 핵심적인 것은 왕위 계승 문제입니다. '어떻게 하면 정통한 왕조를 만들고, 이것을 이어가게 만들 것인가'

라고 하는 것인데, 이러한 문제의식이 '경복景福'이라는 궁궐 이름에도 붙어 있는 것이라고 생각합니다. 이와 같은 의미에서 '왕위계승을 정당하게 만들어가자'라는 문제의식이 있었고, 이에 대해 삼봉이 제안했던 것은 연年과 공功이라는 것이 저의 생각입니다. 첫째는 장자 우선이라는 연, 나이를 기준으로 삼고, 두 번째는 업적, 즉 공으로, 이 두 가지 기준을 원칙으로 세워놓고 이와 같은 기준에 마땅하게 왕조의 정통성을 이어가자는 것입니다. 그런데 연공이라는 기준을 정하더라도 왕에 의한 정치적 지속이라는 것은 우연에 의해서 작동하기 때문에 그것을 적절하게 제어하기 위한 시스템과 제도가 필요합니다. 총재정치를 예로 들 수 있습니다. 『삼봉집』 전체가 관통하는 정치적 기준은 이와 같은 문제였다고 생각합니다.

두 번째는 고려 말의 경제적 위기 문제입니다. 대토지 소유자들의 문제가 대표적입니다. 일반 농민들에게는 송곳 꽂을 땅도 없는 상황, 이러한 상황을 극복해야 국가의 경제적 기반을 안정적으로 유지할 수 있을 것이라는 문제의식입니다. 그러한 문제의식을 『삼봉집』 곳곳에 치열하게 고민해서 담아냈다고 생각합니다.

세 번째는 정신적 위기의 문제인데, 고려말에 있었던 불교의 폐단이라고 생각합니다. 삼봉이 여러 차원에서 불교 비판서를 쓰면서 건강한 국가를 만들기 위해 노력했는데, 그러한 것들이 종합적으로 삼봉의 비전이었다고 생각합니다.

삼봉이 가진 비전의 토대가 된 핵심적인 텍스트, 그리고 그의 문제의식을 이끌어내는 데 도움이 됐던 텍스트는 무엇일까? 포은 정몽주와 삼봉은 처음에는 아주 가까운 사이였는데, 삼봉이 상을 당했을 때 포은이 책을 주어서 보냅니다. 그것이 바로 『맹자』라는 책입니다. 그리고 삼봉은 이 『맹자』를 아주 열심히 탐독합니다. 삼봉이 『맹자』를 열심히 탐독하면서 여러 가지 현실적이고 정치적인, 그리고 경제적인 대안들을 모색하는 데 참고하지 않았을까라고 생각합니다. 그런 의미에서 삼봉의 학문과 정치적 참여와 비전, 이러한 것들은 하나로 관통되어 있고, 일관되어 있다고 말씀드릴 수 있습니다.

│부남철 ──────────────────────── 발표자, 영산대학교

이번 발표에서는 삼봉의 사상에 대하여 성리학이라고 하는, 새로운 사조의 도입, 추상적인 것에 대한 설명을 집중하는 바람에 삼봉의 현실적 대처 방안에 대해서는 조명이 소홀했습니다. 지적해 주신 점들에 대해서는 적절하게 반영할 생각입니다. 저 역시 놀랐던 부분은 삼봉 정도전은 철학을 논의하는 학자인데, 진법과 같은 병법까지도 신경을 썼다는 사실입니다. 최교수님의 말씀을 들으니 이러한 부분을 글에 포함시켜야 되겠다는 생각이 더욱 듭니다. 두 번째는 『불씨잡변』과 관련한 문제입니다. 이에 대하여 글에서는 나와 다르니까 비판했다는 점에 중점을 두었는데, 최교수님의 말씀을 들어보니 『불씨잡변』이라는 것이 우리나라가 시대별로 겪어온 시대 정신사의 위기, 삼봉에게는 고려말의 종교의 타락이라는 점에 대한 비판이 될 수 있겠다는 생각이 듭니다. 이러한 부분에 대해서는 자료를 보완하도록 하겠습니다. 또 한 가지는 경제적인 문제인데, 제가 토지 문제, 세금 문제와 관련된 삼봉의 경국, 제세의 측면에 대해서는 부족한 점이 있었습니다. 발표한 글의 후반부에 구체적인 사례로 반영하겠습니다. 감사합니다.

▎장현근 ──────────────────────────── 사회자, 용인대학교

　두 번째는 〈삼봉 정도전의 정치적 죽음과 사복시 설치〉를 발표한 연세대학교 이상민 박사에 대해서 고려대학교 김순남 교수님께서 질문해 주시기 바랍니다.

▎김순남 ──────────────────────────── 토론자, 고려대학교

　저는 고려대학교 문화유산융합학부에 재직하고 있는 김순남입니다.
　본 발표문은 조선왕조의 설계자이자 문제적 인물, 정도전에 대한 초기 인식이 비교적 모호하게 처리된 경위를 밝히고 종로구청을 통해 알려진 바, 현재 사복시 일대인 정도전 생가에 대한 초기 기록이 조선 후기 구체화한 변화 과정을 살피고자 한 것입니다. 본 발표자는 태종이 영의정으로 추정하고 '문충'으로 시호를 내린 정몽주의 예와는 달리 정도전에 대해서는 명성, 악명 모두가 지나치게 커지는 것을 반기지 않았기에 모호함을 수반한 채 기록을 거의 남기지 않았으며, 이로 인해 그의 존재는 몇 세대에 걸쳐 빠르게 망각되었다고 주장했습니다. 또 정도전의 생가터에 대해서는 성종대 『동국여지승람』과 중종대 『신증동국여지승람』을 통해서는 다만 중부 수진방에 사복시가 있었다는 기록뿐이었으나, 광해군대 이수광의 『지봉유설』, 정조본 『삼봉집』, 유득공의 『고운당필기』, 유본예의 『한경지략』을 거치면서 정도전과의 관련성이 거듭 언급되었다면서, 태종의 정도전에 대한 망각의 기획이 결과적으로는 도참으로 이어져 '사복시의 설치'라는 설화를 낳게 되었다고 했습니다.

본 발표문은 정도전의 죽음 이후 그에 대한 기록이 충분하지 못하게 된 원인이 태종의 정치적 의도에 따른 결과였으며, 그와 관련하여 정도전의 생가가 사복시 자리에 있었다는 종래의 명제 역시 명확한 사실로 입증되지 않았음을 지적했습니다. 토론자의 입장에서 몇 가지 점을 지적함으로써 본 발표문의 완성도를 높이는 데 도움을 드리고자 합니다.

1. 발표문 2쪽을 보면 '주지하다시피 정도전은 이방원에 의해 왕자의 난을 통해 사사賜死되었다'라고 썼습니다. '죽음을 내린다'라고 하는 것은 머리하고 몸통이 붙여져 있는 것이기 때문에 일종의 명예형이라고 할 수 있습니다. 그래서 약을 먹고 죽는 것이든, 목을 매어서 죽는 것이든 방법은 당사자가 결정하고 죽기만 하면 되는 것입니다. 정도전은 1398년 8월 26일 '예전에 공(정안공)이 이미 나를 살렸으니 지금도 또한 살려주소서'라고 했는데, 정도전의 호소에도 불구하고 '니가 조선의 봉화백이 되었는데도 도리어 부족하게 여기느냐? 어떻게 악한 짓을 한 것이 이 지경에 이를 수 있느냐'라는 정안군의 일갈 뒤에 목이 잘려 죽었습니다.

2. 저는 역사 전공자이기 때문에 기록이 연구 대상입니다. 태조실록에 따르면, 무인년인 1398년 8월 26일 정도전이 왜 참형을 당했는지에 대해서 '권세를 마음대로 부리고자 하여 어린 서자를 꼭 세자로 세우고자' 하였기 때문이라 기록되어 있습니다. 그리고 당시 정안군은 아버지 태조에게 '전하께서는 적장자인 영안군을 세워 세자로 삼게 하소서.'라고 진언했습니다. 당시 이성계의 장자는 1392년 이미 죽어서 둘째 이방과가 적자이자 장자였었습니다. 여기에서 정안군 이방원이 강조하는 것은 적장자입니다. 태조는 아들의 이야기를 듣고 '그대의 아버지인 내가 일찍이 나라를 세우고 난 뒤에 장자를 버리고 어린 아들인 방석을 세워 세자로 삼았으니, 이 일은 내가

사랑에 빠져 의리에 밝지 못한 허물일 뿐만 아니라 정도전, 남은 등도 그 책임을 사양하고 피할 수가 없다.'라는 자기 반성을 했고, 그 끝에 정종이 왕위를 이었습니다. 정종은 부인과의 사이에서 적자가 없었기 때문에 동생 정안군 이방원을 일러 '나는 직접 이 아우로 아들을 삼겠다.'라고 하였습니다. 그래서 정안군 이방원은 왕세제가 아니고, 왕세자가 된 것입니다. 그리고 그가 1400년 11월 13일 국왕으로 즉위했으니, 이 사람이 태종입니다. 정도전이 죽임을 당한 것은 어린 서자를 끼고 권력을 마음대로 부리고자 적자를 해치고자 했기 때문입니다. 결국 적자의 명분으로 즉위한 태종이 정몽주와 같이 자신의 당대에 공식적으로 정도전을 신원하고 복권하는 것이 가능했었던 일이겠습니까? 이것이 불가능했기 때문에 기록을 구태여 남기지 않았다고 생각됩니다.

3. 발표자께서는 '태종은 정도전에 대하여 군주를 기망(기군[欺君])하는 신하로 간주하면서도 가산적몰 대신 과전만을 회수하도록 했다'라고 하셨습니다. 그런데 이 부분은 가산적몰이 무엇을 의미하는 것인지 조금 더 생각을 해보시라고 제안드립니다. 중요한 것은 1416년(태종 16) 6월 10일, 태종은 정도전 자손의 금고를 해제했고, 정도전의 아들은 정2품의 판서로 죽었고, 증손은 우의정까지 했습니다. 태종이 정몽주와 같이 정도전을 공식적으로 복권하고 신원한다면, 이는 자신의 집권 정당성을 부정하는 것입니다. 그런데도 태종은 후손들을 다 풀어주어서 태종 재위 후반부터 이미 정도전의 자손은 제한 없이 관직 사회에 진출할 수 있었습니다. 특히 세종대 문과에 합격하여 연산군대 이르러 우의정의 지위까지 오른 인물도 있었습니다. 이러한 실상은 태종이 공식적인 신원은 어렵다 하더라도 그 자손의 출사를 자유롭게 하는 실질적인 방향에서 정도전의 문제를 풀어간 것으로 보아야 되지

않을까라고 생각합니다.

4. 발표자는 발표문에서 일말의 의문을 제기하셨지만, 저의 생각으로는 자료가 없는 것이 오히려 문제가 되지, 기왕의 자료로 볼 때 후기의 설화로 포장되었다 하더라도 이미 사복시 터를 정도전의 생가터로 비정하는 것은 충분하다고 생각합니다.

▎이상민 ──────────────────────── 발표자, 연세대학교

김순남 선생님께서 지적해주셨던 '사사賜死'는 실수한 것이 맞습니다. 그리고 '파가저택破家瀦宅'과 '폐가훼철'도 급하게 원고를 작성하다 보니 용어가 헷갈려 실수가 있었습니다. 다만 논쟁적 사안에 대해서는 말씀드리고 싶은 것이 몇 가지 있습니다. 사상사를 공부하다 보면 사상이 결국에는 정치적 행위를 하기 위한 도구이고, 그것이 얼마나 설득력을 가지느냐가 관건이라는 생각이 듭니다. 그 자체가 얼마나 힘을 가지는가 아닌가는 약간은 부차적인 문제가 되는 경우가 많다고 생각합니다.

이런 추상적인 이야기를 하는 이유는 정도전 사망 얼마 뒤에 의정부 대신들이 나서서 남은과 정도전을 용서해 주면 어떠냐고 불쑥 나서서 이야기를 하기 때문입니다. 이유인즉슨 '(정도전·남은이) 공이 많지 않은가? 그리고 좀 도와줘야 하지 않을까?'라는 것입니다. 이에 대한 태종의 대답은 '남은은 되는데, 정도전은 안 돼'라는 것입니다. 그런데 김순남 선생님께서 제시해 주신 자료만 보더라도 "정도전, 남은 등도 그 책임을 사피할 수 없을 것"이라는 부분이 나옵니다.

이처럼 정도전과 남은은 계획에서 분리된 적은 거의 없는데, 갑작스럽게

태종은 거의 모든 사안에서 남은은 대부분 빼주고, 정도전은 대부분 비판의 대상으로 삼고 있는 것으로 추측할 수가 있습니다. 결국에는 정도전도 명분을 넣고자 했다면 못 넣을 것이 없었는데, 그러지 않았다는 것입니다. 그리고 제가 둘의 차이에서 주목하고 싶은 것이 한 가지가 더 있습니다. 정도전 자신의 무덤이 1989년에 한양대학교에서 발굴하기 전까지는 아무도 그 사실을 몰랐다는 것입니다. 정도전의 후손 중에서 우의정의 자리까지 올랐던 정문형조차 자신의 증조부였던 정도전의 무덤이 어디 있었는지 몰랐습니다. 남은의 무덤은 지금도 어디 있는지 모두가 알고 있습니다. 이와 비교했을 때 정도전의 경우는 무엇인가 개운하지 않은 지점이 없는 건 아닌 것 같습니다. 다만 제가 그것을 요령 있게 표현할 능력이 없었던 것은 분명히 저의 부족함이라고 생각합니다.

그리고 또 한 가지 말씀드릴 것이 있습니다. 저 같은 경우는 문헌을 다루는 학자로서 후대로 가면 갈수록 디테일이 늘어나는 문헌이 있고, 그리고 가장 오래된 문헌의 기록이 가장 적다면 적은 쪽을 일단은 공통 분모로 삼아 그것을 사실로 전제하는 것이 원칙이라고 생각합니다. 시간이 갈수록 점점 불어나는 문헌이 있다면 불어나는 쪽이 의심스러운 것이 정상이고, 가장 오래된 문헌이더라도 디테일이 많았는데 점점 줄어든다면 오래된 폭넓은 기록도 사실일 수가 있을 것입니다. 소문이라는 것이 불어날 수는 있어도 줄어드는 것은 어렵지 않을까라는 합리적 의심을 하는 것입니다. 이상 마치도록 하겠습니다.

▎장현근 ──────────────────────── 사회자, 용인대학교

세 번째는 고려대학교 송재혁 교수의 정도전의 〈기나긴 복권의 여정〉에 대한 발표에 대해서 연세대학교 김현 박사님의 토론이 있겠습니다.

▎김 현 ──────────────────────── 토론자, 연세대학교

저는 조선 시대를 전공하지는 않지만, 조선 시대 이후인 구한말과 근대의 한국 정치사상사를 연구하고 있습니다. 아마도 송재혁 선생님의 글이 기나긴 복권의 여정을 다루고 있는데, 그 여정이 조선 왕조의 오랜 시기뿐 아니라 근현대까지 이어지고 있기 때문에 제가 토론자로 초청된 것이 아닌가 생각합니다. 먼저, 송재혁 선생님의 글을 간략히 정리해보겠습니다.

송재혁 선생님은 삼봉 정도전을 복권하는 데 있어 어떤 점에 초점을 두고 분석할 것인가라는 질문에 대해, 『삼봉집』의 발간 과정에 주목하고 계십니다. 『삼봉집』의 초간본부터 오늘날 우리가 접할 수 있는 형태로 발간되기까지의 과정을 통해 정도전의 복권 과정을 분석하신 것입니다. 그 과정은 정조 시기를 거쳐 현대까지 이어지며, 이를 지성사적 관점에서 접근한 것은 매우 의미 있는 시도라 생각합니다. 저는 오늘 이 토론에서 하나의 질문을 던지고, 그러한 연구 관점에서 우리가 추가적으로 고려할 수 있는 점을 함께 고민해보고자 합니다.

첫 번째로, 앞서 김순남 선생님과 이상민 선생님께서 언급하신 문제와 연관된 질문입니다. 『삼봉집』의 발간이라는 복권 작업이 가능했던 조건은 무엇일까? 태종이 왕자의 난을 통해 정도전을 제거한 후 그의 장남 정도진을

다시 불러들였던 부분이 있습니다. 송재혁 선생님은 이 점이 상당히 이해하기 어려운 부분이라고 지적하셨고, 실제로 정조 시대에 『삼봉집』을 발간한 학자들 또한 이에 대한 명확한 문헌적 증거가 없다고 언급합니다. 또한, 정조가 『삼봉집』 발간을 지시한 것은 국왕 개인의 판단과 지식에 기반한 시혜적인 결정이었다고 보셨습니다. 여기서 "국왕 개인의 판단"은 무엇이었을까? 왜 정조는 그 시점에서 정도전의 문집을 재발간할 필요를 느꼈을까? 이러한 점들에 대한 정황적 증거가 무엇인지 궁금했습니다.

두 번째로, 연구 관점에서 조금 더 확장해볼 문제입니다. 근현대를 전공하는 제 입장에서는 정도전의 복권을 단순히 『삼봉집』의 발간이라는 측면에만 국한할 수 있을지 고민하게 됩니다. 근대와 현대로 넘어오면서 대중 담론의 형성이 새로운 변수로 등장하기 때문입니다. 대중 담론의 장에서 정도전이라는 인물이 어떻게 재발견되고 재구성되었는가? 이러한 과정은 흔히 "전통의 재발명"이라고 할 수 있습니다. 예를 들어, 정약용 역시 19세기 말과 20세기 초에 새롭게 재발견된 인물로 평가됩니다. 그렇다면 정도전은 근대 이후 신문이나 잡지 같은 매체에서 어떻게 재발견되었는가? 어떤 점들이 강조되고 새롭게 조명되었는가? 이 점이 복권 과정에서 중요한 과제가 될 수 있다고 생각합니다.

이를 이해하기 위해 저는 시기를 나누어 구한말, 식민지 시기, 그리고 해방 이후 시기에 정도전이 어떻게 재발견되었는지 살펴볼 필요가 있다고 봅니다. 식민지 시기를 사례로 들자면, 『조선일보』에서 정도전에 대한 기사를 약 30여 건 발견했습니다. 흥미로운 기사로는 1930년 6월에 실린 조선 초 수도 건설에 대한 기사와, 1936년 1월 15일자 "한양 최초 설계 기사 정도전"이라는 기사가 있습니다. 이 기사들은 정도전을 수도 한양을 설계한 인물로 다루고 있으며, 당시 경성의 도시 계획 정비 맥락 속에서 재발견된 것으로 보입니다. 이는 송재혁 선생님께서 언급하신 정치적 복권의 두 번째 측면과도 연결되는 것 같습니다. 다만, 식민지 시기의 경우 국가론이나 정치론과 관련한 기사는 발견되지 않았습니다. 예컨대, 1937년 기사 "한양조의 정치가 군상: 호암 정도전의 인물"에서는 정도전을 조선 초 건국 과정의 정치적 행적에만 한정하고 있습니다. 특히 무인정변을 "정도전의 난"으로 보는 시각에 대한 교정을 언급하며, 정도전을 정변을 주도했던 인물로 보는 것은 부적절하다는 논지가 제시되었습니다. 그러나 이 시기 기사에서는 사상가로서의 정도전은 드러나지 않습니다.

학문적 복권이 1970년대에 이루어졌다고 해도, 이후 대중적 차원에서 정도전의 사상가로서의 면모가 어떻게 재발견되었는지 살펴보는 것도 흥미로운 과제가 될 것입니다. 이는 송재혁 선생님께서 지속적으로 진행해 오신 작업과도 맞닿아 있기에, 앞으로 이러한 부분들이 좀 더 조명되기를 기대합니다. 이상으로 토론을 마치겠습니다.

▮송 재 혁 ─────────────────────── 발표자, 고려대학교

김현 선생님께서 복권이라는 주제를 근현대까지 포함해서 지성사적인 측면에서 논문 혹은 발표문을 보완할 수 있는 제안들을 많이 제공해 주셨습니다. 그 부분에 대해서 감사의 말씀을 드리고 싶고, 더불어 한 가지만 더 말씀드리는 것으로 답변을 대신하고자 합니다. 정조의 복권, 정조의『삼봉집』발간, 이것에 대해서 저는 국왕 개인의 판단이라고 썼는데, 사실 이 점을 구분하기는 쉽지 않은 것이 사실입니다. 왕명이라는 것이 국가적이고, 공적인

것인가? 혹은 사적인 것인가?라는 질문이 생길 수 있습니다.

그런데 『홍재전서』라는 정조의 문집에 「일등록」이라는 기록이 있습니다. 여기에 정도전에 대한 정조의 언급이 몇 가지가 있습니다. 정조는 학자로서 혹은 정치가로서 정도전의 경제에 대한 글이 굉장히 좋다는 것을 발견했고, 그 부분이 없어지면 안 된다는 생각을 했습니다. 그는 그것을 새로 문집으로 발간하라고 지시를 내립니다. 오늘날 20세기의 학자들이 정도전의 업적들을 발굴할 수 있는 토대가 이때에 만들어진 것입니다. 저는 이것을 굉장히 사적인 조치라고 생각합니다. 1865년에 공식적인 사면이 됐으니, 정조의 행위가 그 이전에 있었던 조치이기도 합니다.

또한 공식적인 사면조차도 경복궁의 중건을 기념한 특별한 사면이라는 성격을 갖습니다. 조선왕조 내에서는 모든 국왕들이 태종의 후손이었기 때문에, 태종의 정당성을 부정하는 행위를 할 수는 없었습니다. 이상으로 답변을 마치겠습니다.

▎장현근 ──────────────────────── 사회자, 용인대학교

다음은 김영수 교수님의 〈종로구의 정체성과 비전〉이라는 발표에 대해서 서울대학교 김범수 교수님의 토론이 있겠습니다.

▎김범수 ──────────────────────── 토론자, 서울대학교

안녕하세요. 방금 소개받은 서울대학교 김범수 교수입니다. 부끄럽습니다만 동아시아 사상이나 삼봉 정도전 선생님에 대해 아는 바가 많이 없습니

다. 저는 서양 정치 사상과 서양 정치 이론 분야를 전공하고 있는데, 전공자가 아닌 비전공자의 입장에서 종로구의 정체성과 비전에 대해 김영수 선생님께서 쓰신 글에 대해서 토론하는 그런 입장입니다. 따라서 전문적인 토론이라기보다는 인상과 비평에 가까울 수도 있을 것 같습니다.

오늘 종로구의 정체성과 비전에 대해서 김영수 선생님께서 말씀하시면서 종로의 풍수지리적 정체성 그리고 역사 문화적 정체성에 대해서 이야기해 주셨습니다. 대한민국에서 가장 좋은 터가 이곳 경복궁이 자리 잡고 있는 곳이라고 말씀을 하셨습니다. 이와 같이 종로구의 정체성이라고 하는 것이 풍수지리적인 정체성이 있고, 역사 문화적으로 우리 조선의 수도로서 오랜 기간 우리 역사 문화의 중심지라고 하는 정체성도 가지고 있다고 말씀하셨습니다. 그리고 발표에서는 말씀을 안 하셨지만 이러한 과거의 역사 문화를 바탕으로 현재 미래 문화를 창조하고 K컬처처럼 세계 문화의 본이 되는 종로 모델을 만들어 세계의 모범, 세계의 본이 되어야 한다고도 강조하셨습니다. 이것은 정문헌 종로 구청장께서 취임사에서 말씀하신 이야기들인데, 김영수 선생님께서도 경복궁 주변에 있는 이러한 역사 문화적 정체성과 풍수지리적 정체성을 더욱 발전시켜 나가야 된다고 이야기하셨습니다. 그리고 세계에 본이 될 수 있는 좋은 사례로 '청계천 복원 사례'를 말씀해 주셨습니다.

이러한 것들에 대해서 특별히 이의를 제기하거나 반대 의견을 제기할 생각은 없고, 다만 몇 가지 첨언을 하는 수준에서 말씀을 드리려고 합니다. 종로 모델을 만들어서 세계의 본이 되도록 하자고 하신 총론 부분에서는 전혀 반대할 내용은 없습니다. 다만, 구체적인 내용이 조금 더 보강되어야 하지 않을까라는 생각이 들었습니다. 이전 발표에서 박홍규 선생님께서 발표를 하시면서 '역사, 사회와 더불어서 정치가 중요하다'라고 이야기하셨는데, 사실 여기 종로, 그리고 광화문은 최근에 촛불 시위 등을 통해 우리나라의 민주주의를 상징하는 장소가 되지 않았나 싶습니다. 선생님께서 쓰신 글에서는 K데모크라시, 한국 민주주의, 이러한 부분들이 종로 모델을 언급할 때 없으셨던 것 같습니다. 물론 이것이 이론의 여지도 있을 수 있고, 또 여러 가지 다른 입장이 있을 수 있겠지만 촛불 집회는 다른 나라의 시위에 비해서 평화롭게 진행되었고, 이런 것들은 많은 언론을 통해 인정받았던 부분인 것 같습니다. 이러한 부분들도 또 하나의 종로의 정체성이 될 수도 있고, 종로의 자산이 될 수도 있는 부분이라고 봅니다. 광화문이라고 하는 곳이 대변하는, 광장이라고 하는 것이 대변하고 상징하는 민주주의의 장소성이 있다는 생각을 합니다. 그래서 종로의 정체성과 비전을 만들어 나가는 데 이러한 부분이 참고가 될 수 있지 않을까 생각합니다.

그 다음에 두 번째 이야기는 약간 부정적인 이야기가 될 수도 있을 것 같습니다. 저도 찾아보고 깜짝 놀랐는데, 종로의 인구가 서울 25개 자치구 가운데 밑에서 두 번째입니다. 중구가 제일 적은데, 중구는 12만 명 수준이고, 종로구는 13만 8천 명 정도인데, 최근 몇 년 사이에 한 5~6천 명이 또 줄었습니다. 10여 년 전, 20여 년 전에는 25만 명 수준이었는데, 상당히 인구가 많이 줄어든 상황입니다. 현재 추세가 지속될 경우 조만간 13만 명 이하로 떨어지게 될 것 같습니다. 선거구 획정 기준이 13만 명인 것으로 기억하는데, 이런 추세가 지속될 경우 단독 국회의원 선거구를 유지하기도 어려운 상황이 벌어질 수도 있을 것 같습니다. 종로구의 비전과 발전, 정체성과 비전을 만들어 나가는 것들이 여러모로 중요한 상황인데, 그중에서도 사실 제일 중요하게 생각해야 할 것들 중 하나가 주민이 줄어들고 있다는 부분이고, 그리고 이를 어떻게 해소할 수 있을까에 대해 고민해야 할 것 같습니다.

최근에 언론에 보도 나오는 것을 보면 삼청동이 관광지로서 각광을 받고 있습니다만 주민들에게는 점점 살기 어려운 곳이 되고 있다고 합니다. 원주민들이 쫓겨나고 관광 시설이 들어오고 있다는 기사를 본 적이 있습니다. 종로구의 정체성과 비전을 만들어 나가는 데 있어서 역사 문화의 중심지, 정치 1번지, 이러한 것들을 갖춰 나가는 것도 중요하겠습니다만 본질적으로 더욱더 중요한 것은 주민들이 살기 좋은 곳을 만들어야 한다는 것인데, 그것을 어떻게 만들 수 있을까에 대한 고민들은 오늘 나왔던 이야기들과는 조금 다른 차원인 것 같습니다. 오늘 또 신문 기사를 봤더니 종로에 상권이 많이 죽어서 상가 공실이 많이 생겼다고 합니다. 이처럼 현실적으로 부딪히고 있는 종로의 문제점들을 조금 더 실천적으로 해결할 수 있는 구체적인 방안들이 조금 더 마련되어야 하지 않을까라는 그런 생각이 들었습니다. 이상입니다.

▎김 영 수 ─────────────────────────── 발표자, 영남대학교

낯선 내용을 열심히 읽어봐 주시고, 토론해 주신 것에 감사드립니다. 세계 여러 나라의 도시들을 가보면 로마가 가진 것과 같이 새로 만들 수 없는 그런 것들이 있습니다. 시간만이 만들어낼 수 있는, 인간의 문명입니다. 그런 것을 가지고 있는 곳이 가장 아름다운 도시라고 생각합니다. 그런 곳을 갔을 때, 사람들은 새로운 상상력을 가지게 되고, 새로워지는 듯한 느낌들을 받게 됩니다.

한국에서는 역시 서울이, 서울 중에서도 이곳 종로구는 다른 곳이 가질 수 없는, 시간만이 만들 수 있는 그런 것들을 너무나 풍부하게 가지고 있습니다. 한국이 잘 살지 못했던 과거에는 그러한 것들을 모두 천한 것으로 생각하고 폐기하기도 했지만, 이제 한국이 경제적으로도 부유해지고 훌륭한 나라가 되면서 이런 것들이 재해석되고 있습니다. 오늘날 한류라고 불리는 것들이 그냥 단순하게 BTS와 같은 K-pop 가수들을 의미하는 것이 아니고, 어떤 깊이와 새로운 상상력을 줄 수 있는 그런 문화라고 충분히 볼 수 있습니다. 우리나라만 그런 것이 아니라 세계의 선진국들이 모두 그러한 것들을 가지고 있기 때문입니다.

그러한 의미에서 종로구는 구 단위의 수준에서 포괄하기에는 너무 가지고 있는 게 많은, 그래서 그것을 구 단위에서 풀어나가기에는 아마 상당히 역부족이 아닐까 생각하게 됩니다. 정문헌 구청장님과 김범수 교수님이 걱정하는 것처럼, 구민들의 생활과 문화유산, 이것들을 결합해서 어떻게 세계에 알릴 수 있는가? 주민들도 만족할만한 생활을 할 수 있고, 동시에 한국 사람들도, 다른 나라 사람들이 여기에 왔을 때 어떤 깊이를 느끼고, 정신적인 아름다움을 느낄 수 있도록 만들어 가야한다는 생각을 합니다. 그동안에는 흩어져서 진행이 되어 왔던 이야기들도 오늘 이 자리를 빌어 새롭게 얘기를 해나가면 길이 보이지 않을까라고 생각합니다. 감사합니다.

▌장현근 ──────────────────────────── 사회자, 용인대학교

다음은 고려대학교 정호섭 교수님의 〈종로구 정도전 역사문화벨트 조성과 종로학〉이라는 주제의 발표에 대해서 한성대학교 강성봉 교수님께서 토론을 해주시겠습니다.

강성봉   토론자, 한성대학교

강성봉입니다. 개인적으로 저는 종로학의 출범이 다른 지자체보다 10여 년 정도는 늦었다고 판단됩니다. 성북구의 경우도 성북학 학술회의가 올해 11월 8일에 열리는데, 벌써 8회째입니다. 고려대와도 했고, 한성대와도 했고, 이번에는 성신여대와도 함께 할 예정입니다. 그리고 도봉학 연구소도 있고, 노원 지역문화연구소도 있습니다. 제가 전국의 문화원에 정책 기획을 하고 있는데, 지역에 대한 원천 자료를 발굴, 수집하고, 그것을 디지털 아카이빙 하는 방식으로 바꾸고 있습니다. 문화원 같은 경우는 향토사 연구소들이 지역학 연구소로 변화되고 있습니다. 이러한 흐름들을 본다면 종로학이 조금 더 빨리 출범했어야 하는데, 왜 이렇게 늦었을까? 이런 생각을 하고 있었는데, 정도전 역사문화벨트 조성과 종로학이라는 발제문의 토론을 맡게 되어서 너무 반가웠습니다.

방금 전에 김범수 선생님도 말씀하셨지만, 현재 주민들의 삶이 더 나아질 수 있도록 지역을 발전시키고, 생활적으로 더 보탬이 되도록 하며, 주민들이 행복한 것, 이런 목표들을 실현하는 것을 지역학으로 보고 있습니다. 이 학문은 비교적 최근에 생겼는데, 한 20여 년 정도이고, 그 태동은 지방자치 제도가 되겠습니다. 지방 분권 사회가 되면서 '로컬리티locality, 지역의 특수성이 무엇일까?'라는 고민들을 하기 시작했습니다. 이를테면 서울의 중심지로서 중구와 종로를 생각해 보면, 둘 다 인구가 줄어들고 있는 실정입니다. 이 지역의 상권은 어떻게 되고, 청년 문제는 어떻게 되고, 고용, 노동, 환경, 인권, 역사, 경제, 정치 등 그 지역에 관련된 전반적인 문제들을 해결하기 위한 학문이 지역학입니다. 그리고 관련된 기관들의 연구와 활동이 잘 이루어지고 있는 것 같습니다. 그런데 중요한 것은 지역의 소멸입니다. 인구 소멸, 일자리, 이런 것들 때문에 오히려 지방에서는 지역학들이 많이 활성화되고 있습니다. 그다음에 도심에서는 재개발, 재건축 문제 때문에 도시의 경관도 바뀌고, 각종 문화 자원이라든지, 어르신들로부터 일생의 생애사에 있었던 기억들이 사라지기 때문에 이런 것들을 구술 아카이브로 만들고, 관련된 자료도 수집하는 방식으로 많은 활동들이 이루어지고 있습니다.

　제 생각에 종로학은 장점이 있고, 또 단점도 있습니다. 그것은 바로 역사적 맥락 속에서 대한민국 역사와 서울시의 역사와 종로구의 역사가 중첩된다는 것입니다. 공간적 범주에서 대한민국의 중심은 서울이고, 서울의 근간은 종로구입니다. 그런데 모든 자료들이 국립기관의 문화시설에 모여 있습니다. 예를 들면, 고궁박물관이 여기 있고, 여기에는 궁궐과 관련된 자료들이 모여 있습니다. 또 대한민국 역사박물관도 근현대사의 역사와 관련된 중심이 되겠지만, 정작 중요한 종로구에 대한 정체성을 재구성하는 작업을 아직 못하고 있습니다. 기존 자료라도 신규 자료와 함께 종로학에 맞춰서 분류하고, 재해석한다면 미래에 대한 방향을 제시할 수 있는 학문적 근거가 되고, 이런 것들은 어느 한 분야가 아니라 융복합적으로 이루어져야 합니다. 도시계획과 정치 학교와 관련된 말씀도 해주셨는데, 그런 것들을 기획 단계부터 한 걸음 한걸음 나아갔으면 좋겠다는 의미를 담아 이렇게 서두에 말씀드립니다.

　최근에 '의정부터'라고 하는 의정부지가 발굴되어 복원됐습니다. 한 3달 전쯤에 시 공무원이 내년 예산을 잡는데 의정부터와 관련해 어떻게 활용하면 좋을까요? 하고 의견을 물어와서 살펴보게 되었는데, 정도전 선생께서 인재 양성과 교육에도 연관이 되어 있었습니다. 과거 급제로 관원이 되었을 때, 관직에 나가기 전에 의정부터에서 신고식도 하고, 지방관으로 파견되기 전에 의식도 있었습니다. 그렇다면 역사문화벨트를 정도전 선생님의 벨트로만 할 것이 아니라, 이 공간적 범위를 인근에 관청 내지는 여러 터들과 연계하는 방안이 추진되면 좋겠다는 생각이 들었습니다. 그런데 이런 것과 관련해 발생하는 문제점이 있는데, 역할에 대한 모호함이 그것입니다. 즉, 정부 부처의 예산과 행정이 움직여지는 것과 서울시, 그다음 종로구의 예산과 행정의 역할 재정립이 잘 이루어져야 합니다. 비단 의정부터만이 문제가 아니라 지금 종로구에 산재해 있는 역사 문화 유적이나 사적들도 모두 마찬가지입니다. 이런 시스템과 역할 정리가 잘되었으면 좋을 것 같다는 생각에 정호섭 교수님이 보완책이나 방안 같은 것이 있으시면 의견이 궁금했습니다.

두 번째 질문입니다. 종로구청 신청사에 사복시 보존과 함께 삼봉 기념 전시 공간을 마련하고, 한양과 조선에 대한 건국의 이데올로기나 정치 이념과 같은 다양한 시스템에 관해서도 말씀해 주셨습니다. 그런데 지금 집터 표석 정도만 있고, 아무런 것도 없어서 우려가 됩니다. 그런 것을 하려면 대중 교육도 해야 하고, 그것에 기반한 역사 콘텐츠, 문화 콘텐츠 이런 것들이 함께 어우러져야 합니다. 그럴 수 있는 수행 방안 같은 것이 있다면 더불어서 의견을 듣고 싶습니다. 그리고 중요한 것은 아이덴티티, 정체성과 관련해 종로구 하면 떠오르는 것이 '정치 1번지'인데, 그것과 더불어 어떤 상징, 국가 브랜드나 서울의 브랜드가 있듯이, 종로에 브랜드가 있나 하는 궁금증이 생겼습니다. 그래서 통합 브랜드, 도시 브랜딩 개발도 필요할 것 같다는 생각입니다. 종로구와 중구의 차별성은 무엇일까? 둘 다 서울의 중심에 있는데 종로구만이 갖고 있는 특수성, 정체성은 무엇일까?를 좀 더 발전시키고, 나아가서 도시 브랜딩 전략이 수립됐으면 하는 바람이 있어서 이에 대한 발표자의 의견을 듣고 싶습니다.

마지막 질문입니다. 성북구 같은 경우는 성북 역사문화지구라고 해서 모두 지구 단위 계획으로 수립이 되어 있습니다. 그것에 따라서 다양한 분야 전문가들의 위원회를 거쳐 가게 되어 있고, 관련된 시설도 생기고, 도보도 확장이 되었고, 관광 도보 탐방 루트도 생기게 되었습니다. 그 결과로 선잠단지 옆에 선잠 박물관이 생겼고, 또 문학가들의 활동터이기 때문에 근현대문학관이 생겼습니다. 그리고 심우장이라는 한용운 집도 국가 사적으로 승격되었는데, 이것이 민관학-시민사회가 함께 움직여서 작동한 결과입니다. 앞으로 디딤 발을 내디뎠으니 이와 같은 프로세스가 이번 종로학에서 잘 이루어졌으면 하는 생각입니다. 그러한 기초 단계의 자료 수집, 그다음에 이것을 집대성하는 거시적인 중장기 계획에 있어서 종로 구립 박물관이 필요하다는 생각입니다. 종로학의 이모저모를 잘 분류해서 구민들이 향유하고, 구민들이 자랑스럽게 여기는 종로구의 박물관이 있었으면 하는 생각에 질의라기보다는 고견을 듣고 싶어서 말씀 드렸습니다. 감사합니다.

▎장현근 ──────────────────────────────── 사회자, 용인대학교

선배 연구자로서, 그리고 지역학의 선배 연구자로 좋은 아이디어들을 많이 제공해 주신 것 같습니다. 정호섭 선생님, 간단한 답변 부탁드리겠습니다.

▎정호섭 ──────────────────────── 발표자, 고려대학교

　강성봉 선생님께서 지적해주신 것들 중에서 가장 문제가 되는 것은 국가유산청과 서울시 문화재 관리, 그리고 종로구의 문화재 관리들이 중첩된다는 것입니다. 책임 소재와 예산, 인력, 이런 문제들이 중첩됩니다. 그런데 그런 것들은 기관장의 의지에 따라서 얼마든지 충분히 조정 가능한 여지가 있습니다. 그래서 제가 발표 중에 거버넌스와 관련된 말씀도 드렸던 것입니다. 그리고 구립박물관을 만들었으면 좋겠다는 아이디어를 말씀해 주셨습니다.

　성북구도 성북구립박물관을 만들려고 했는데, 그것은 만들지 못하고 대신 작은 박물관을 만들었습니다. 그런데 박물관과 관련해서 지자체장들이 잘못 판단하고 있는 부분이 있습니다. 건물을 먼저 짓고, 그 안을 채우려고 하는데, 이는 잘못된 방식입니다. 안에 들어갈 콘텐츠가 충분히 있고, 그다음에 그 콘텐츠에 맞는 건물을 지어야 합니다. 그런데 지자체의 장이 되면 대부분 거꾸로 합니다.

　예전에 서울시에서도 박물관 수십 개를 만들겠다는 계획이 있었습니다. 그때 이런 이야기를 많이 했습니다. "콘텐츠가 없는데 무슨 박물관을 만들 수 있느냐. 콘텐츠를 확보하고 박물관 계획을 해야지, 콘텐츠 없이는 할 수 없을 것이다." 정치인들이 그런 부분을 먼저 신경 썼으면 좋겠다는 말씀을 드립니다. 그리고 신청사에 사복시 터 유구를 보존하고, 정도전 기념 공간을 만드는 것도 결국은 의지의 문제입니다. 정도전에 대한 의미를 얼마나 두느냐에 따라서 구청에서 설계를 변경할 것인가, 하지 말 것인가를 결정할 수 있는, 그런 의지의 문제라고 봤습니다. 마지막으로 브랜드 이야기입니

다. 종로구에서 이미 통합 브랜드를 며칠 전에 발표했습니다. "서울의 길, 종로" 이런 캐치프레이즈로 발표했습니다. 이것이 조금은 모호하다는 생각은 듭니다. 하지만 이미 발표가 됐고, 아마 앞으로 종로구에서 잘 하시리라 믿습니다. 이상입니다.

▎장현근 ─────────────────────────── 사회자, 용인대학교

마지막으로 〈정치 1번지의 부활, 한국정치학교 설립〉이라는 주제로 고려대학교 박홍규 교수님의 발표가 있었습니다. 여기에 대해서 서울대학교 정치학과의 김주형 교수님의 토론이 있겠습니다.

▎김주형 ─────────────────────────── 토론자, 서울대학교

사실 저는 정도전에 대해서도, 종로에 대해서도 잘 알지 못합니다. 정치교육에 관심을 가지고 있다는 이유로 아마도 그 관점에서 저를 토론자로 불러주신 것이 아닌가 생각합니다. 준비한 토론 내용을 간단하게 짚어보는 정도로 대신할까 합니다.

한국 사회에서 차분하게 서로 대화하기 어려운 주제가 여러 가지 있는데, 그중 하나가 정치이고, 다른 하나가 성의 문제라고 생각합니다. 한국에서 성교육이나 정치 교육이 어떻게 이루어지고 있는가를 살펴보면 착잡한 생각이 많이 들곤 합니다. 인간의 삶에서 이 두 가지를 빼놓고 생각할 수는 없는데, 웬만해서는 특히 아이들한테도 이러한 것들은 못 본 척하라고 하거나 아니면 더러운 것이라고 취급하다 매우 왜곡된 형태의 태도가 표출되는 경

향이 강한 것 같습니다. 상황이 이렇다 보니 정치 교육이라는 말도 굉장히 궁핍하게 유통될 수밖에 없는 것 같습니다. 만약 정치 교육을 하겠다고 말을 하면 한편으로는 정치꾼을 양성하는 교육을 하겠다는 말이냐는 반응이 있고, 다른 한편으로는 특히, 학교에서 정치 교육을 한다고 하면 학교 현장을 정치판으로 만들려고 그러는 것이냐는 식의 반응이 상당히 일반적인 것 같습니다. 한국 사회에서 정치라는 것에 대한 인식이 압도적으로 부정적이기 때문에 그렇지 않은가 생각합니다.

저는 박홍규 교수님께서 추진하시는 한국정치학교 설립에서 정치 교육과 정치 학교라는 이름을 버리지 않고 그대로 쓰는 것이 매우 중요하다고 생각합니다. 우리의 인식도 바꾸고, 정치 문법도 바꾸는 데에 앞으로 큰 역할을 해주시지 않을까 기대합니다. 대체로 제가 생각하는 지점들은 박 교수님도 많이 공유하고 계신 지점이 아닐까 생각을 하지만 3가지 정도만 짧게 말씀을 드려보려고 합니다.

첫 번째, 선생님께서 말씀하신 한국정치학교 구상을 보면 가장 우선적으로 좋은 정치가의 양성을 목표로 하고 있는 것 같습니다. 융성한 인재가 가장 중요한 초점이 될 텐데, 선생님께서도 강조하셨지만 저는 또 다른 방식으로 강조하고 싶은 것이 좋은 정치가를 양성하는 것과 반드시 병행되어야 하는 과제가 좋은 시민을 길러내는 일이 아닌가 생각합니다. 정치에 대한 한국의 담론이 협소한 가장 큰 이유 중 하나가 개인적으로는 우리가 시민의 관점에서 정치를 바라보는 데에 별로 익숙하지 못하기 때문이 아닌가 생각합니다. 저희 학과의 커리큘럼까지도 포함을 해서 대학에서 학생들에게 가르치는 것도 시민의 관점에서 정치와 민주주의를 고민한다는 것이 무엇인지에 대해서 학생들에게 별로 잘 가르치고 있다고 보기는 어려운 것 같습니다. 독일이나 핀란드처럼 정치 교육에서 상당한 성과를 거두고 있는 국가들의 사례를 보면, 정치가 교육과 시민 교육이라는 것이 따로 떨어져 있지 않다는 것을 볼 수 있습니다. 시민 교육의 연장선상에서 자연스럽게 훌륭한 정치가들이 자라난다고 볼 수가 있는 것입니다. 그래서 이 지점을 충분히 고려하는 것이 굉장히 중요하지 않을까라고 생각합니다. 그리고 김범수 교수님께서도 말씀해 주셨지만 이 문제와 관련해 종로의 정치적인 의미도 더 넓게 고민해보면 좋을 것 같습니다. 종로가 정치, 경제, 사회, 권력의 중추이기도 하지만 한국 국민들이 가장 먼저 떠올리는 광장과 거리가 위치한 곳이 또한 종로이기도 합니다. 광장이 상징하는 다양한 만남이나 유대, 토의, 논쟁 이런 것들이 또한 좋은 시민을 길러내는 경험의 계기가 아닌가 생각합니다. 그래서 융성한 인재와 아름다운 정치 사이 그 어딘가에 '삐딱한 시민' 이런 것도 좀 들어가야 하지 않을까 이런 생각을 하고 있습니다.

두 번째로는 정치 1번지로서 종로라는 캐치프레이즈에 관한 것입니다. 이 의미를 조금 더 구체적으로 함께 고민해 봤으면 좋겠습니다. 정치 1번지로서 종로가 어떤 의미일까? 종로에 권력기관이 더 많이 있으면 되는 것인가? 종로에서 활동한 유명한 정치가가 더 많이 배출되면 되는 것인가? 정치지망생들이 종로로 많이 모여들면 되는 것인가? 아니면 종로에 저명한 정치학교가 설립되는 것인가? 이런 것들이 모두 관계가 있겠지만, 이 네 가지를 더하더라도 정치 1번지의 말의 무게를 담아내기에는 썩 충분하지는 않다고 생각합니다. 선생님께서도 발표문에서 잠깐 언급하셨습니다만 사실 걸출한 정치가의 산실과 같은 구호는 지금은 별로 차별성을 가지기가 쉽지 않은 것 같습니다. 말씀하신 것처럼 강남 지역과의 경쟁에서도 이기기가 쉽지 않은 것 같고, 사실 대부분의 국민은 종로가 정치의 1번지인지, 강남이 1번지인지 별로 관심이 없습니다. 그리고 그것이 그렇게 중요한 문제인지도 잘 모르겠습니다. 국민들이 한국 정치에 대해서 굉장한 피로와 냉소를 가지고 바라보는데 그런 상황에서 만약에 종로가 정치 1번지로서 새로운 역할을 하려 한다면 한국 정치의 문법을 완전히 새로 짜는, 그런 쇄신의, 새로운 형태의 정치의 진앙지 역할을 했으면 어떨까 싶습니다. 그러니까 기존 문법의 틀에서 진행되는 익숙한 형태에서 여기서 대통령도 더 많이 나오고, 좋은 정치학교도 있다는 식의 이런 틀을 좀 벗어나 새로운 정치적 담론을 만들어 내는 데에 종로가 어떤 역할을 할 수 있을까? 정치 언어의 생명력을 살려내는데 종로가 어떤 역할을 할 수 있을까? 그런 고민이라고 할 수 있습니다.

마지막으로 세 번째는 한국의 정치 교육을 다시 시작하기 위해서 가장 근본적이고 중요한 과제가 저는 정치 교육의 방향성과 모델에 대한 모종의 정초 합의, 사회적 합의 같은 것들이 필요하다는 생각입니다. 독일 같은 경우가 정치 교육을 상당히 잘 하고 있는데, 이것이 1970년대 중후반에 독일의 상황이 지금 한국 못지않게 굉장히 이념적으로 또 정파적으로 많이 분열되어 있었던 시기였습니다. 그 시기에 훌륭한 정치인들, 학자들 그리고 시민사회 행위자들이 모여서 굉장히 밀도있게 토론하면서 독일정치 교육의 틀을 만들었고, 그것이 '보이텔스바흐 합의'라고 문건으로도 남아 있습니다. 한국정치학교 같은 이런 좋은 제도와 프로그램이 많이 필요하지만, 이런 제도와 프로그램이 소기의 성과를 거두기 위해서는 당장 정치 교육이 중요하고 그리고 또 어떤 방식으로 교육을 해야 될 것인가에 대한 한국 사회의 모종의 정치 합의가 필요하지 않을까라고 생각합니다. 그렇지 않고서는 사실 학교에서도 정치 교육을 할 수가 없습니다. 중립성이라는 문제 때문에 무엇을 하려고 하면 선관위에서 자꾸 전화가 오고 그런 현실인데, 교사들이 할 수 있는 것이 아무것도 없습니다. 대학에서도 역시 정치 교육을 제대로 할 수가 없습니다. 그러니까 이런 새로운 프로그램이 뿌리를 내릴 수 있도록 좀 더 근본적인 지점에서 환경을 조성하는 데에도 관심을 많이 가져주시면 어떨까 생각합니다. 감사합니다.

박홍규 ─────────────────────────────── 발표자, 고려대학교

김주형 교수님, 너무나 감사합니다. 앞으로 한국정치학교가 만들어지면 무엇을 해야 할 것인가에 대한 구체적인 내용들을 설명해 주셨습니다. 우선, 좋은 시민에 대한 말씀에 100% 동감합니다. 그런데 그 시민이 어디서 나올까요? 청소년이 커서 시민이 됩니다. 뜬금없이 좋은 시민이 나오는 것은 아닙니다. 그래서 우선적으로 청소년 정치교육부터 잘하면 그들이 좋은 시민이 될 수 있는 길이 열릴 것이라고 생각합니다. 그래서 세 가지 토대 정치 중에서도 무엇보다 청소년 정치교육에 공을 들리고, 그들이 커서 좋은 시민이 되도록, 그렇게 해보려고 합니다.

두 번째로 '새로운 정치 담론을 만들고 비전을 만들어가야 한다'라는 말씀에도 전적으로 동감합니다. 지금 그것을 어디에서 하고 있을까요? 여의도에서 할까요? 한국정치학회에서 할까요? 어디에서도 안 합니다. 따라서 지금 김주형 교수님이 말씀해 주신 대로 그것을 정치학교에서 하려고 합니다. 정치학교가 만들어지고, 제가 제시한 구관九館에 모여서 새로운 대한민국을 위한 새로운 정치 담론을 만들고, 그러한 정치 담론을 실행할 수 있는 정치가들이 등장하는 것을 기대합니다. 물론 시간은 좀 걸릴 것입니다. 그래도 차분하게 해나가는 것이 어떨까라는 생각을 해봅니다.

세 번째로는 독일의 사례를 들어주셨는데, 거기에 비교한다면 한국의 상황은 정말 열악합니다. 독일에는 연방정치교육원이라는 것이 있습니다. 저는 대한민국에 '국가정치교육원'을 설립했으면 좋겠습니다. 이를 위해서는 일단 한국정치학교를 설립하고, 나아가 정치학교의 세력을 가지고 국가정치교육원도 만든다면, 말씀해 주신 대로 정치교육을 위한 사회적 합의를 도출할 수 있다고 봅니다. 그러한 실질적인 일을 하기 위해 노력하겠습니다. 지적해주시고 제시해 주신 그 모든 것들은 한국정치학교가 만들어지고 나면 바로 착수하겠습니다. 감사합니다.

▎장현근 ──────────────────────── 사회자, 용인대학교

고생 많으셨습니다. 지금까지 6분의 발표와 6분의 토론자의 이야기를 들어보았습니다. 서두에 제가 명나라 주원장 얘기를 했었는데 정도전의 책을 몇 권 읽어보니, 저도 한 40년 넘게 한문으로 글을 읽고, 또 글을 쓰고, 책을 쓰고 그래왔는데, 정도전은 정말 천재적인 사람이었다고 생각합니다. 주원장이 왜 그토록 정도전을 죽이라고 조선을 압박했는지 알 것 같기도 합니다. 오늘도 언급이 되었지만 정도전이 여전히 논쟁적인 인물인 것은 사실인 것 같습니다. 제가 사회를 본다고 하니까 어떤 분이 연락을 주셔서 본인은 정도전을 사상가로 보지 않는다고 하면서 자기가 쓴 책을 보내주셨습니다. 이런 것을 보니 정도전은 여전히 논쟁적인 인물이구나 그런 생각을 참 많이 하게 되었습니다. 청중에 계신 분들 중에서 혹시 질문이 있으신 분은 질문해주시기 바랍니다.

청중 1

　오늘 훌륭한 연구 결과를 발표해 주시고, 토론해 주셔서 감사드립니다. 많은 것을 배워갑니다. 저는 건국대학교 명예교수 퇴직을 했고, 삼봉 선생의 19대손입니다. 한두 가지 질문을 드릴까합니다. 어느 교수님께서 삼봉의 복권을 말씀하셨는데, 그렇다면 과연 삼봉은 역적이었는가? 이런 질문입니다. 제가 의견을 하나 덧붙이자면, 정도전이 역적이었다면 권력 제2인자였던 사람인데 국왕 앞에서 심문을 해서 죄를 물어야지 합당합니다. 일부 학자들, 예를 들어 신석호 박사나 이상백 교수 역시 삼봉은 절대 반역자가 아니라고 글을 쓴 것을 제가 본 적이 있습니다. 그리고 또 한 가지는 삼봉에 대한 복훈이 있었는데 여기에 대한 교지가 없다는 것입니다. 교지가 없는 복훈을 누가 인정하겠습니까? 그래서 전전긍긍 했는데 2003년도에 삼봉기념관을 건립하는 것을 계기로 제가 여러 군데 돌아다니던 중 과천 어느 박물관에서 필름을 찾았습니다. 그 필름을 현상해 보니 교지 필름이었습니다. 그래서 그것을 복사해서 저희 기념관에 가져다 놓았습니다. 이런 것을 봤을 때 복훈이 된 것은 틀림없는 사실이라는 말씀을 드리고 싶습니다. 그리고 여러 교수님들께 부탁하고 싶은 것이 있습니다. 물론 이것이 가능한지는 모르겠습니다. 삼봉이 복훈이 됐으니, 이 양반이 조선 건국 최고 공로자인데, 태조묘에 개국공신으로 배향을 할 수 없을까? 이런 바람입니다.

송재혁 ─────────────── 발표자, 고려대학교

　〈기나긴 복권의 여정〉이라는 발표를 했는데, 제 발표의 요지는 복권이

미진했다는 것이지 복권이 안 되었다는 얘기는 아닙니다. 그리고 지금 학술회의 자체가 사실은 정도전의 복권을 위한 더 뜻깊은 자리라고 할 수 있습니다. 저는 개인적으로 정도전 선생님께서 읽었던 자료들과 관련해 어떤 자료들을 읽고 국가 설계를 했는가? 이것을 책으로 낼 꿈을 가지고 있습니다. 최고의 한국의 정치 지성으로 정도전을 기술하는 그런 것입니다. 조선왕조에서 문묘 배향을 한 것은 이미 지난 시대의 이야기입니다. 현대에 와서 정도전의 업적을 어떻게 살릴 수 있을까를 생각해 본다면, 앞으로 학자들이 진행할 작업들이 문묘종사와 같은 의미가 있다고 생각합니다. 이상입니다.

청중2

과거에 도올 선생님이나 『정도전을 위한 변명』을 쓴 조유식 작가 등이 1990년대 초, 2000년대 초에 조금 회자가 되다가 잠잠해지는 그런 경향이 있었습니다. 오늘 와주신 교수님들께서 대부분 사학이나 이런 쪽의 일을 하시는 분들이시니까 '진짜 삼봉 정도전은 이런 분이다' 자신에게 내놓을 수 있는 그런 책이라든지, 그런 연구가 하나쯤 나왔으면 좋겠다는 바람을 하나 이야기해봅니다. 또 한 가지는 오늘 〈삼봉학과 종로학의 만남〉이라는 주제를 말씀하셨는데, 종로학이라는 것은 너무 규모가 작은 것이 아닌가? 하는 생각이 듭니다. 서울을 만드신 분이 삼봉 선생님이라고 알려져 있으니, 차라리 서울학이라는 측면에서 출발해서 접근해야 되지 않을까? 생각합니다.

정호섭 ──────────────────── 발표자, 고려대학교

서울학에 대해 질문해주셨는데, 서울학은 이미 아주 융성하게 하고 있습니다. 대표적인 기관을 말씀드리면, 서울시립대가 있는데, 서울시립대에 서울학연구소라고 있고, 아주 오래전부터 연구를 하고 있습니다. 그 외에도 서울을 다루고 있는 기관들이 많습니다. 서울 역사박물관이 박물관으로 자리를 잡고 있습니다. 서울학은 굉장히 많이 하고 있는데, 왜 종로학을 말씀을 드리냐 하면 큰 광역단체 단위보다는 소규모 단체의 지역학을 해야 직접 주민들과 소통할 수 있기 때문입니다. 아까 말씀드린 것과 같이 민관학이 결합할 수 있는 여지가 좀 더 크다고 봅니다. 예를 들면, 성북구에서 성북 마을 아카이브라는 것을 하는데, 이것은 학교, 주민, 관공서 이런 것들이 다 연결되어 있고 자료가 다 집적되어 있습니다. 그래서 보다 연결이 되려면 조금 더 작은 단위에서 하는 것이 좋지 않을까라는 차원에서 말씀드린 겁니다.

청중 3 ──────────────────────────────

안녕하십니까? 저는 본래 정치학을 전공했었고, 지금은 사단법인 삼봉연구원의 학술이사를 맡고 있습니다.

부남철 교수님께 질문드립니다. 발표에서 광화문을 정문이라고 하셨는데, 본래 임금의 정문을 정문이라고 한다고 알고 있습니다. 그렇다면 홍례문이 정문이 아닙니까? 저는 그렇게 생각하는데, 그 부분에 대해 질문드리고 싶습니다.

다음은 최연식 교수님께 질문드립니다. 맹자와 관련한 이야기인데, 이미

『사서집주』를 발간하도록 했고, 제가 알기로는 1344년, 고려 때부터 『맹자』를 이미 읽고 있는 것으로 압니다. 통상적으로 이야기할 때 삼봉이 시묘살이를 할 때 포은이 보내온 사서, 그 중에서 『맹자』를 정독했다고 하는 데, 이것이 과연 사실일까? 그 『맹자』가 주자집주인 맹자일까? 저는 아니라고 생각하는데, 어떻게 생각하시는지 묻고 싶습니다.

  다음은 이상민 교수님께 질문드립니다. 논문에서 생가라고 표현하셨는데, 보통 생가라고 하는 말은 사전적 의미가 태어난 곳 또는 친가, 양가라고 알고 있습니다. 그런데 살던 곳을 생가라고 하시니 수정이 필요하지 않을까 생각합니다. 덧붙여서 하나 더 질문을 드리면 저는 태종을 볼 때마다 이런 생각이 듭니다. 태종의 관점에서 보면 조선은 건국되어서는 안 되는 나라였다는 것입니다. 무슨 이야기냐 하면 고려를 지키려고 그렇게 애를 썼던 우현보, 우홍수 이런 분들 같은 경우에 그 이후에 다 신원을 시키고 하였습니다. 우현보 같은 경우에는 우선시해주고 또 『태조실록』을 만들 때 우홍수의 아들이었던 우성범이 사관으로 들어가고, 이렇게 합니다. 그 부분은 어떻게 생각하는지 질문드리고 싶습니다. 그리고 우현보와 이숭인 같은 경우에는 이방원과 일종의 문생-좌주 관계인데, 이러한 사실은 어떻게 생각하시는지 묻고 싶습니다.

  다음으로 송재혁 교수님께 질문드립니다. '왕조 교체를 주도하고, 조선 초기 정변에서 살아남은 인물' 이렇게 말씀하셨는데, 이것이 조준, 남재 이런 분들을 말씀하시는 것인지 그것을 다시 한 번 묻고 싶습니다. 고맙습니다.

부남철 ──────────────────── 발표자, 영산대학교

　정문이 광화문이라는 것은 『삼봉집』 부록에 그렇게 나와 있습니다. 거기에 보면 "남문을 광화로 고쳤다"는 기록이 있습니다. 제 논문의 각주에도 나와 있습니다. 확인해 보시기 바랍니다. 두 번째 질문에 대한 답변입니다. 여기에 후손들께서 많이 나와 계시지만, 여러분께서는 이런 것들을 생각하셔야 합니다. '삼봉께서 비참하게 돌아가셨다', 그리고 '묘소가 어디냐' 이런 질문들, 육신적인 것보다는 『삼봉집』에 나와 있는 국가 운영에 관한 국가 경영에 관한 거대한 설계도가 다른 사상가에게는 없는 것입니다. 그런데 그런 것이 시대마다 조금씩 다르게 평가될 수 있습니다. 총재정치 같은 것을 수양대군한테 말했을 때, 그분이 '내 권력을 총재한테 맡기라고, 내가 죽은 줄 아느냐' 이렇게 말한 적도 있습니다. 그런데 그것이 지금 거의 600년이 지난 다음에 와서는 "내각 책임제를 의미하는 것이 아닌가?"라는 식으로 다르게 해석될 수 있는 것입니다. 육신은 어떻게 되었든 육신의 문제보다도 이분의 책에 담긴 그런 가치가 시대마다 다르게 재평가되는 것이기 때문에 정신사적으로 돌아가신 게 아니라고 생각합니다.

　앞으로 100년 뒤에 삼봉이 어떻게 평가될지 여러분이 어떻게 알겠습니까? 또 지금 우리가 말하지 않은 내용에 어떤 부분이 또 새롭게 적용될지도 모르는 일입니다. 그러니까 학자들이 연구할 수 있는 그런 자료들을 잘 복원하고, 시대에 따라 달라지는 것에 일희일비하지 말고, 500년을 기다려왔는데 이제 와서 초조하게 생각할 필요는 없다고 봅니다. 저희들은 학자로서 다만 문헌 근거와 자료에 입각해서, 논리에 입각해서 설명하는 것입니다. 거기에 대해서 서운하다, 기쁘다, 이렇게 찬양이나 비판보다는 삼봉의 위대성을 아서야 합니다.

삼봉 선생이 대단한 점은 그 시대에 정치가 무엇인지 설명하고, 또 정치의 목표로 인간을 만들어야 된다고 생각하신 점입니다. 인성, 인의예지, 어진 사람, 매너있는 사람, 지혜로운 사람, 이런 것들을 동대문, 남대문 등에 다 넣어 놓았습니다. 그런 거창한 것들이 나중에 후대 학자들에 의해 새롭게 복권되는 것이 더 중요하다고 말씀드립니다. 삼봉 선생은 자료를 남기셨습니다. 다른 사람들은 추측해서, 발굴해가지고, 또 짐작하기도 하는데, 이분은 짐작할 필요없이 책 속에 모두 드러나 있는 것입니다. 증거가 있다는 것은 여러분에게, 그리고 삼봉 선생에게 큰 자산입니다.

▍최 연 식 ─────────────────── 발표자, 연세대학교

맹자에 대해 말씀하셨는데, 그 이전에 『맹자』를 읽으셨겠지요. 저는 그것을 어떻게 생각하느냐면, 학자는 이런 자료에 대한 해석이 중요하다고 생각합니다. 그것은 삼봉과 포은 사이의 관계를 보여주는 것이고, 또 그 관계에서 어떤 가치를 그들이 공유하고 있었다는 것입니다. 그런 점에 포커스를 맞추면서 이 사람들이 『맹자』에서 나타나는 어떤 개혁적 지향, 이런 것들을 상당히 공감을 했었다. 그러나 어느 순간에 다른 길을 가게 될 운명을 가게 되었는데, 그때 당시는 잘 몰랐지 않았을까 생각합니다.

하나만 더 말씀을 드리면 박홍규 선생님께서 정치 학교를 만드신다고 하셨는데, 저는 삼봉의 가치를 생각한다면, 이름을 정치 학교라고 하는 것보다는 경세 학교로 하는 것은 어떨까 생각해봅니다. 삼봉이 사실은 경세가입니다. 경세 학교라고 한다면 정치에 대한 부정적 의견이나 환멸을 가진 사람들도 해소가 되고, 오히려 더 큰 뜻의 경세론을 공유하고 그것을 국가 발전에 기여할 수 있는 동량을 만드는 데 더 유용하고 가치가 있을 것이라고 생각합니다. 이상입니다.

┃장현근 ──────────────────────────── 사회자, 용인대학교

좋은 생각입니다. 이상민 선생님 답하시기 전에 김순남 선생님께서 간단히 답변을 해주시면 좋을 것 같습니다.

┃김순남 ──────────────────────────── 토론자, 고려대학교

남은의 형이 남재입니다. 남은은 1398년 8월 소위 무인년 정변으로 죽었지만, 그 형 남재는 이방원이 왕이 되기 전에 『대학연의』를 주면서 "누가 왕 될지 어떻게 아느냐" 이렇게 얘기했다고 합니다. 이후 정종이 왕이 됐을 때에는 "왕세자를 방원이로 삼으라"고 선봉에 서서 이야기를 했습니다. 후에 1416년(태종 16) 12월에는 자신의 집에서 태종의 제3자 이도 즉 후의 충녕대군이 잔치를 베풀어주었을 때, "내가 전에 주상(태종)에게 '누가 왕이 될 것인지 모르는데 공부하시라'고 했었는데, 지금 충녕이 이와 같다"라고 말하면서 세자 교체의 선봉에 서기도 했습니다. 그러니까 남재는 태종의 입장에서 보면, 자신이 왕 되기 전에 이미 가능성이 있다고 판단해 줬고, 이후 세자를 교체할 때에도 당위성을 공론화했으니, 공이 있다 할 것입니다. 그래서 그 동생은 좀 너그럽게 봐줄 수 있었을 것 같습니다.

▌이상민 ──────────────────────── 발표자, 연세대학교

　발표문에 실수가 많았습니다. 생가는 틀린 표현이 맞습니다. 그리고 태종에 관해서 제가 자료를 통해 받은 느낌은 태종의 경우에는 본인 스스로의 신념의 정합성을 먼저 추구한 다음 그 신념을 관철시키기 위해 권력을 추구하는 사람이 아니라, 정반대로 권력을 추구하는 수단으로서 신념을 삼고, 그리고 그것을 좀 더 강한 권력으로 만들기 위해 신념을 거기에 덧붙여서 완성시키는 종류의 사람이라고 생각하고 있습니다. 달리 말하면, 본인의 권력 추구에 있어서 신념이 방해가 될 때는 때에 따라 얼마든지 그것을 구부릴 수 있는 종류의 사람이라고 저는 독해를 했습니다.

▌장현근 ──────────────────────── 사회자, 용인대학교

　오늘 오전부터 긴 시간 동안 경청해 주시고, 또 토론과 발표를 해주신 모든 선생님들께 감사드립니다. 꿈이 있어야 현실의 잘못을 지적할 수 있다고 생각합니다. 꿈이 사라진 시대에 살면서, 오늘 긴 시간 동안 정도전을 생각하면서, 정치적 이상과 그 꿈에 대해서 한번 되새겨보는 좋은 시간이 되었을 것이라고 생각합니다. 여러분들도 돌아가시면서 꿈과 이상, 좋은 정치에 대해서 한 번 더 생각하고 돌아가셨으면 좋겠습니다. 오늘 긴 시간 동안 수고 많으셨습니다.